电商训练营

E-commerce Training Camp

何晓琴 主编

网店运营

人民邮电出版社
北京

图书在版编目（CIP）数据

电商训练营 ：网店运营 / 何晓琴编著. -- 北京 ：
人民邮电出版社，2019.2（2022.12重印）
ISBN 978-7-115-49069-8

Ⅰ. ①电… Ⅱ. ①何… Ⅲ. ①网店－商业经营 Ⅳ.
①F713.365.2

中国版本图书馆CIP数据核字(2018)第183631号

内容提要

本书从零基础出发，以网店运营人员的工作内容及职责为切入点，通过理论结合实例的形式，全面、系统地介绍了网店运营的思维、方法和技巧，旨在为网店运营人员，尤其是运营新手，提供实用的网店运营指导，帮助其快速适应岗位需求，轻松解决各种运营难题。

本书共 10 章，主要包括网店运营的前期准备，店铺品牌的打造，爆款打造，店铺优化与管理，利用淘宝促销活动提升销量，利用直通车、钻展、淘宝客三大利器推广商品，站外推广挖掘潜力客户，网店数据分析，淘宝 SEO 搜索引擎优化，物流与客服管理等内容。

本书可作为各类电子商务培训机构和各高校电子商务专业的培训教材，也可作为网店创业人员和网店运营人员的案头工具书。

◆ 主　　编　何晓琴
责任编辑　牟桂玲
责任印制　马振武
◆ 人民邮电出版社出版发行　　北京市丰台区成寿寺路 11 号
邮编　100164　　电子邮件　315@ptpress.com.cn
网址　http://www.ptpress.com.cn
北京天宇星印刷厂印刷
◆ 开本：700×1000　1/16
印张：16.25　　2019 年 2 月第 1 版
字数：328 千字　　2022 年 12 月北京第 9 次印刷

定价：39.80 元

读者服务热线：(010)81055410　印装质量热线：(010)81055316
反盗版热线：(010)81055315
广告经营许可证：京东市监广登字 20170147 号

PREFACE 前言

行业背景

电子商务作为现代服务业中的重要产业，在生活中处处可见，小到上网购物，大到跨国公司的网上商务洽谈等。随着电子商务产业的蓬勃发展，越来越多的人开始加入电子商务市场创业，电子商务培训市场也应运而生。它帮助没有基础和经验的人了解电商行业，并且针对电商行业的不同岗位进行技能培训，使被培训者能够快速适应岗位需求，顺利成为电商大军中的一员。为了更好地帮助各类学院或培训班快速培养优秀的电商技能型人才，也为了学生能更好地学习和实践，我们走访了很多皇冠级卖家店铺，在调研了各类目店铺的经营情况后，以店铺的实际岗位需求为导向，以“学用结合”为原则，编写了这套“电商训练营”图书。本书为其中的一本，主要面向网店运营岗位。

本书内容

本书围绕网店运营的工作职责，以理论结合实例的形式，全面、系统地介绍了网店运营各阶段的工作内容和工作技巧。全书共10章，各章的具体内容如下。

第1章：主要介绍网店运营前的一些准备工作，包括网店运营的基本概念、工作职责，网店定位以及商品分析、目标客户分析、竞争对手分析的方法。

第2章～第9章：主要结合店铺与品牌的推广、爆款打造、店铺的优化与管理、淘宝促销活动提升销量、站内与站外联合推广、网店数据分析、淘宝SEO搜索引擎优化等实操案例，详细解读网店运营的思维、方法和技巧。

第10章：主要介绍网店物流与客服管理，包括物流公司的选择，商品的包装与发货，客服话术，客服销售技巧，订单处理，中差评处理，客户资料管理及客户关系维护等知识。

本书特点

1. 内容系统，注重应用

本书围绕网店运营的工作内容，按照运营工作的不同阶段，结合实操案例详细解读网店优化、网店推广、网店数据分析、物流与客服管理的方法和技巧，涵盖网店运营的方方面面。

2. 案例丰富，贴合实际

本书中的案例，全部源自淘宝、天猫皇冠级店铺运营的操盘实践，这些经过实践检验的运营思维和运营方法更具参考价值和借鉴意义。

3. 图解操作，易学易懂

本书涉及的操作部分，均以详细、直观的图解方式进行讲解，零基础的读者也可轻松上手，举一反三。

4. 经验分享，贴心提点

书中特设“高手支招”和“提个醒”小栏目，其内容都是Top级店铺操盘手在大量实践中总结和提炼的宝贵经验及运营技巧，以帮助读者即时解决网店运营中的各种难题，避免走入运营误区。

5. 视频教程，全程辅导

本书通过二维码的方式提供书中所有操作的高清视频演示，视频内容清晰、直观，并配有语音讲解，读者一看即懂，一学即会。

6. 超值资源，免费获取

为了便于读者学习和提升自己的职业能力，本书提供了大量的实用资源，包括书中所有案例的同步操作教学视频、PPT课件、教学教案等资源。关注微信公众号“职场研究社”，回复“49069”，可免费获取这些资源。

本书由何晓琴主编。参与资料收集、视频录制及书稿校对、排版等工作的人员还有肖庆、李秋菊、黄晓宇、赵莉、蔡长兵、牟春花、李凤、熊春、李星、罗勤、蔡飓、曾勤、廖宵、蔡雪梅、李婷婷、蒲加爽等。尽管在编写的过程中精益求精，但由于编者水平有限，书中难免存在不足之处，欢迎广大读者批评指正，编辑的联系邮箱是muguiling@ptpress.com.cn。

编　者

CONTENTS
目　录

第7章 站外推广挖掘潜力客户 157

第1章 网店运营的前期准备

本章导读

为了使网店的运营更规范化、系统化，运营人员需要做好相关的市场调查与网店分析。如电子商务市场的行情如何，网店的定位是什么，哪些商品适合网店销售，自己应该选择哪类商品销售，商品销售的目标客户有哪些，竞争对手的运营情况如何等，这些都是进行网店运营前需要考虑的问题，本章将针对这些问题进行详细介绍。

知识技能

※ 了解网店运营的基本概念、工作范畴与人员要求
※ 掌握网店定位与商品分析的方法
※ 掌握目标客户、竞争对手分析的方法

视频讲解

（视频讲解：2 分钟）

1.1 网店运营的重要性

随着电子商务的不断发展，越来越多的人选择通过网络实现消费，由此促成了网店的批量涌现，如2017年淘宝卖家高达950万家，商品数量达十余亿。要想在如此激烈的竞争局面下生存，且在众多的网店中脱颖而出，并打造出消费者竞相购买的爆品，卖家必须拥有全新的网店运营思维，转变网店运营方式。

1.1.1 网店运营的基本概念

传统意义上的运营是指企业运营过程中的计划、组织、实施和控制，是与各岗位之间密切相关的各项管理工作的总称。针对电子商务而言，网店运营是指从事淘宝、微信和各大电商平台的运营维护，包括上架、推广、销售、售后服务等经营与管理工作。网店运营可以从引入流量、促进转化、维系顾客3个方面进行理解。

- 引入流量：流量是指访问店铺的数量，引入流量的能力是衡量店铺运营能力的决定因素，没有流量就不存在销量。网店与实体店铺不同，顾客无法像走进实体店一样进入网络店铺，此时就必须去引流推广。引流推广方法有很多种优化，常见的引流推广方法有直通车、钻石展位、站内活动、站外活动（U站）、搜索引擎、站外分享（蘑菇街、美丽说）、微博等。

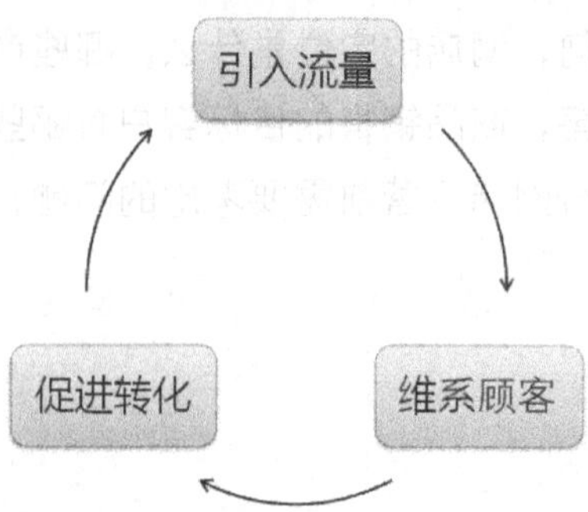

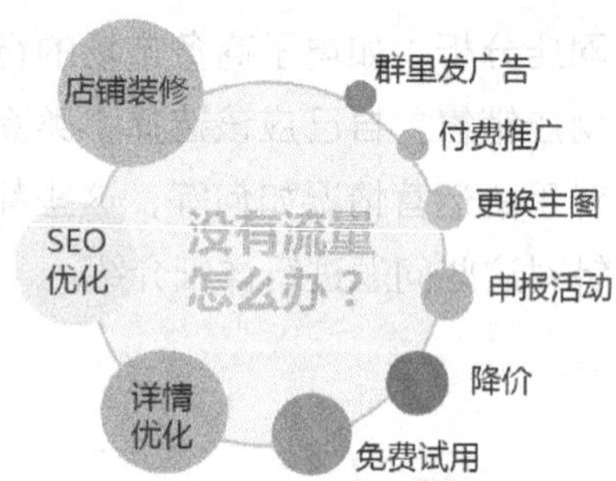

高手支招

除了付费推广模式，网店运营者还应该合理利用免费流量，如做好主图优化、SEO 搜索排名优化等，从而提高店铺的流量。

- 促进转化：店铺有了流量后，很多卖家仍然十分烦恼，因为花巨资引来的流量并没有有效地转化为销量，此时就需要合理地进行店内运营。如分析为什么顾客没有购买。顾客的购买行为一般需从价格、商品、店铺装修、商品描述、促销活动、套餐营销、客服营销等多个方面分析，通过分析为顾客构建一个好的购买心理，促进转化率的提高。
- 维系顾客：老顾客可以持续为店铺创造利润，在店铺运营中占据着重要的位置。开发一个新顾客的成本远远超过维护一个老顾客的成本，因此老顾客的维护至关重要。维护老顾客，首先需要建立完善的顾客资料，并进行相关的分类，针对顾客的不同特征制作不同的营销方案，如不同等级的会员享受不同折扣、节日问候，商品上新优惠、活动信息推送、生日优惠卡等。下图所示为“拉夏贝尔”店铺的会员专享权益。

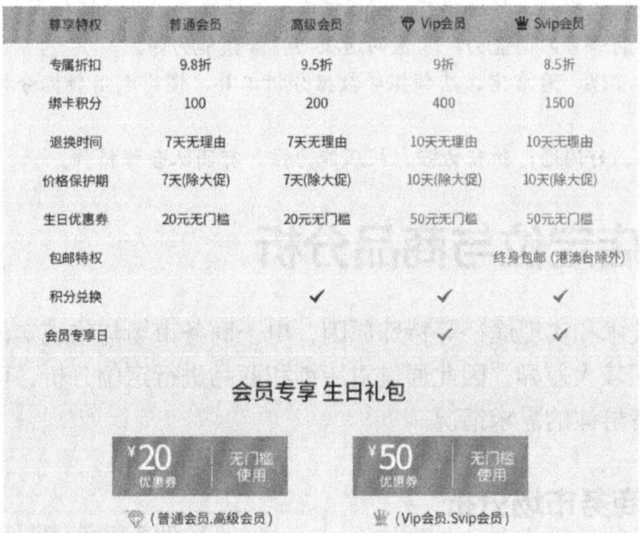

尊享特权	普通会员	高级会员	Vip会员	Svip会员
专属折扣	9.8折	9.5折	9折	8.5折
绑卡积分	100	200	400	1500
退换时间	7天无理由	7天无理由	10天无理由	10天无理由
价格保护期	7天(除大促)	7天(除大促)	10天(除大促)	10天(除大促)
生日优惠券	20元无门槛	20元无门槛	50元无门槛	50元无门槛
包邮特权				终身包邮（港澳台除外）
积分兑换		✓	✓	✓
会员专享日			✓	✓

1.1.2 网店运营的工作范畴

运营的工作范围比较广泛，如仓储、商品选款、商品拍照、店铺装修、商品定价、推广、数据分析等都属于网店运营的工作内容。

- 负责网店的总体运营：包括策划店铺及商品的推广方案、组织商品销售、制单、发货、售后等营销工作。
- 监控网店每日的重要数据：熟悉网店平台的运作规则、市场环境和竞争对手，及时调整运营方向，时刻关注营销数据、交易数据、顾客管理、优化店铺及商品排名数据等。
- 保持网店的正常运作：负责协调网店各部门工作，如优质顾客服务工作、经营业绩配合工作及日常管理工作等，并促进各部门人员的沟通，负责整个团队的业绩考核工作。
- 促销活动策划：负责执行与配合相关营销活动，策划店铺促销活动方案。
- 制订销售计划：带领和管理本团队成员出色完成销售业绩目标。
- 制订网店推广方案与计划：网店运营过程中，为了增加访问量，让更多的买家光临店铺购买商品，以增加盈利，就需要积极制定网店推广方案与计划，并协同团队成员共同完成。

1.1.3 网店运营人员的要求

一些网站或者淘宝店铺在招聘运营人员时，任职要求各有不同，但都是围绕商品的推广、销售进行的。总而言之，网店运营人员必须具备如下的专业知识与能力。

● 熟悉网店的运营环境、交易规则和推广渠道，负责网店的推广工作。

● 熟悉网店的各种营销工具，精通网络推广，熟练掌握直通车、淘宝客等推广技巧，熟悉各类社区的状况以及可利用的资源。

● 熟练掌握软文推广、邮件推广、SNS推广、论坛推广、交换链接及其他推广方式。

● 拥有良好的语言沟通能力，掌握沟通技巧，洽谈能力强。

● 熟悉生意参谋、看店宝、店侦探等数据分析工具，懂得利用数据分析、指导并检验推广计划。

● 踏实认真、好沟通、执行力强、抗压能力强、有团队合作精神。

1.2 网店定位与商品分析

由于网络技术和实现途径等特殊原因，电子商务市场与传统实体市场的消费者购买行为产生了较大差异，因此通过对店铺和商品进行定位分析，可以更好地了解不同网络消费者群体的需求情况。

1.2.1 电子商务市场分析

近几年，中国电子商务市场的发展呈现大幅度上升趋势。艾瑞咨询最新数据显示，2016年中国电子商务市场交易规模达到20.2万亿元，增长23.6%。其中，网络购物增长23.9%，本地生活服务O2O增长28.2%，这两者是推动电子商务市场发展的重要力量。

2016年电子商务市场细分行业结构中，B2B电子商务仍然是电子商务的主体；中小企业、在线旅游交易规模的市场占比与2015年相比都有小幅度提升。根据艾瑞咨询分析，2016年中国网络购物市场交易规模达4.7万亿元，较去年增长23.9%。网络购物行业日渐成熟，除了不断扩充品类、优化物流及售后服务外，也在积极发展跨境网购、渠道下沉发展农村电商。在综合格局电商基本稳定的情况下，母婴、医疗、家装等日渐成为网络购物市场发展的新

的促进点。

2016年中国网络购物市场中B2C市场交易规模为2.6万亿元，在中国整体网络购物市场交易规模中的占比较大，C2C市场由于市场体量大、品类齐全，仍然以15.6%的增速增长，未来也仍有一定的增长空间。

以淘宝网为例，目前网上交易量比较大的商品主要为女装、手机、美容护肤、数码配件、男装、箱包、女鞋、零食、汽车用品、电脑配件、玩具、床上用品、内衣等。据生意参谋分析，2018年“女装/女士精品”在淘宝各平台的交易份额处于首位，“手机、男装、美容护肤、家用电器、小包皮具”也均在各平台中排列前十。

需要注意的是，网络购物市场的商品销售额和销量排名并不是固定不变的，时间、环境、消费观念、流行趋势、热门话题等都会对网上销售的商品产生影响。因此选择好商品并不一定就能保证好销量，在选择好商品的基础上提高竞争力才是成功营销的关键。

高手支招

就消费场景而言，由于智能手机和无线网络的普及，以及移动端碎片化的特点，使移动平台更符合消费场景。

1.2.2 网店定位分析

网店定位是指为了寻找目标市场及客户群体，舍弃一些不符合消费者需求的商品，快速占领市场的策略。网店定位有利于有目的地备货、稳定消费群体、吸引消费群体等。下面将运用营销学中的3C和4P原理对网店做一个具体的战略定位分析。

1. 3C定位分析

在营销学中，3C定位分析是指对顾客群（Consumer）、公司/个人（Company/Personal）、竞争对手（Competition）进行定位和分析。

（1）分析顾客群

网上商店是基于互联网开设的，因此在运营网店前，有必要对互联网用户进行分析，包括客户群的特征、需求、消费趋势、消费能力等。

在电子商务大环境下，年轻消费群体正在逐步成为网店消费的主力军。以淘宝网为例，年轻消费超出淘宝总用户量的一半以上。根据行业的不同，其年轻化的表现也不一样，如男装、手机等年轻化比较快的品类，其份额超过了食物、家具等年轻化较慢的品类。而在所有主流商品品类中，年轻消费者所占份额越来越高。

此外，消费者的年龄阶段不同，其消费者能力也不同。22岁以下的消费者的消费能力都比较基础，22岁以上的年轻消费者的消费能力在中级阶段和高级阶段都表现不俗。

（2）分析商家自身

卖家需要对店铺的未来目标、店铺拥有的资源、已有资源对店铺的帮助、店铺自身存在的优势、店铺所经营的商品特征、行业特点，以及商品的成本、优缺点等进行分析，对自身情况做到心里有数。

（3）分析竞争状况

现在网店所经营的类目几乎涵盖了各行各业，竞争非常激烈。分析竞争力，则是为了对行业行情进行了解，包括了解该行业的行业前景、热门程度和该行业中的竞争对手等。

- 正确分析一个行业的前景，可以对店铺的发展方向、发展水平等进行预测和规划。
- 热门程度常常与总销售额关系密切。以淘宝网商品的销售情况为例，女装作为热门行业，不管是销售额、成交量、关注度，还是搜索量都比较大，而乐器类商品的销售额、成交量、关注度、搜索量则低于女装类。但是女装作为热门类目，由于竞争对手多，同类型商品多，因此竞争激烈程度也会远远高于乐器类。如下图所示，同为女装连衣裙类目下款式相似的商品，但销售量却存在很大的差异。

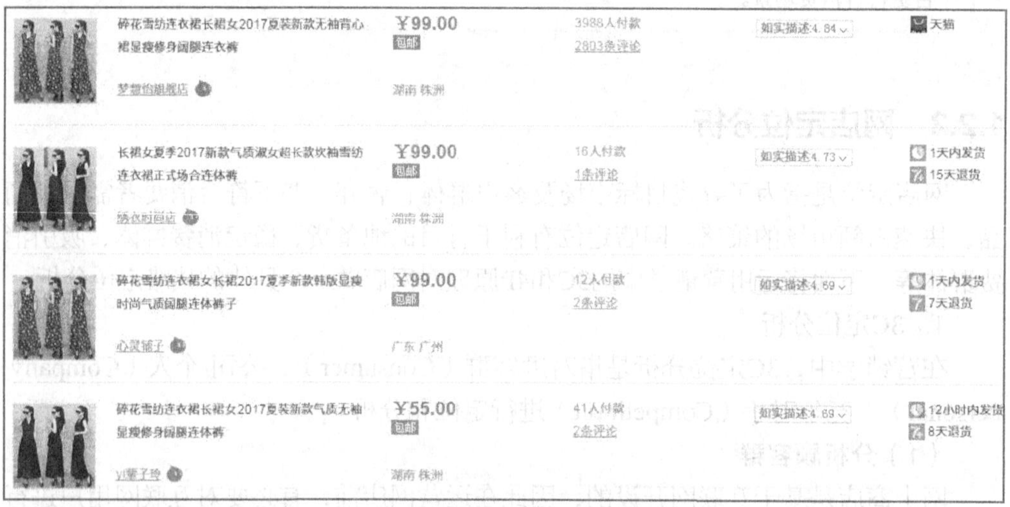

- 分析竞争对手之前，要先找准竞争对手，通常寻找到与自己相近的商品或店铺（或者行业的前几名）进行研究，对比分析出竞争对手与自家商品的优劣。

2. 4P定位分析

在营销学中，4P分析是指对商品、价格、渠道、促销进行分析。

- 分析商品（Product）：商品是店铺的核心，除了要寻找物美价廉的货源，还需对商品的质量、效用、外观、式样、品牌、包装、规格、服务和保障等因素进行分析。
- 分析价格（Price）：价格是网上购物的核心竞争力之一，价格分析包括基本价格分析和折扣价格分析。
- 分析渠道（Place）：此处的渠道主要是指进货渠道和物流配送渠道。以淘宝网为例，目前大部分卖家的进货渠道包括厂家进货、批发市场进货、网上分销等。主要的物流配送渠道包括EMS、E邮宝、申通快递、韵达快递、联邦快递、圆通速递等。

- 分析促销（Promotion）：包括人员的促销、广告、宣传折扣等。需要注意的是，不同阶段定位不同，所做的促销也应该有所不同。

1.2.3 商品分类的原则与方式

商品分类是指为了一定的需求，根据商品的属性或特征，选择合适的分类标志将商品划分为门类、大类、中类、小类、品类或品目，以及品种、花色和规格等。据不完全统计，现在市场上流通的商品有25万种以上，因此对商品进行分类，可以方便消费者购买，提高企业的商品经营管理能力。国内的大多数门户网站采用UNSPSC商品分类标准，电子交易市场则参照《商品名称及编码协调制度》，还有一些电子交易市场使用自编的商品分类系统。因此，并没有一个统一的电子商务市场的商品分类规范，但原则上来说要遵守以下规则。

- 必须明确分类的商品所包含的范围，即商品的属性、特征等：例如一件衬衣，在进行分类时就要知道它的使用对象是女士还是男士，面料是纯棉还是丝质，板型是修身还是宽松等。
- 保持商品在分类上的科学性：选择商品最稳定的本质属性或特征作为分类的基础和依据，商品分类要从有利于商品生产、销售、经营的角度出发，最大限度地方便消费者的需要。
- 选择的分类依据要适当：选择一个合适的参照对象作为商品的分类依据，例如笔记本既可以指数码商品中的笔记本电脑，又可以表示办公文具中的笔记本。它们是两个完全不同的类目，因此在分类时就要先明确该商品的分类依据，一般是根据商品的用途进行划分。
- 应具有科学的系统性：将选定事物的概念、属性和特征按一定排列顺序进行系统化处理，并形成一套合理的科学分类体系。

在进行商品分类时，首先需要确认商品的大类，然后依次确定商品的中类、小类、品种与细目。下表所示为食品与电器的商品分类示例。

商品大类	商品中类	商品小类	商品品种	商品细目
食品	食粮	乳及乳制品	奶	全脂饮用牛奶
	水果	酸性水果	柠檬	安岳黄柠檬
电器	家用电器	厨房电器	榨汁机	单功能榨汁机（即果汁机）
		生活电器	取暖器	电热膜电暖器

商品分类的依据不同，划分的结果也有所不同。如淘宝根据行业不同将商品分为下图所示的48个大类，就大类中的女装而言，按照服装的基本形态、品种、用途、制作方法、原材料的不同，分类方式也有所不同，如按用途划分，可以分为裙装、T恤、裤装、套装等。

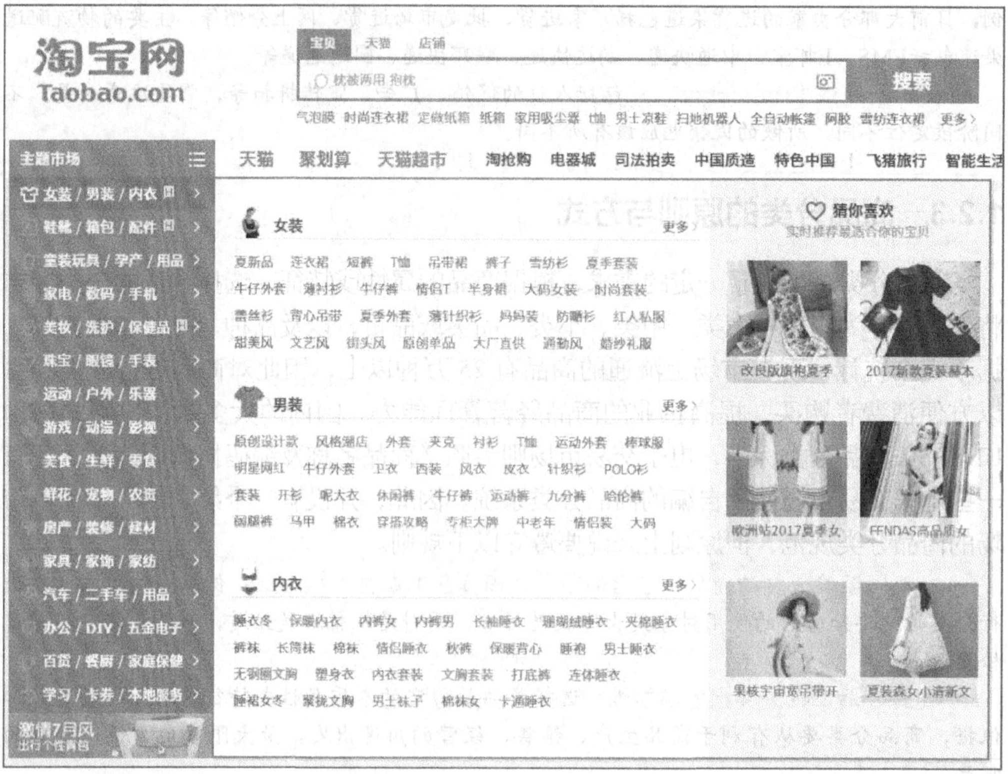

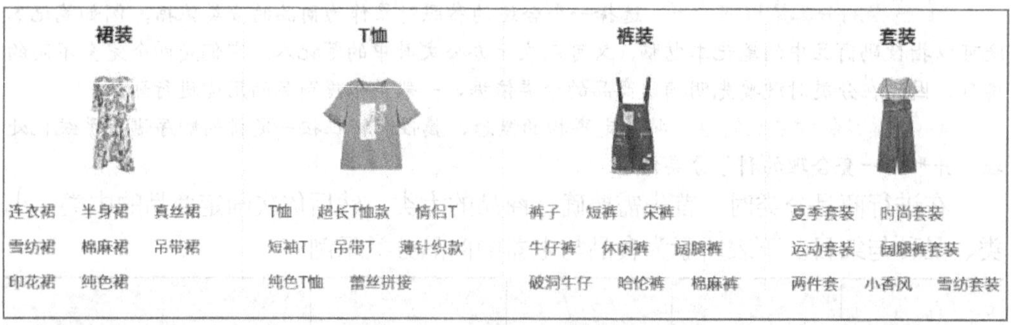

分类的方式包括按商品用途分类，按原材料分类，按商品生产方法分类和按商品主要化学成分分类。

1. 按商品用途分类

商品是为了满足人们的生活和工作需求而被生产出来的，因此商品的用途是直接体现商品价值的标志，也是进行商品分类的一个重要依据。按照商品用途进行分类可以对相同类型的商品进行更好的区分，例如将日用品按照用途进行分类，可以分为器皿类、玩具类、化妆品类和洗涤用品类等。

2. 按原材料分类

商品原材料因为成分、性质和结构等不同，会有不同的特征。通过对原材料进行商品分类，可以从本质上反映出商品的性能和特点，该分类方式适合于原材料来源较多，且对商品性能起决定作用的商品。但类似汽车、电视机、洗衣机等多种原材料组成的商品则并不适用。例如将纺织品按照原材料进行分类，可以分为棉、麻、丝、化纤和混纺织品等。

3. 按商品生产方法分类

对于相同原材料的商品，可以通过生产加工方法来进行分类，例如将茶叶按照不同的生产加工方式进行分类，可以分为红茶、绿茶、茉莉花茶、乌龙茶、白茶、黄茶和速溶茶等。

4. 按商品主要化学成分分类

商品成分往往对商品的性能、质量和用途起着决定性的作用，特别是对于主要成分相同，但包含某些特殊成分的商品，可以让商品的质量、性能和用途完全不同。例如玻璃的主要成分是二氧化硅，但由于某些特殊成分的添加，可以将玻璃分为铅玻璃、钾玻璃和钠玻璃等。

高手支招

除了以上分类依据外，商品外观形状、生产产地、生产季节和流通方式等都可以作为商品分类的标志。如苹果按照产地和流通方式可分为烟台苹果、新西兰进口玫瑰苹果、富士苹果和美国加利福尼亚蛇果等；茶叶按照采摘季节可分为春茶、夏茶、秋茶和冬茶等。

1.3 目标消费者分析

由于消费者的职业、收入水平、性格、年龄、生活习惯和兴趣爱好等不同，所呈现的消费行为也有所不同，并且随着社会和经济的发展，消费者的心理需求也会不断发生变化。所以网店运营者需要对消费者的各种消费行为进行分析，了解消费者产生消费行为的原因和目的，剖析消费者心理需求产生、发展和变化的过程，为店铺优化提供依据。

1.3.1 消费者的购买意向

购买意向是基于消费者的态度、指向于未来的一种购买行为。当消费者对商品产生积极、支持的态度时，就可能产生购买该商品的明确意向。购买意向是消费者选择某种商品的主观倾向，表示消费者愿意购买某种商品的可能性，是消费者产生购买行为前的一种消费心理表现。一般来说，影响消费者购买意向的因素主要有以下3点。

● **环境因素**：环境因素会影响消费者购买意向，如冬季雾霾严重，空气污染严重，防霾口罩在该时段就会比其他时段的人气高很多；又如某热播剧引起人们对某个商品的关注，受该热播剧的影响，购买该商品的人也会急剧增多。

● **商品因素**：主要是对商品的价格、质量、性能、款式、服务、广告和购买方便与否等因素进行考虑。如淘宝商品的优势不仅在于品种丰富多样，而且价格低廉，符合很多消费者物美价廉的消费需求。

● **消费者个人及心理因素**：由于消费者自身购买能力、购买习惯等不同，会产生不同的购买意向，并且消费者的心理、感情和实际的需求各不相同，也会产生不同的购买动机。如京东采取厂家直销的模式，网站中的商品几乎都是京东自己的商品，因此质量更有保障，当消费者在购买金额较大的商品时更具有竞争优势。此外京东的仓储物流服务一直备受业内好评，提供有“限时达、次日达、极速达、夜间配和自提柜”等多种模式的配送服务，如右图所示为在京东上销售的手机，可看出销量非常大。

综合以上因素，消费者在电子商务模式下的消费行为是不断变化的，因此，要想了解消费者的购买意向，就要重视对消费者信息的收集、发现并分析消费者的消费规律、研究消费者在电子商务网站上发生购买行为的原因。

1.3.2 消费者的购买心理

购买心理就是顾客因为一定原因而产生购买行为的一系列心理活动，不同消费者的购物习惯会产生不同的购物心理。例如，有的人喜欢买名贵的商品；有的人喜欢淘便宜商品；有的人喜欢追求潮流；有的人喜欢经典复古。对客户的消费心理进行研究，可以更加准确地定位消费者的购买行为，制定更加符合消费者需求的运营方案。

1. “追新求异”心理

部分青年消费者比较喜欢追求新奇，是各种潮流商品的常客。这一类型的消费者通常不会在乎商品是否经济实惠，看重的是商品能否满足自己的好奇心。右图所示的“七彩喷水音响”就是一款比较有创意的商品，它不仅可以作为音响使用，还能使水珠随着音乐起舞，使顾客在聆听音乐的同时还能观赏喷泉，并可以作为装饰品点缀房间，既实用又有情调。

2. **实惠心理**

实惠心理的消费者追求的是商品的物美价廉，就是指商品功能实用且价格便宜，一般为家庭妇女或中老年消费群体。他们一般看重商品的功能和实用性，对商品外观、样式等不太注重。对价格低廉、经久耐用的商品很感兴趣，且购买能力惊人。如果商品定位于这样的消费群体，可以通过不断提高商品的性价比，提高商品的效用和功能，或在适当的时候进行有奖销售，来吸引更多这一类型的消费者。

3. **炫耀心理**

炫耀心理是指消费者欲向他人炫耀和展示自己的财力、社会地位、声望等，这种心理远远超过了他们追求商品实用性的心理。有炫耀心理的消费者一般具有求荣性和攀比性，经常购买名贵或时髦的商品。如下图所示为一款奢侈的进口皮衣。

4. **攀比心理**

攀比心理是消费者基于对自己所处的阶层、身份以及地位的认同，从而选择所在的阶层人群为参照而表现出来的消费行为。与炫耀心理相比，攀比心理的消费者更在乎自己是否也有某种商品，特别是同阶层人群购买或使用的商品，他会出于“你有我也有”的心理来购买商品。针对这一类型的消费者，商家可以通过与参照群体的对比来吸引消费者。

5. **从众心理**

通常人们所说的“随大流”就是指从众心理，它是指个体在社会群体的无形压力下，不知不觉或不由自主地与多数人保持一致的社会心理现象。特别是在当今存在各种社会圈子的现象中，很多消费者都希望与自己所在的圈子保持同步，不愿落伍于他人，因此有这种消费心理的消费者也占据大多数。对于这一类型的消费者来说，商家可以通过宣传商品，增加商品热度的方法来让消费者购买。

6. **崇外心理**

对于进口商品来说，一般吸引的人群多是具有崇尚外国文化心理的消费者，这种消费者较喜欢购买外国商品且对所谓的原装进口商品趋之若鹜。在网站中销售这一类型的商品时一定要标明商品的原产地与进出口相关文件信息，以取得消费者的信任，如右图所示。

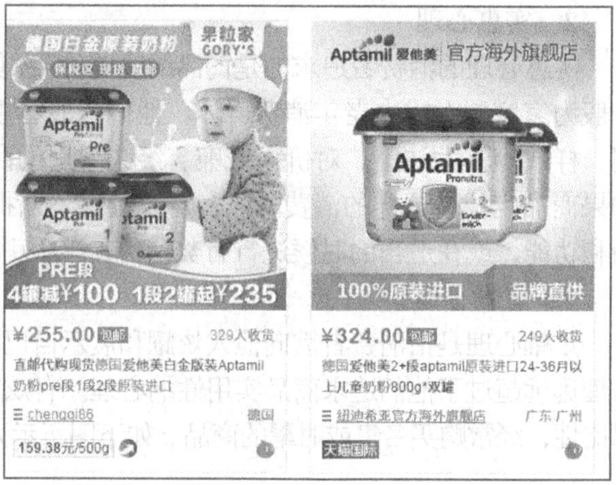

7. 习惯心理

很多消费者在购物的过程中会产生一定的偏向性，例如偏向于购买某种品牌的商品、只购买价格不超过某个范围的商品等。这一类型的消费者一般会在自己心中制定一个“心理预期”，当商品的实际价格或功能不能满足或超过预期时，就会选择其他商家的商品。

8. 名人心理

与“名人心理”相对应的是“名人效应”。名人效应就是因为名人的出现所产生的引人注意或强化事物、扩大影响的效应，或通过模仿名人的某些行为或习惯而获得满足的现象。因此，可以将拥有名人心理的消费行为看作消费者对名人效应的推崇。通过明星代言、行业权威人士进行商品宣传都是对名人心理的消费者比较有效的方法，在淘宝等电子商务平台中，就有很多专门卖名人同款商品的商家，如下图所示为一款与明星同款的T恤。

1.3.3 了解消费者需求

分析消费者的购买意向和购买心理，才能更好地进行消费者需求定位，为其提供满意的商品或服务。了解消费者需求可以从以下4个方面入手。

1. 提出问题

了解消费者需求最直接、最简单的方式就是提问。通过提问可以准确地了解到消费者的真实需求，并挖掘到消费者自己没有意识到或无法用语言做出具体描述的需求。提问的方式有很多，在与消费者交谈的过程中，可以针对不同的情况选择适当的提问方式。

（1）开放式提问

开放式提问是围绕谈话的主题，让消费者根据自己的喜好畅所欲言，尽量让消费者在轻松愉悦的环境下进行交流，以了解更多更有效的信息。常见的开放式提问方案如下表所示。

提问方案	示例
“……哪种”或者“是……还是”	“您平时喜欢使用哪种材质的勺子？” “您觉得我们的服务态度如何？还有什么可以改进的吗？” “请问您购买本商品是自己使用还是送其他人？” “您想买实惠一点的手机还是高档一点的手机？”
“为什么……”	“为什么您喜欢价格更贵的这个商品呢？” “为什么要给我们差评呢？我们有哪里做得不好可以说说吗？”
“……什么……”	“您买它来主要是做什么呢？” “您在购物的过程中有什么问题吗？可以直接咨询我们哦！” “您对我们还有什么建议吗？”
“……哪些……”	“您觉得这款商品的哪些优势最吸引您？” “您在使用该商品的过程中有哪些问题？” “对于该商品您有哪些看法？”

（2）封闭式提问

封闭式提问是在某个范围内提出问题，让回答者按照指定的思路去回答问题，使答案具有一定的局限性和唯一性，而不至于跑题。

封闭式提问常使用“是”或“不是”，“有”或“没有”，“对”或“不对”等简单词语来进行提问。如“您是想多买一点吗？”“您是不是喜欢蓝色？”“有没有您喜欢的款式？”等，通过封闭式提问能缩小讨论范围，以获得特定的信息，或使交谈集中于某个特定的问题，但难以得到提问以外的更多信息。

（3）信息收集提问

在与消费者谈话时，可以问一些了解消费者身份的问题，例如消费者的职业、居住的地方等基本信息，但不要询问电话号码或银行账号之类的私密信息，这样很容易让消费者产生警惕心，甚至认为你是骗子。

（4）针对性提问

针对性提问是指对需要了解的内容进行细节提问，或对某个特别需要知道的内容进行提问。它可以让消费者的答案更贴合需求，例如针对商品的质量或售后服务等环节提问。

在提问的过程中，还要注意：问题不能过于直接，以防引起消费者的警惕；不能只关注自己的提问，而忽视消费者的回答；问题要经过一定的设计，否则不能得到需要的回答。

2. 善于聆听

消费者的谈话透露了消费者的需求以及对商品的要求，所以要善于聆听消费者的声音，并站在消费者的角度来理解与回应对方所说的内容，使消费者产生被关注、被尊重的感觉，这样消费者才会更加积极地投入到沟通中，从而从沟通中了解顾客的顾虑，并帮助其解决问题，最后促成订单的生成。一般倾听包括下图所示的3个步骤。

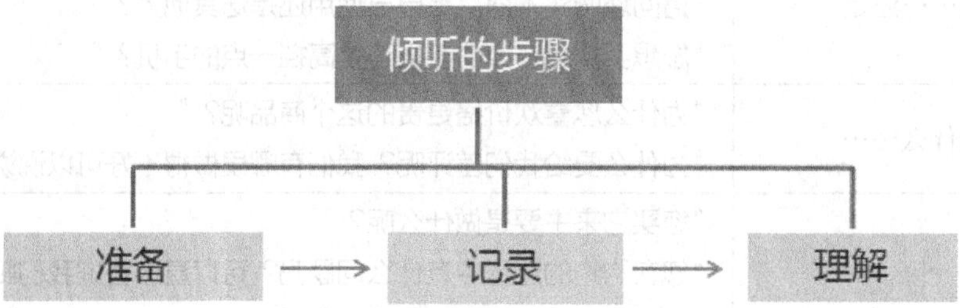

要做到有效的倾听，需要在准备、记录与理解过程中注意以下几点。

（1）准备的注意事项

倾听前需要做好相关的准备工作，如了解倾听的礼仪、集中精力。

- 了解倾听的礼仪：使用倾听的礼仪既表明自己的涵养素质，又体现了对客户的尊重。常见倾听礼仪包括对客户使用尊称，且多使用问候语；不随意打断客户谈话，插话时请求客户允许；在合适的时候对客户所说的话做出回应，给予简单、必要的回应，如“对”“是吗”“好的”等。
- 集中精力：充沛与集中的精力是实现良好沟通的前提，在与顾客进行沟通时，必须集中精力，认真倾听客户的回答，做好沟通准备，如身体准备、心理准备、态度准备和情绪准备等。保证沟通过程顺利进行，不能因自身精力问题而草草了事。

（2）记录的注意事项

俗言“好记性不如烂笔杆”，记录客户说话的重点，如果有不明白的地方及时提出，可以有针对性地得出应对方案，更有效地抓住顾客的需求。

（3）谨慎反驳客户观点

客户所表达的某些观点或问题可能有失偏颇，也可能言语比较偏激，但交谈过程中一定要谨记，不要直接批评或反驳客户的观点。这样会让客户觉得扫面子，认为你的服务态度不好。如果客户的观点实在有失偏颇，可以通过提问等方式改变客户谈话的重点，将客户按照你的思维模式进行引导，促进谈话的顺利进行。如“您非常诚恳，我很想知道什么样的服务才能令您满意？”

3. 及时响应

为了避免客户对询问需求产生反感，在交谈过程中要对客户的话语进行适当的回答。通过彼此之间的互动，针对客户的需求进行探寻，并运用个人的专业知识帮助客户拟定适合的方案或解决客户的各种问题，提高客户的接受程度并获取自己需要的信息。

4. 总结思考

谈话的过程中要及时总结客户的话语，特别是关键点和细节话语要及时加以回顾，向客户传达你在认真倾听的信息，同时有助于帮助你正确理解客户的意见，从而更有效地找到解决问题的方法。例如“您的意思是您经常照相和听音乐，所以需要一个高像素和视听效果好的手机是吗？”“如果我没有理解错的话，您更喜欢蓝色弧形的这款商品，款式和质量都要更上档次，对吗？”

其次，还要注意客户的一些潜台词。例如“我考虑考虑”可能是客户在敷衍你或拒绝你，也有可能是对商品感兴趣但又拿不定主意。因此要认真对客户的话语进行归纳分析，抓住其中的有效信息，达到了解客户需求的目的。

1.3.4 目标客户的年龄和身份

对客户的年龄和身份进行分析和定位，确定哪些客户是你的真实客户，对商家开展网店运营计划有着十分重要的作用。特别是在如今信息资源十分丰富的时代，很多客户其实并不了解自己的真正需求，运营者可以在分析客户的基础上对客户进行引导。

1. 定位客户的年龄

购买商品的用户年龄范围多大，每个年龄阶段的用户有什么消费特点，是商家进行消费者年龄分析需要调查的主要内容。不同年龄阶段的客户对商品的需求不同，主要分为以下4个阶段。

- 少年儿童：少年儿童（0~15岁）的自主决定权十分有限，因此购买商品一般由父母确定。其特点是目标明确，购买迅速。少年儿童容易受到周围人群的诱导，相互间容易进行互相比较，如“谁的鞋子好看我也要买”“你买了这个玩具我也想要”等，并因此要求父母购买相同的商品。
- 社会青年：青年消费群体（16~35岁）是占比最多的一部分人群，也是企业互相争夺的主要消费目标。青年消费者具有追求时尚和新颖、表现自我个性、冲动消费的特征。喜欢潮流时尚、个性十足的商品，并且一旦喜欢就会迅速购买。如下图所示的几款服饰都是比较潮流个性的、受社会青年喜欢的服装。

● 中年人：中年人（36~60岁）的个性和心理已经相当成熟，因此消费更加理智。如不太注重商品的外观、时尚等，而是更注重商品的质量和性能，喜欢选择实际效用高、价格合适的商品，并且购物有一定的计划性，避免浪费，能够自主判断事物和商品的好坏，对商家的推荐和介绍有自己的判断和分析能力，大多数中年人都愿意自己挑选中意的商品，广告或推广等宣传方式对他们的影响较小。

● 老年人：老年人（61岁以上）具有经验丰富、情绪平稳和冷静理智等特点，他们消费时往往按照自己的实际需求出发，对商品的质量、价格和用途等都会仔细考虑，很少盲目购买，如下图的几款保健品都是老年人所需求的商品。随着时间的增加，老年人可能会有健康或体力等方面的需求，因此商品是否便利、服务是否优质也是他们所关心的问题。

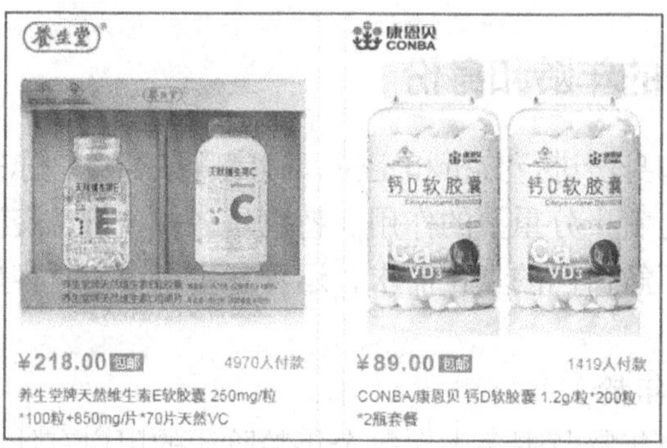

2. 定位客户的身份

不同身份的客户购物需求也不相同。网店运营者可以按照性别、生活习惯、消费习惯等方式定位客户的身份，如按照性别可以将客户的身份分为男性顾客和女性顾客。

（1）男性顾客的消费特点

男性顾客的消费特点主要有以下3点。

● 理智型消费：善于控制自己的情绪并能够冷静地处理各项事宜，不喜欢喋喋不休的推销。

- **购买动机较为被动**：可能因为家人的嘱咐、同事朋友的委托或工作需要等原因采取购买行动，且喜欢事先做好商品的调查。不喜欢斤斤计较，注重商品的性价比。
- **稳定性较好**：不容易反复发生变化。

（2）女性顾客的消费特点

女性顾客的消费特点主要有以下4点。

- 冲动性消费较多，喜欢追求时髦和潮流。
- 容易受外界影响而改变购买决策。
- 挑选商品比较细致，对商品的价格、色彩、外观和包装等都有一定的要求。
- 具有从众或炫耀等心理特征，有求美的购买动机。

1.3.5 定位目标客户的特征

消费者在购买商品的过程中会表现出一定的特征，如果把握住了这些特征就可以更好地实施销售策略。

- **主动性**：网络市场拥有丰富的商品和信息，消费者在购买商品时会更加主动地去收集相关的信息，进行比较和分析，从而对需要的商品有一个全面的了解，便于商品的选购。如右图所示为两款相似的包，但在价格、销量上都有很大的差别，分别进入它们的详情页后可发现，价格略贵的背包材质为牛皮，而价格稍微便宜的背包的材质为PU皮，因此在相同款式下有更多的消费者选择牛皮款。

- **价格低廉**：价格的高低是很多消费者决定是否购买商品的因素之一，而网络市场由于无须店面租金和经销商费用，一般比实体店商品的价格更低廉，特别是在淘宝网中存在很多个人卖家，他们的商品价格相当优惠。如下图所示的几款花瓶非常划算，因此购买的客户数量非常多。

● 互动性：消费者通过各种即时聊天工具可以直接和商家进行沟通，了解商品的各种信息或解决购物过程中产生的问题。

● 个性化：随着经济的发展和消费市场的壮大，商品是否能够体现消费者的个性或爱好也成为客户的选择标准。如果你的商品能够带给消费者更加独特的体验肯定能够被他们所青睐。如下图所示的排在最左侧的电动牙刷，“无需充电、四刷头高配”的个性特点，加上实惠的价格，使其月销量近5万。

● 简单化：对于时间和精力有限的消费者而言，他们更喜欢那些尽可能节约时间和劳动成本的商品。而对于能够自由支配自己时间的消费者而言，他们很喜欢花费一些闲暇时间通过网上购物来获得乐趣。

● 忠诚度：网络中的商品质量参差不齐，因此消费者对于商家的忠诚度不高，很容易因为某个消费习惯的改变或某个商品质量的变化而抛弃之前的商家，转向另一个商家，这也从侧面说明了质量与服务的重要性。

1.4 竞争对手分析

在竞争激烈的网店平台中，想要战胜竞争对手最终生存下来，就需要知己知彼，明确店铺与竞争对手的区别，找出商品和店铺的竞争优势。如何锁定自己的竞争对手，如何对竞争对手进行分析呢？下面分别从行业态势分析、单品分析和整店分析等角度来进行研究。

1.4.1 行业态势分析

行业态势分析是指通过调查，了解行业现状、竞争格局以及发展趋势，从而制定出行业发展战略和策略。目前网络消费者以第三方平台淘宝、京东为主，人们获取信息的方式以百度居多，而搜索方式以关键词搜索为主，因此可以通过主流商品关键词测试，借助各种网络平台指数来分析商品的市场发展状况，输入“index.baidu.com”即可进入百度指数平台，在搜索引擎中输入商品核心关键字，如“空调”，即可显示搜索指数，从中可以看出移动搜索指数远大于电脑搜索指数，单击“移动趋势”按钮，设置分析时间段为“全部”，将显示2011年至2018年的统计数据，根据数据显示可得出，随着人们生活品质的提高，空调的搜索指数在逐年攀升，空调的需求量不断增长，并且集中在每年的5~8月份。

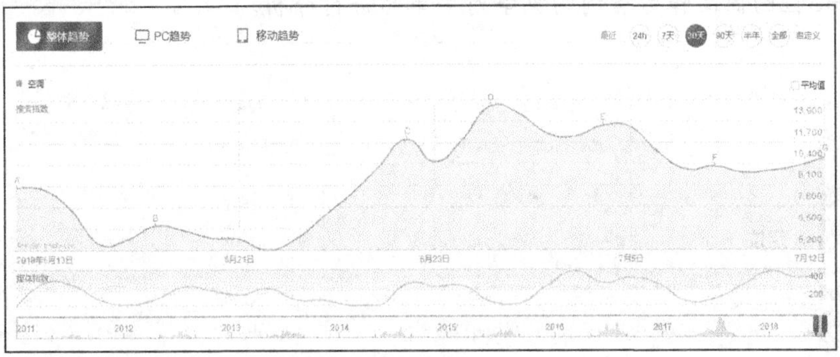

1.4.2 单品分析

对竞争对手的单品进行分析，即对竞争对手的热卖商品和“爆款”商品进行分析。那么怎么找到竞争对手的商品呢？

1. 寻找竞争单品

在淘宝搜索框中输入商品的关键词，然后在打开的下拉列表中找到与自己商品相匹配的搜索词，单击“搜索”按钮即可查看竞争单品。此外，也可在排名网中进行宝贝排名的查询，其具体操作如下。

扫一扫

寻找竞争单品

STEP 01 在浏览器中打开查排名网，注册该网站会员，然后单击“实时查”选项卡，再单击“全网宝贝排名查询”选项卡，选中“电脑端”“淘宝”“综合”单选项，设置搜索端口、搜索渠道、搜索方式，在打开的页面中输入关键词为“空调被夏凉被”，单击点击查询按钮。

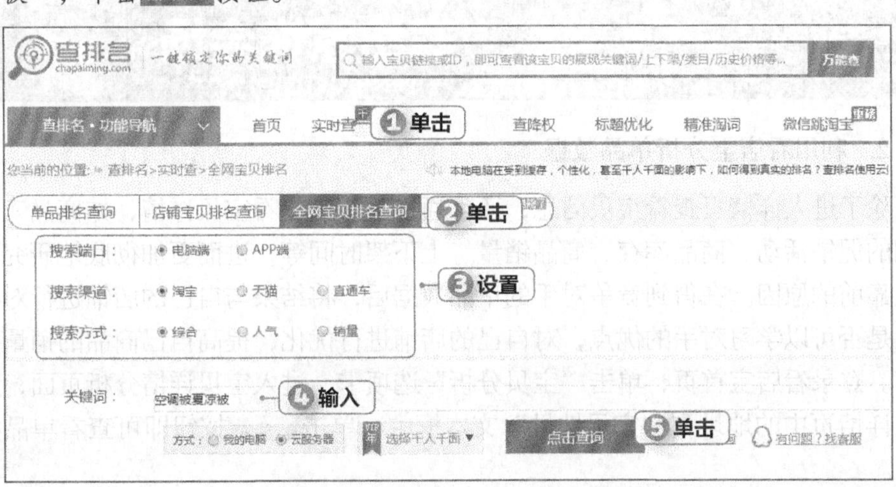

STEP 02 搜索结果将按照商品在淘宝的综合排名从高到低进行排序，在其中找到与自身店铺风格相同、价位类似的高销量商品，将其定位为店铺的竞争商品，此处将排名第3位的商品作为店铺的竞争对手单品进行分析。

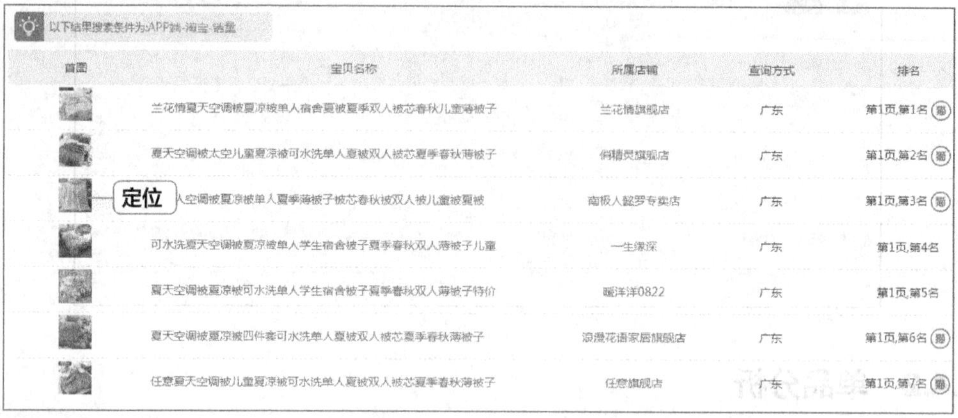

STEP 03 单击该商品进入详情页面，可以看到该商品的各项属性信息，包括商品的月销量、商品的详细属性、商品的卖点分析、商品的评价等，对比自己的店铺找出两者的不同，将对手的优点运用到自己的店铺中。

2. 利用看店宝分析单品数据

除了进入详情页查看宝贝信息，还可通过看店宝查看宝贝详情，如商品卖点、参加的促销活动、商品库存、商品销量、上下架时间等，进而更加彻底地研究商品销量靠前的原因。在得到竞争对手的单品数据后，将结果与自己的店铺进行对比，看看是否可以学习对手的优点，对自己的店铺进行优化，提高自己商品的销量和转化率。登录看店宝首页，单击“宝贝分析”选项卡，进入宝贝详情分析页面，复制宝贝详情页中的地址到“宝贝地址”文本框中，单击 提交 按钮即可查看单品相关数据。

1.4.3 整店分析

不仅要对竞争对手的单品进行分析，还要对整店进行全面的分析，整体分析竞争对手的优势和弱势，以竞争对手的弱势为突破点，将其转化为自己的优势，从而在激烈的竞争环境中占据一席之地。

为了方便卖家分析竞争对手店铺的整体情况，网站中提供了很多整店分析工具，包括生意参谋、电商记、看店宝和店侦探等。其中，生意参谋是淘宝提供的专业的一站式数据分析商品，看店宝插件和店侦探插件是强大的淘宝运营工具，可以分析热销宝贝、淘宝搜索、详情页、店铺和活动效果页面，获取竞争对手的情况。下面以看店宝和店侦探为例，对竞争对手的部分店铺情况进行分析。

● 分析竞争店铺的整体状况：包括店铺地址、开店时间、类目数、宝贝数、收藏量等情况，并对比自己的类目数、收藏情况、宝贝数量等。例如同样是做童装，自己店铺的类目数、宝贝数都比对手少，证明商品不够丰富，如部分消费者在逛童装时可能会看上模特的帽子、围巾，或店铺的装饰玩具等，此时可考虑增加这些类目，在拓宽类目的同时，提高客单价。下图所示为使用看店宝查看“小虫XIAOCHONG”的店铺基本信息，可知店铺的宝贝数量较多、好评率高、收藏量大。

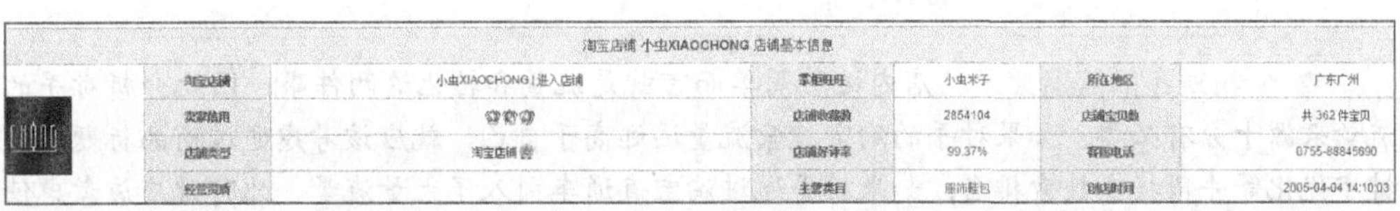

● 分析竞争对手的销售情况：分析对手的销售情况是分析对手最重要的工作，包括分析宝贝热销情况、宝贝滞销情况、宝贝定价方法和热销宝贝特征等，并将分析结果用于自己的店

铺宝贝运营上。下图所示为使用店侦探查看“小虫XIAOCHONG”店铺宝贝的销售情况，其中可以很方便地查看哪些宝贝热销。

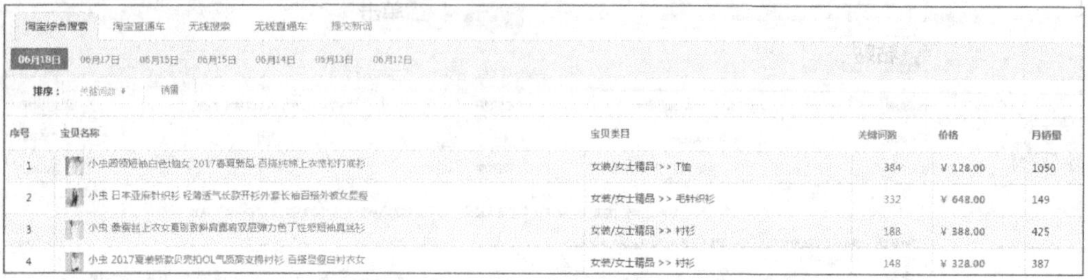

● 分析对手客单价，每日销量等情况：分析对手每天的活动、销量、销售额。如某个时间段销量暴涨是否因为参加什么活动，这些活动我们是否可以借鉴。下图所示为使用店侦探查看“小虫XIAOCHONG”近7天的销售状况，可看出6月18日销量大增，而该销售现象可能是由于“6.18”年中大促活动所致。

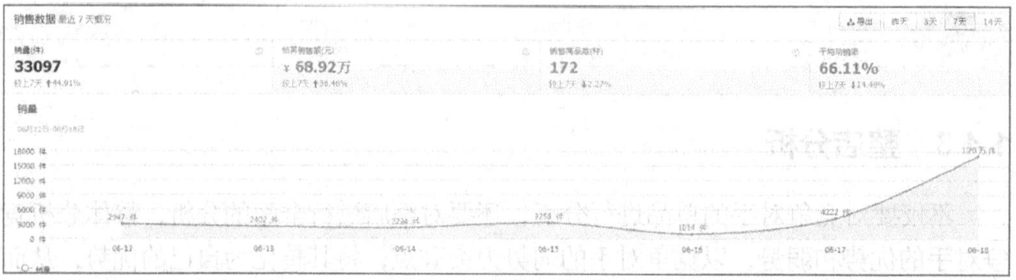

● 分析对手类目销售情况：分析对手的销量来源于哪个类目。下图所示为使用店侦探查看“小虫XIAOCHONG”的类目分布情况，根据数据显示，衬衫、连衣裙、裤子是该店铺的主要经营类目。

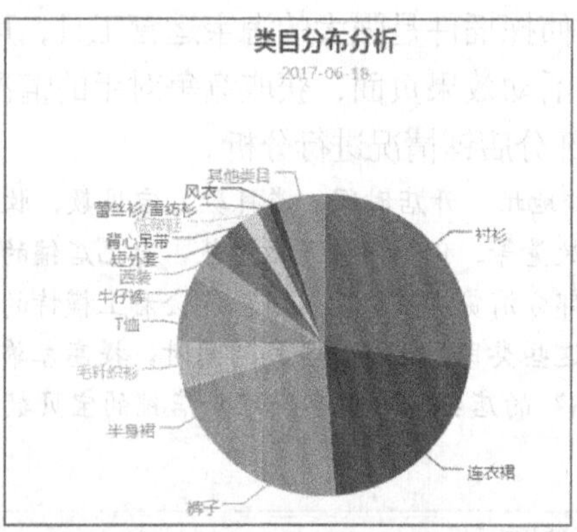

	类目名称	宝贝数(个)	销量(件)	销售额(元)
1.	衬衫	97	104	¥39637.0
2.	连衣裙	79	53	¥24627.0
3.	裤子	54	40	¥17470.0
4.	半身裙	24	24	¥9872.0
5.	毛针织衫	18	77	¥24253.0
6.	T恤	14	203	¥30343.0
7.	牛仔裤	12	2	¥742.4
8.	西装	10	0	¥0

● 分析对手的流量来源：店内运营简单而言就是流量和转化这两件事，因此分析对手的流量来源十分有必要。如果对手的淘宝搜索流量远远高于自己，就应该考虑通过商品标题的关键字优化等手段提高搜索排名；如果对手通过淘宝直通车引入了大量流量，此时就应该考虑使用直通车或优化自己的直通车图片，获得较高的点击率。下图所示为使用店侦探查看“小虫XIAOCHONG”的流量来源情况，通过数据显示得知该店铺的主要流量来源于淘宝搜索和淘宝直

通车。

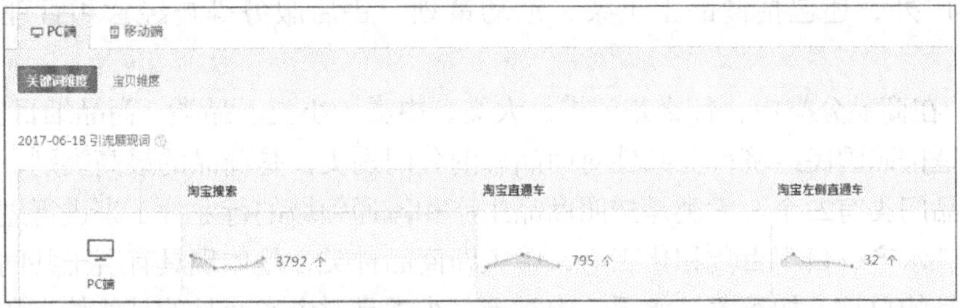

● 分析对手日常操作：包括上新、上下架、改名、调价等情况。其中，竞争对手的上新频率、上新数量，都会在一定程度上影响自己店铺的商品销售。因此，商家需要随时关注对手的上新频次、款式、商品等。此外，调价跟踪非常重要，当一个重要的竞争爆款调价后，商家应该及时做出对应的运营策略。下图所示为使用店侦探查看“韩都衣舍”中某宝贝的改价情况。

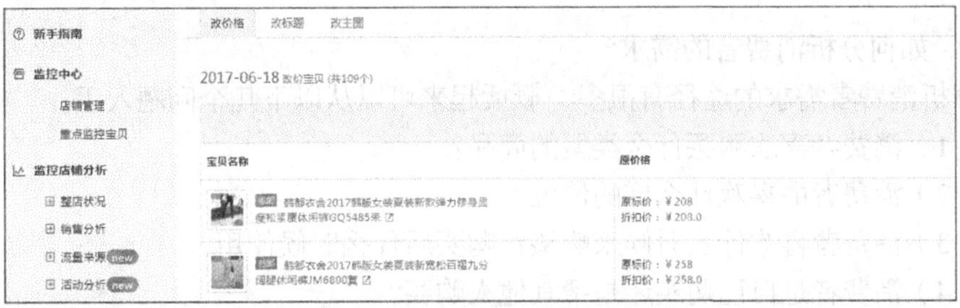

● 查看对手店铺营销活动与推广策略：分析竞争对手参加过什么活动，活动效果如何。通过分析对手的活动推广，可以为自己的店铺找到更加有效的营销策略和推广渠道。下图所示为使用店侦探查看“韩都衣舍”店铺内参加“聚划算”活动的情况。

1.5 疑难破解

1. 网店推广就是网店运营吗？二者有何区别？

网店推广是网店运营最直接的工作，属于网店运营的一部分。网店运营除了推广外，还包括商品上下架、活动策划、售后服务等与经营和管理相关的工作。

2. 在商品分类中，什么是门类、大类、中类、小类、品类、商品细目？

类是按照国民经济行业共性对商品总的分门别类，是商品的最高类别，我国现有的商品门类有23个。大类是按照商品生产和流通领域的行业分工来进行划分的，如食品、水产、日用百货和化工等；中类即商品种类，是体现具有若干共同性质或特征商品的总称，如蔬菜、水果、肉类等；小类是对中类商品的某些特点和性质进行进一步划分，如酒类商品分为白酒、啤酒、葡萄酒和果酒等；商品品类按商品性质、成分等特征来划分，是指具体的商品名称，如啤酒、洗衣机等；商品细目是对商品品种的详细划分，包括商品的规格、材料等更具体的商品特征，如60/84A针织衫。

3. 如何分析消费者的需求？

分析消费者需求的途径有很多，概括起来可以从以下几个问题入手。

（1）消费者喜欢购买什么类型的商品？

（2）消费者最喜欢什么样的价位？

（3）消费者喜欢什么时候来购买？购买后什么时候使用？

（4）消费者是自己购买还是帮其他人购买？

（5）消费者喜欢什么样的店铺风格？

（6）消费者的购买频率如何？高还是低？造成这种结果的原因是什么？

1.6 边学边练

1. 简述网店运营应该做哪些工作，一名合格的网店运营人员应该具备哪些技能与素质？

2. 结合适合网上经营的商品特点，对电动牙刷的目标客户群体、竞争对手的情况进行分析。

3. 打开第三方工具看店宝，单击“店铺分析”选项卡，在打开的列表中选择“淘宝天猫店铺搜索”选项，然后在打开页面的“淘宝店铺”文本框中输入“水晶灯”，单击“提交”按钮，分析主营该商品的店铺列表以及对应的店铺属性。

第2章 打造店铺的品牌

本章导读

建立鲜明的品牌定位，并充分利用各种高效的内外部传播途径，可以使消费者对品牌产生精神上的高度认同，从而形成一种文化氛围，进而形成强烈的品牌忠诚度，最终提高销量，带来收益，因此网络品牌竞争成为市场竞争不可或缺并日益重要的竞争焦点。本章将从网络品牌、品牌文化、店铺形象、顾客口碑等方面分析打造店铺品牌的方法。

知识技能

※ 熟悉网络品牌的含义、特征以及优势
※ 掌握塑造网店品牌的方法
※ 掌握分析店铺形象好坏的方法

2.1 为什么需要打造品牌

在大多数人眼里，品牌是质量的保证，买品牌就是买放心。有数据显示，2014—2016年中国品牌的销量增长超过330%，由此可见，随着消费的升级和品牌的不断发展，品牌逐渐深入人心，日渐成为消费者购物的重要影响因素。

2.1.1 网络品牌的含义

广义的网络品牌是指一个企业、个人或者组织在网络上建立的一切美好商品或服务在消费者心目中树立的形象，是一种无形资产。企业网络品牌的组成如下图所示。

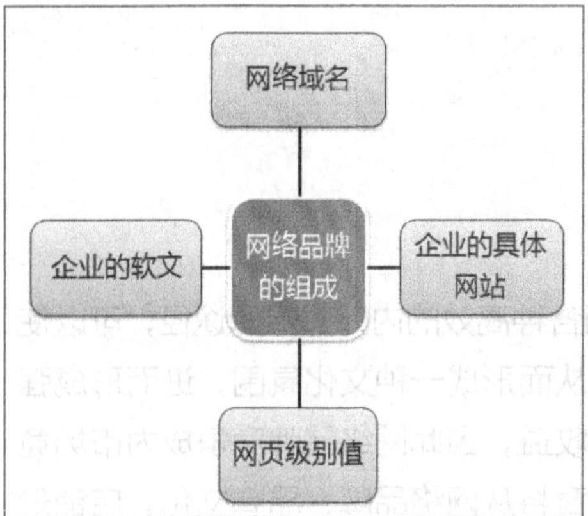

提个醒

网页级别值是用来表现网页等级的一个标准，级别为 0 ～ 10，级别越高，说明该网页越受欢迎。

著名网络营销专家冯英健认为网络品牌可以有两个方面的含义。

- **通过互联网手段建立起来的品牌**：该类品牌又称为“线上品牌”。就淘宝而言，目前较成功的淘品牌有尼卡苏、麦包包、斯波帝卡、欧莎、韩都衣舍、裂帛、七格格等。下图所示为裂帛的店铺，从图片中可以看出店铺的风格偏自然风、民族风。

● 线下已有品牌建立起来的网络品牌：随着电子商务的发展，越来越多的传统品牌企业都在找寻电子商务的渠道，以求扩大商品销量。目前大部分品牌商都是基于现有的电商平台来创建网络店铺，如淘宝、天猫、京东、唯品会、1号店等。下图所示为“阿迪达斯”在天猫平台上的店铺，该品牌根据网络消费者的特点，开发了专门用于网络销售的商品系列。

2.1.2 网络品牌的特征

网络品牌为用户提供了信息和服务，其特征主要表现在以下4个方面。

● 个性化：品牌个性是当今企业品牌竞争的核心。只有让商品成为品牌，并成为有个性的品牌，才能使企业的商品脱颖而出。

● 数字化：网络品牌的价值只有通过互联网用户才能表现出来，因此互联网是其赖以生存的基础，而互联网是与数字化共存的。

● 虚拟化：网络交易都是在虚拟平台完成的，网络品牌也是存在于网络虚拟空间中的信息。

● 独创性：独创性是保持网络品牌在该行业领域唯一性的关键。在竞争激烈的环境中，只有刻意求新、独树一帜，才能使自己的商品兴盛不衰。

2.1.3 网络品牌的优势

与传统品牌相比，网络品牌在开展电子商务活动时具有以下几个优势。

● 灵活的价格策略：网络品牌基于网络而生，运作相对灵活，可以根据季节变化、消费热点转移、消费者口碑等因素灵活调整价格。

● 灵活的商品策略：网络品牌为了提高商品销量，不仅可以开发适合网上销售的新商品，还可以快速复制竞争对手的热销商品，或模仿国际大牌的商品，然后采取价格制胜的方式赢取市场。下图所示为淘宝热销的两款连衣裙，可看出款式同为流行的碎花裙，但价格却不同。

● 轻公司运作：网络品牌没有庞大的线下销售系统、没有相对成熟的生产线或者代理加工企业和商品管理体制，因此，商品的价格和商品线的调整更为灵活。另一方面，网络品牌将重点放在了网络营销、供应链管理等提高销售的环节，因此提升了运作效率。

高手支招

传统品牌在开展电子商务活动时主要具有资金、生产等优势，除此之外，传统品牌开展电子商务活动可以一开始就导入完善的品牌管理体系，因此运作更规范。

2.2 网络品牌打造策略

在品牌日益壮大的今天，卖家一味地冲销量，带来的利润很可能只是暂时的，对卖家而言，如何做到细水长流，踏上品质型、服务型的品牌之路才是走得更远的关键。那么该如何打造店铺的网络品牌？建立网络品牌，需要涉及很多工作，在打造品牌前期，分析行业背景及目标消费群，进行品牌文化包装、突出店铺品牌优势，策划出整套切实可行的品牌运营战略是相当重要的。此外，在打造品牌过程中，若想在短时间内聚集大量的顾客，不仅需要有好的商品做支撑，具有良好的店铺形象和店铺口碑，还需要凭借优秀的商品，以及精准持续的营销手段。

2.2.1 细分品类市场，提高品牌专注度

随着越来越多的卖家投入到电子商务大军中，网上开店的竞争加大，为了尽量避免与同行业商品恶性循环竞争以致惨烈的价格大战，进行商品细分是必然的。此外，电子商务网购规模逐渐扩大，许多消费者也需要更加专业的商家来满足他们日益增长的需求。同时卖家能力和资源都很有限，与其做更多品类的拓展，不如聚焦做好一个细分品类，使之成为能够代表品类的品牌，让顾客留下，让顾客有更好的品牌体验。细分品类市场的具体作用表现如下。

- **形成品牌联想：**让顾客在网购选择商品时，从以往的被迫选择或者以便宜为主要导向的选择，转为有目的性的选择，让顾客选择品类商品或选择购物平台时产生品牌联想。如电商品牌中的凡客衬衫、京东电器、麦包包等，都基于品类的细分定位而成功的。只有这样，才能获得品牌溢价能力，才能存活并持续发展。下图即为“麦包包”首页部分效果，从品牌名可直接联想到包包。

- **迅速占据更大的市场份额：**网络店铺是以互联网为平台的面向全球的消费市场，其更具灵活的价格与商品策略的优势，使其比线下传统渠道更容易进行细分品类的定位。细分市场一旦成功塑造品牌，凭借互联网排他性的特质，不受线下渠道拓展的限制，其销售爆发力势必会远远超出线下实体企业，从而能够迅速占据更大的市场份额。

细分品类市场，提高品牌专注度，贯彻于整个品牌打造过程中，作为中小卖家，可以从以下几点着手。

1. 抓住目标群体

品牌特征的创新是细分市场中的品牌关键。细分品类市场并不需要抓住大众化的需求，而是需要抓住某特定群体的需求，然后根据这个目标群体的动机、兴趣、偏好、收入、教育、品位等，倡导一种理念和风格，引领一种个性化的生活方式。在目标群体中创造良好的品牌声誉，并给出品牌承诺，从而增加重复购买的可能

性。品牌的培育都要经过漫长的过程，但在这个过程中，要不断坚持和强化品牌特征，稳扎稳打，形成鲜明的不同于竞争对手的品牌形象及差异化优势，避免与众多大品牌的正面冲突。

2．专注于细小类目

对于中小卖家而言，选择商品类目时，并非一定要选择大的类目，卖家可以根据自己的实际情况选择自身的优势类目，快速完善供应链层面的各个环节，包括商品制造、品控、客户服务等构成品牌的相关要素。如果是新店或是竞争实力较弱的卖家，为了降低竞争压力，建议选择排名比较靠后的细小类目来做。当卖家经验、资金等积累到一定的程度时，再根据自身情况考虑选择大的类目去做。专注于细小类目对于品牌化而言也是相当重要的，如一款普通手表淘宝卖价不到100元，而海鸥表这个专注于手表的品牌，与之相似的款式售价为699元，虽然高出几倍，但销量依然很可观。

3．专注于某一商品

除了专注于类目，也可从商品类别上进行专注，如小西装专卖店、皮草专卖店、皮具专卖店等。店铺商品类型的专注，会给用户带来质量好、专业度高的感觉，下图所示为一家皮草专卖店。

高手支招

当品牌塑造已成型，需要进行品类扩充时，若卖家扩充了与原先品牌定位不相符的商品，那么久而久之，顾客就会忘记店铺的最初形象，导致店铺失去品牌核心优势。因此，专注于某一品类的商品贯彻整个品牌打造与提升的过程中。

4. 专注于某一风格

现在的消费者越来越注重风格的选择，因此卖家除了可以用品类、功能性作为商品的卖点，也可将店铺风格作为卖点。如装修类商品从风格上分类，可分为现代简约风格、田园风格、后现代风格、中式风格、地中海风格、东南亚风格、美式风格、新古典风格、日式风格、古典风格等，服装的风格分类包括瑞丽、嬉皮、百搭、淑女、韩版、民族、欧美、学院、通勤、中性、嘻哈、田园、朋克、洛丽塔、街头、简约、波西米亚等。一家符合买家风格的店铺，无疑会让买家印象深刻。下图所示为“妖精的口袋”的店铺海报，在设计风格上透露着精灵、复古、森林气息，用色大胆，撞色丰富，体现了天真、热情、多变、敏感、情绪化、孩子气、古灵精怪的“妖精”特点。

2.2.2 整合和优化品牌资源，为消费者提供独特的价值

根据消费者需求与市场行情，整合和优化品牌资源，才能切身为顾客解决各项问题，更好地满足顾客的需求，以便能在理性消费逐步提高的环境中领先一步。下面将从商品与店铺的角度出发整合和优化品牌资源。

1. 从商品角度出发

商品是品牌最核心的资源，只有商品被消费者接受才会在消费者心目中积累起品牌的价值，否则品牌将无法生存，因此专注于商品的优势相当必要。商品的优势可以从商品制造、品质控制、客户服务、价格、销量、口碑等多个方面阐述，此外，不同商品所具有的优势可以从不同角度阐述，如茶叶，可以从品类、产地、口感、采摘时间、炒茶工艺等方面阐述；服装可以从面料、款式、缝纫工艺等方面阐述。下面从功能、材质和专利方面对商品优势的把握进行阐述。

- 专注于功能：专注于商品的功能是买家购买商品的出发点，因此专注于商品特有的功能，使其价值最大化，更有利于获得买家的认可。商品的功能专注可从材质和专利两个方面进行划分。

- 专注于材质：淘宝上的商品五花八门，类型相同的商品，材质也是各有千秋，很多时候不同材质的商品价格也存在相当大的差异。例如手镯的材质分为金手镯、银手镯、玉手镯、镶宝石手镯等，而什么样的材质与价格才是消费者青睐的，就需要卖家找到材质与价格的平衡点。例如，防辐射服的主要功能为防辐射，为了体现防辐射的功能，就需要从材质与外观设计等方面对防辐射的效果进行阐述，如“前沿科技、双重防护设计工艺”等。

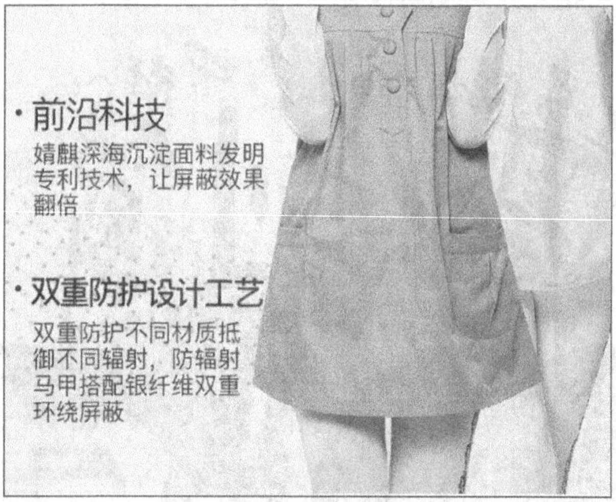

- 专注于专利：专利从字面上讲，即是指专有的利益和权利，属于专利法保护范畴的技术或商品，任何人未得到授权和许可不得擅自生产和销售。专利是世界上最大的技术信息源。据统计分析，专利包含了世界科技技术信息的90%~95%。而且授予实用新型专利和发明专利，应当具备新颖性、创造性和实用性的特点。可见专利是店铺实力的证明，也是让消费者信赖商品质量的有力工具。可以说一个品牌化的店铺拥有专利后，才更容易站稳脚跟。例如，自己发明的商品，淘宝上出现很多仿品，并且仿品都有统一的特点，质量差、价格低、缺乏质感，但款式与自己的商品差别不大。这时的商品很容易遭到客户的质疑，此时果断利用拥有的专利，将仿品打压下去，可以维护自己的利益。通常，卖家在商品还没上架之初就应该给自己发明、设计的商品申请好专利，做好预防专利侵权的准备，若需要用到别人的专利技术，也可以先同对方协商好专利授权使用的相关事宜等。下图所示为防辐射服店铺的专利技术情况。

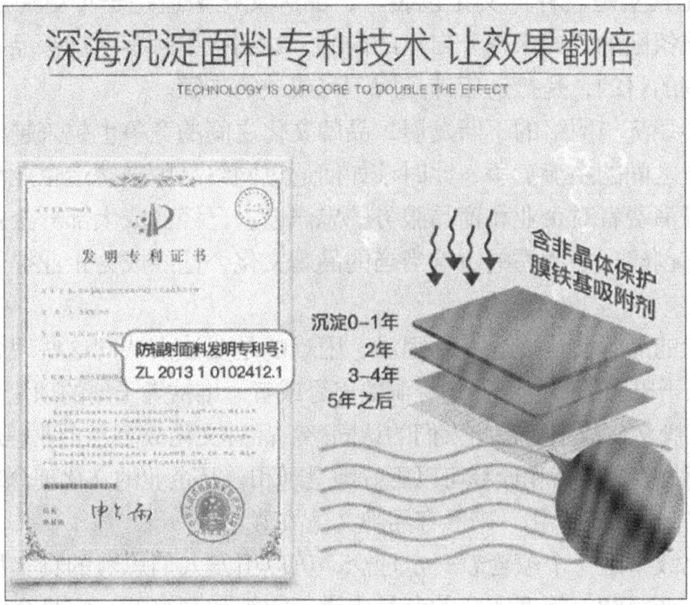

2. 从店铺角度出发

网络品牌不仅要靠品牌以及商品自身的优势来体现，更要靠店铺服务来体现和传播，具体表现在首页与详情页的设计、细节图展示、商品描述、客服人员的态度、服务质量、网站舒适度、配送快捷、售后、店铺的虚拟购物环境的设计、客户关系处理等方面，注重店铺的这些细节，将有利于提升转化率、提升店铺形象，对促进品牌的发展和培育有着直接的作用，是打造品牌不可小觑的重要资源。下图所示为某店铺详情页的洗涤小贴士，设计者站在消费者的角度考虑，不仅对消费者适用，而且排版精致美观，在无形中为店铺形象加分。

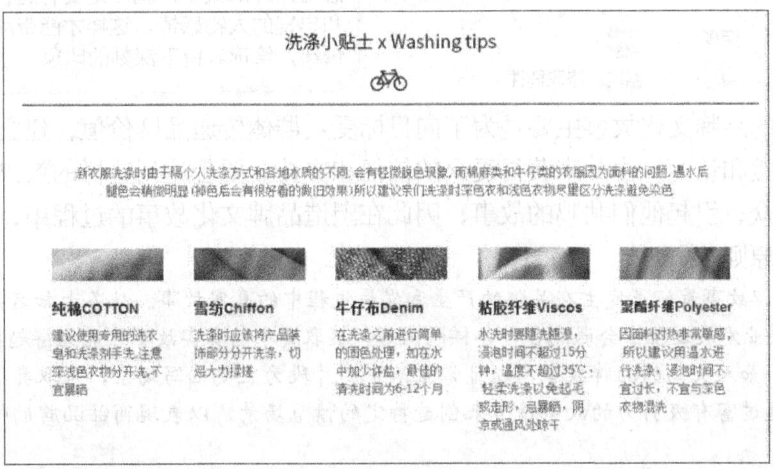

2.2.3 进行品牌文化包装，树立鲜明的品牌形象

品牌文化其实是一种“文化包装”，品牌文化塑造是一种更深层次的营销方法，是以文化氛围的方式来提升自己的内涵，达到吸引顾客、加深品牌形象、扩大品牌影响范围的目的，是打造店铺品牌不可或缺的步骤。

随着社会经济与网络的不断发展，品牌文化之间的竞争也越来越明显，甚至发展为电商企业之间的主流竞争，此时该如何通过网络品牌来塑造企业与消费者之间的关系，提升消费者对企业和商品服务的忠诚度，已经变成大部分企业生存和发展的关键问题。创建一个优秀的、响当当的品牌文化，已经成为企业提升品牌竞争力的重要策略。

提出企业的品牌文化理念并不困难，困难的是要让人认同这些理念。而对于企业来说，一条干巴巴的制度、一句空洞的口号或者一堆枯燥干瘪的理论，远远比不上一个生动的品牌文化故事所带给人们的认同感。品牌文化故事是企业理念形成的一个重要因素，而故事的传播和诠释可以更好地呈现和普及企业的文化理念，因此可以用“理念故事化，故事理念化”来形容品牌文化故事。

品牌文化故事是一个蕴含着一定理念，可以引发人们思考的真实故事，是可以放到企业的生产经营、管理实践的背景中进行审视和洞察的。它是企业文化建设的情景故事，在叙述这个故事的同时，还可以在其中发表一些自己的观点和看法。撰写品牌文化故事的流程如下。

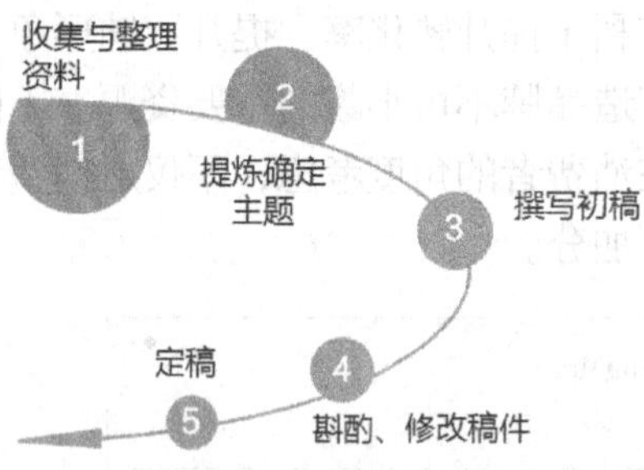

高手支招

撰写初稿时一定将品牌理念和品牌的各种内在因素包含在内，同时还要注重故事情节的表现，这个故事可以是浪漫的、励志的，也可以是温馨的、感人的，但要想写出好的故事，就一定要有起伏的情节和丰富的人物感情，这样才能带动读者的情绪，给读者留下深刻的印象。

优秀的品牌文化故事主要是为了向目标受众群体传递品牌价值，建立彼此之间的情感连接和认同，由此来获得受众的信任和支持。要想达到这样的效果则必须写出打动受众，引起他们共鸣的故事，因此在塑造品牌文化故事的过程中，必须遵循以下 3 个原则。

- 品牌故事最好是发生在品牌的产生和发展过程中的真实故事。从各大知名品牌企业可以看到，企业发展过程中会遇到各种各样的问题，提取其中的真实故事才能经得起推敲，让消费者信服。如人头马的品牌故事，以日常生活中的片段为主要描写场景，采取类似短篇小说的形式，通过富有吸引力的故事情节来创造特定的情节场景，以表现商品品牌的情感特征和功能。

雷米·马丁(人头马)取自其创立人名，他生于1695年2月，在靠近雅尔纳克东北方的一个小镇卢伊勒(Rouillac)。马丁是葡萄园主之子，19岁时娶了利涅尔(Ligneres)的公证人的女儿为妻。在他的生意日趋兴隆时，明白到预先藏酿干邑的重要性。他的孙子接掌并发展了这盘生意，同时兼任了地方税收集员的职位。他的儿子在1821年主理公司，在19世纪10年期到19世纪20年期初，其产量由530000加仑上升到270万加仑。

● 品牌故事必须突出商品的个性和侧重性，让消费者直观地感受到品牌的价值观。如海尔口口相传的“怒砸冰箱事件”，其侧重性是商品的质量，体现了“不合格的商品绝不出厂”的个性特征。这样才能让消费者在听到故事时，快速感受到海尔“质量第一”的品牌价值观。

● 在品牌竞争的过程中，不能采用恶意炒作或贬低竞争对手的方法，这样虽然提高了品牌的知名度，但却产生了负面影响，对品牌的发展没有好处。

2.2.4 制定品牌运营推广战略，聚集大量的用户

顾客的关注度是有限的，如果店铺排名靠后，很有可能不会被大多数的用户关注，此时谈论打造品牌无疑是空谈，因此需要制定品牌运营推广战略，快速吸引网购用户眼球，帮助店铺品牌高调出现，吸引市场焦点、形成营销热点、刺激客户消费。下面将从最为常见的4个方面讲解品牌打造中流量获取的方式。

● **搜索引擎排名及优化：**在消费者输入关键词进行商品搜索时，搜索结果中商品的排名会很大程度影响单击率，通常排名越靠后，出现在消费者眼前的概率越低，点击率也就越低，因此如何保证商品能够被消费者搜索到，是搜索引擎排名及优化的关键，此时要求打造品牌时选择合适的品类，并制定具有竞争优势的商品标题，具体优化方法将在本书第9章进行详细介绍。下图为在淘宝网搜索“面膜”时的自然排名。

● 爆款打造：通常，网店的爆款指的是销售量很高、供不应求、人气很高的商品。顾客一般是通过搜索到单品，继而了解到店铺，所以，选择一款代表店铺风格的商品进行重点打造，使之成为爆款，再由爆款商品带来其他关联的销售，利用爆款集群打造品牌也是品牌打造的重要途径。打造爆款的具体方法将在本书第3章中进行讲解。如下图所示为“乐福鞋”店铺的女鞋，其中第一款鞋即为店铺的爆款。

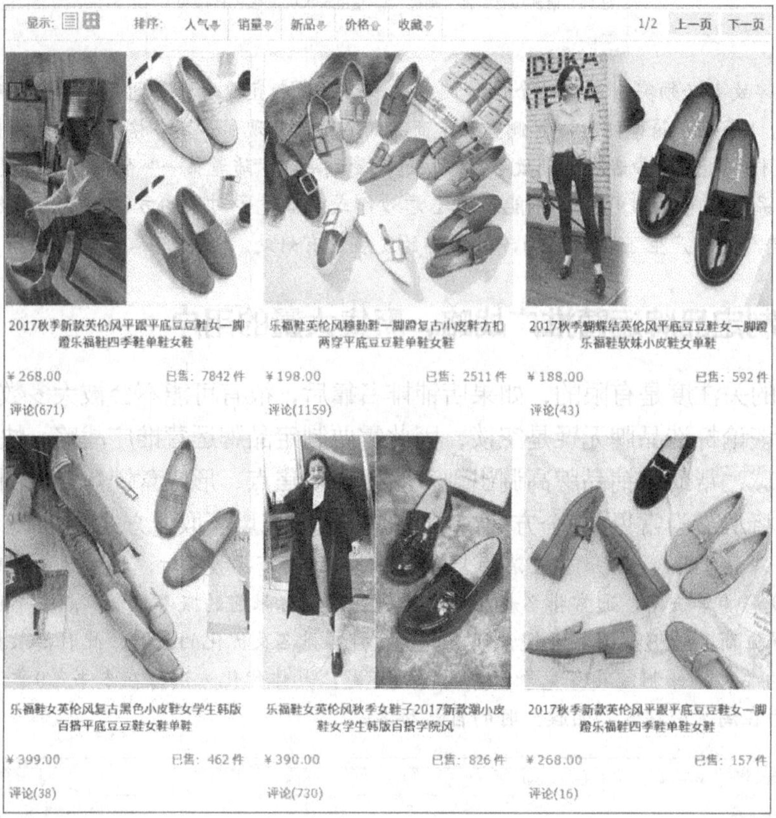

● 利用站内资源推广品牌：除了在店铺内使用促销活动（如满减、优惠券、单品宝、搭配套餐等方式）吸引消费者购买，还可以通过直通车、钻石展位、淘宝客等站内推广方式来宣传店铺，以获取尽量多的流量。在推广前，卖家需要制定切实可行的营销推广计划，合理控制推广费用，并分析推广效果，及时调整推广策略。

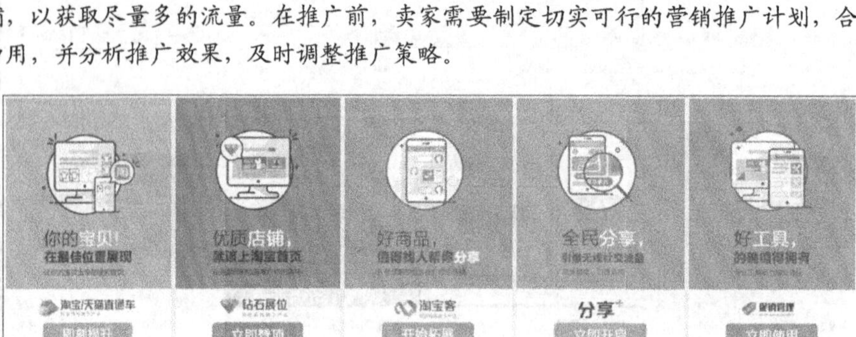

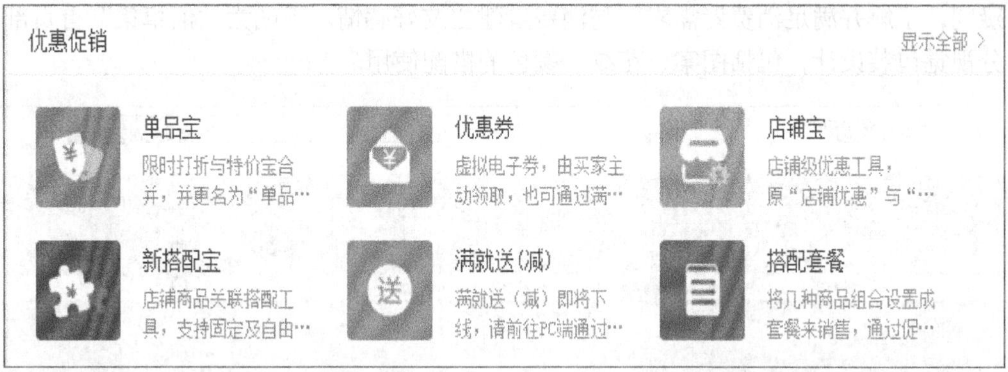

● **利用站外资源推广品牌**：可利用的站外资源很多，购物网站推广，如折800、卷皮网、返利网；社交APP推广，如微信、微博、QQ；广告推广，如电视、户外、明星代言、植入式广告等提升品牌知名度；公关推广，如新闻发布会、招商活动、会议营等方式提升品牌影响力。下图所示为折800的首页，卖家可入驻该平台，并报名参加其提供的促销活动。

2.2.5 团队对品牌设计及经营理念的共同认可

人是品牌的创造者，在网络品牌打造过程中，商品的选择、品牌文化理念的塑造、品牌的视觉包装设计、商品的交易与售后服务，都离不开优秀的人才。一个品牌设计者及其团队应该有能力塑造和推广好这个品牌。如作为品牌设计者，应该观察和了解消费者并使消费者能够认同；作为客服人员，应该热情并及时解答消费者疑问，了解并满足消费者需求，与消费者建立友好感情。下图为“佰草集”首页部分视觉包装设计，包括图案、花纹、颜色的搭配使用。

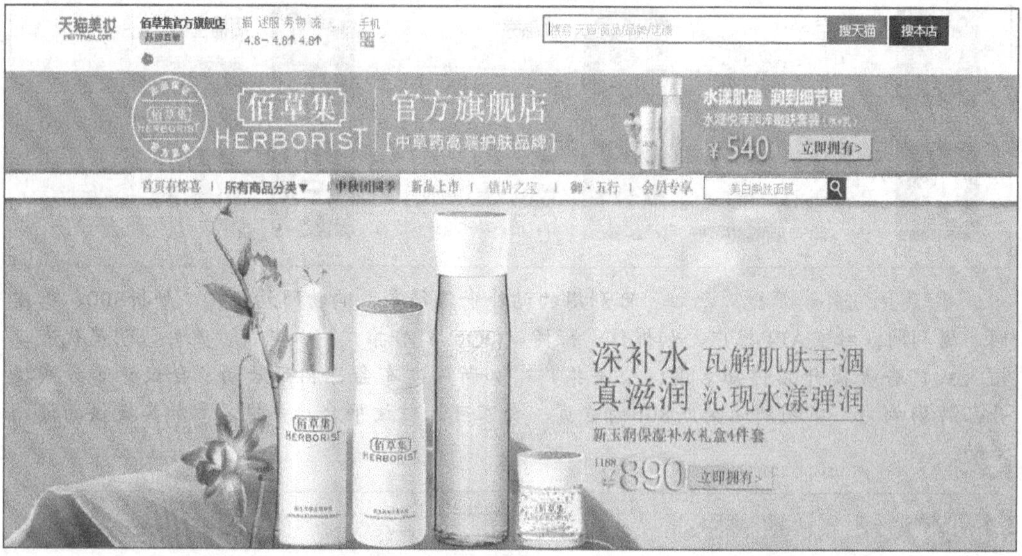

2.2.6 网络品牌危机问题的及时处理

在网络品牌发展到一定的阶段时，为了更好地维护品牌形象，引导品牌的持续健康发展，就有必要对网络品牌危机进行及时处理，包括收集网络品牌危机公关信息、对信息的做正面的回应、危机信息的管理。工作核心就是将网络品牌危机化成机会，如“张瑞敏先生砸冰箱”故事，张瑞敏义无反顾地举起大锤砸向冰箱，同时把海尔砸成了全国名牌。处理品牌危机的方法有很多，总结起来就是要清楚理性的分析危机的原因，然后对其做出正确回应，同时做好危机信息的管理工作。

2.3 用数据分析店铺形象的好坏

俗言“人靠衣装马靠鞍”，好的东西经过包装推广，会变成更好的东西，也会更受人们的欢迎。网店也是一样，精致的店铺装修，优质的商品与服务，能让更多买家记住店铺，并多次到店铺购买商品，培养店铺忠实客户。店铺形象的好坏并不取决于店家自己的个人喜好，那么如何分析网店的品牌形象的好坏呢？除了查看店铺的评分、用户评价外，还需要用店铺的相关数据分析说明，如跳失率、点击率、2 次购买比例等。

2.3.1 分析跳失率

“跳失率”是指顾客通过相应入口进入，只访问了一个页面就离开的访问数占总访问次数的比例。跳失率是判断店铺形象好坏的重要数据。如果店铺形象不佳，客户进入店铺后也会很快离开，导致店铺的跳失率增高。

查看店铺跳失率数据的方法是：打开淘宝后台中心，在“营销中心”栏中单击“客户运营平台”超链接，在打开的页面左侧选择“客户分析”选项，可查看店铺跳失率。如下图所示，跳失率指标高达 85.48%，说明详情页有大问题。首先单击数据，打开跳失率在近 3 个月的变化曲线，观察其变化趋势，分析变化的原因与跳失率高的原因，如宝贝详情页没做好、宝贝评价不好等。若该数据一直在较高的水平，淘宝会认为该店铺对买家缺乏吸引力，从而降低店铺权重，导致搜索排名下滑，最终减少店铺流量。

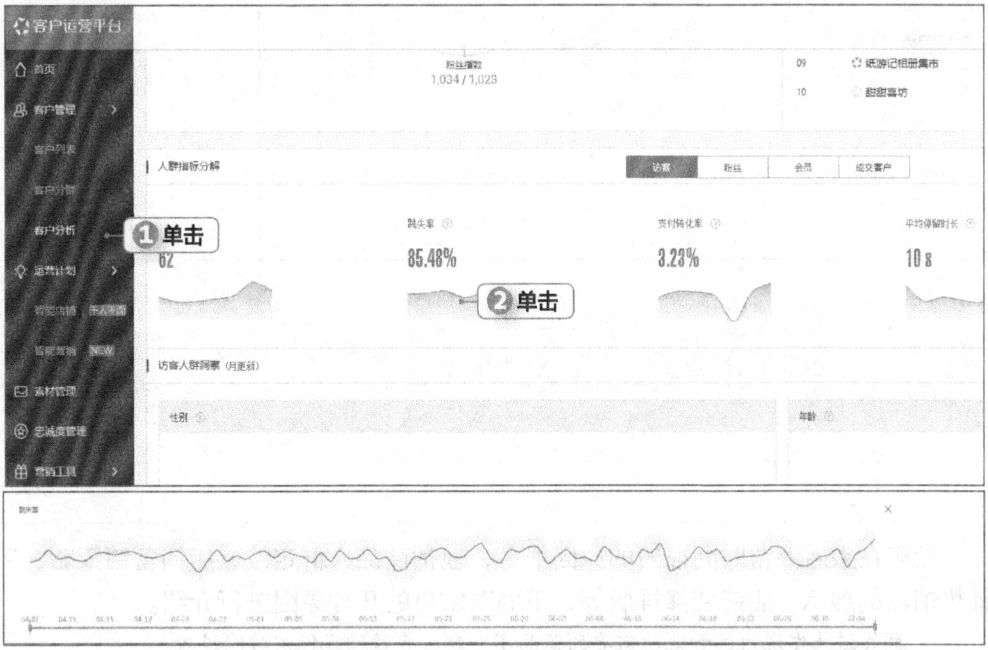

一般而言，店铺的跳失率不宜过高，一般控制在 30% 以内，跳失率低于 50% 属于正常，不到钻级的小店，一般跳失率为 60% 都属于正常，要是皇冠一级以上的店，跳失率达到 50% 就说明店铺的首页或者宝贝描述不够吸引人，就属于非正常的情况。当然不同行业的跳失率水平也不一样，建议与同行的店铺跳失率进行对比分析。如果店铺的跳失率远远高于同行平均水平，则应该对店铺进行相应的优化。

2.3.2 分析客户停留时间

客户的停留时间和成交率具有非常密切的关系，如果停留时间长，那么成交概率也会大大增加。在宝贝详情页页面停留时间多长才算合理呢？一般情况下 2~3 分钟是正常的停留时间，通常处于这个时间段的宝贝转化率都比较理想，如果停留时间达到 4 分钟，而且浏览人数比较多时，那么这个宝贝具有成为爆款的潜力。打开淘宝后台中心，进入“客户运营平台”页面，在左侧选择“客户分析”选项，可查看客户平均停留时长。下图所示的客户停留时长只有 10 秒，表示大多客户并没有仔细浏览详情页，此时就需要分析客户停留时间短的原因。

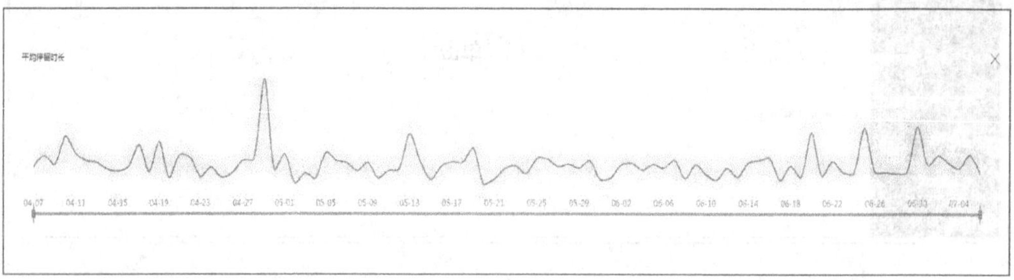

顾客在整店停留时间很短的原因很多，包括商品人群定位、店铺营销策略、店铺热销款的展示、店铺装修排版等，下面对常见的几种原因进行介绍。

- 顾客进店发现商品和他所需要的商品不一致，导致顾客停留时间过短。
- 顾客进店没有看到促销或其他活动，导致顾客停留时间过短。此时，可在页面中设计一些吸引人的板块，如优惠券、答题送豪礼等。
- 顾客进店看不到自己需要的商品，导致顾客停留时间过短。顾客对商品感兴趣，才会进入店铺，若用户通过单击广告或直通车图片进入店铺后没有找到广告或直通车图片上对应的商品，也将迅速离开店铺。
- 若关联销售太多或没有突出重点，导致买家眼花缭乱，不知道如何点击，甚至失去兴趣，也会造成顾客跳失，停留时间过短。此时，要求在店铺装修时合理安排首页或详情页中的关联销售板块，控制关联销售商品的数量，以及突出关联销售商品的重点。

2.3.3 分析2次购买比例

2 次购买比例是指来店铺 2 次购买的客户人数占所有购买商品的人数的比例。提高顾客 2 次购买率是很重要的，很多新手不知道如何去引导顾客进行 2 次购买。打开淘宝后台中心，进入“客户运营平台”页面，在左侧选择“客户列表”选项，单击“成交客户”选项卡，在打开的页面中即可了解客户的购买次数、购买情况，如下图所示，可查看客户购买次数的占比情况，其中 1 次购买客户占比为 92.86%，2 次购买客户占比为 6.35%；3 次购买客户占比为 0.79%，由此可见店铺的回头客很少，因此需要卖家分析回头客少的原因，并进行相应的优化。

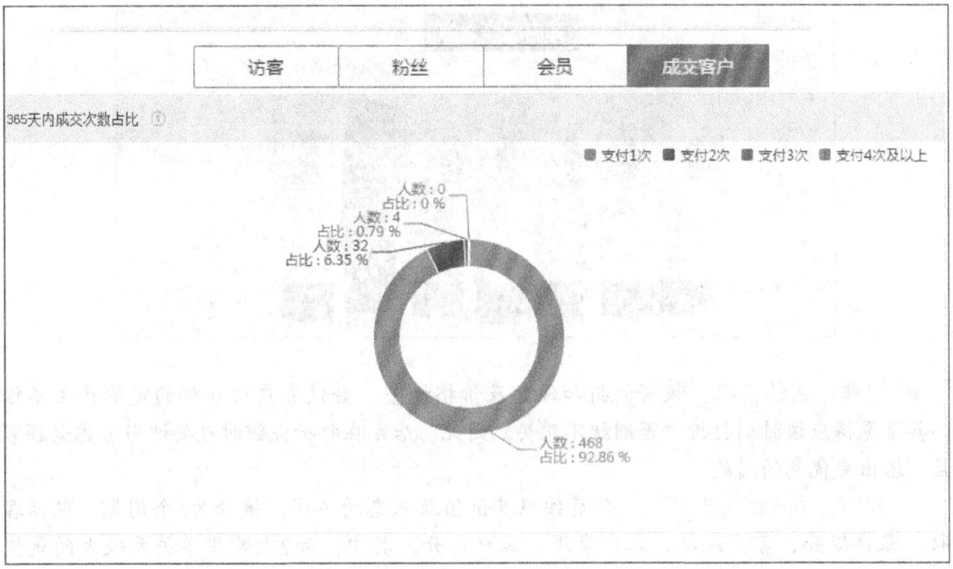

提高店铺的 2 次购买率是很多卖家都十分关注的问题，下面将介绍一些常用的提高 2 次购买比例的技巧。

● 保障和服务：最大限度地为买家提供完善的优质服务，如包邮、7天无条件退换等，尽可能赢得买家对商家的信任，进而提升店内评价、口碑和店铺2次购买率。

● 提供广泛的选择：若店铺商品单一，当客户购买一次后，即使客户愿意再次光临店铺，也不一定能找到对应的商品，丰富店铺的品类，定期上架新品，无疑会增加客户再次消费的可能，从而提升顾客的二次购买率。下图所示为“innisfree官方旗舰店”的商品种类，不仅有彩妆、护肤洁面商品，还有美容工具、身体洗护等商品。当客户首次消费该店的护肤商品并觉得效果不错时，很容易再次光临店铺选择其他需要的美妆、洗护等商品。

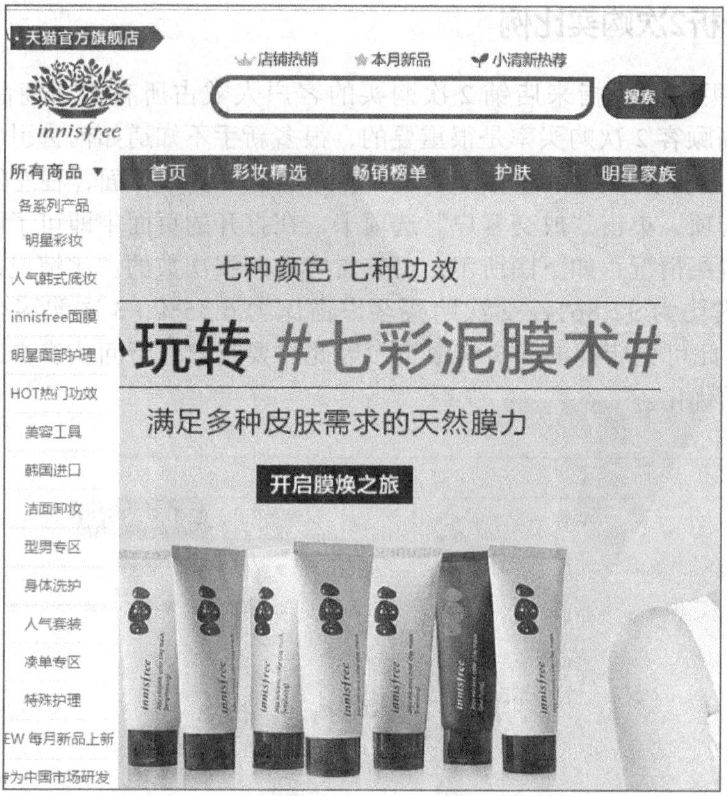

● 保持稳定的价格：频繁的折扣促销及价格调整，会使客户对店铺的定价产生不信任感，甚至觉得应该时刻打折，否则就不购买。因此，店家在打折促销时也要适当考虑老顾客的利益，给出更优惠的措施。

● 利用会员营销套牢顾客：会员按照其价值及状态的不同，被分为5个周期，包括客户获取、客户提升、客户成熟、客户衰退、客户离开。其中，和2次购买率关系较大的是提升期与成熟期，因此要对这两个时期的客户进行重点维护。客户提升期考虑的重点是如何把刚获取的客户培养成高价值客户，使其产生更多的成交次数，此时就需要主动营销，刺激用户需求，促使他们向成熟期过渡，如对其回访等。而成熟期的客户给店铺带来的价值是最大的，此时需要考虑的是如何通过差异化的服务和购物特权留住这些客户，培养该部分客户的忠诚度。

2.4 疑难破解

1. 怎样创建店铺品牌的独特视觉形象？

创建品牌识别系统可从3个方面入手：第一是配色，配色与商品协调，有利于刺激消费者的购买欲望；第二是字体，吸引消费者的眼球；第三是图形，勾起消费者的记忆，如店铺LOGO、店铺特殊的图案等。这3个方面不是独立的，可以组合起来使用，从而创建店铺独特的视觉形象。

2. 如何塑造品牌的象征？

品牌的象征是基于品牌的外在表现而形成的市场印象，从品牌人格化的模式来说，等同于人的性格。树立品牌先得有品牌的象征，然后才能设计对应的图形、字体、配色。如何寻找品牌象征呢？可使用马斯洛需求层次论进行分析，马斯洛需求层次如下图所示。

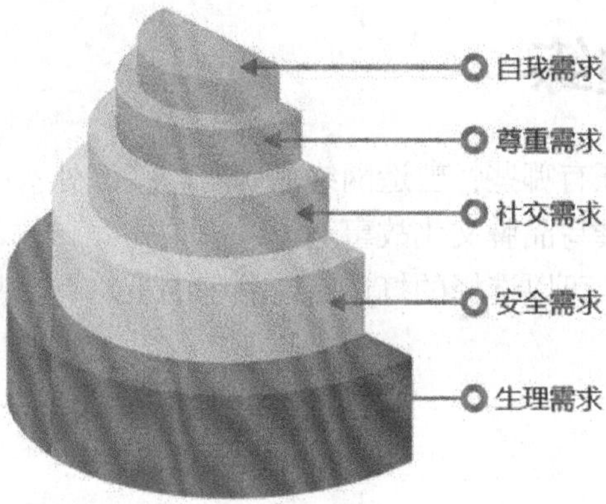

在需求层次中，我们重点要关注的是如何满足消费者的尊重需求和归属需求。至于顶层需求则多由高端奢侈品满足，如从香奈儿的各类香水广告可知，香奈儿其实不仅仅在卖香水本身，最重要的是传递出了女性的性感和自信。香水是带给女性自信、优雅、性感的利器，是通过精神价值的塑造而让消费者认同它的价值观，属于满足自我、尊重与社会方面的需求。那么对于归属需求和尊重需求我们应该如何去满足呢？

以卖剃须刀为例，剃须刀基本都能满足生理需求和安全需求，所以在这种环境下，与其说剃须刀如何好，不如提升到男人精神层面的需求上，如在归属需求和尊重需求上下功夫。不同人的归属需求和尊重需求表现不一样，需要针对不同的人群去定位，例如对于业界精英男性而言，他们最注重的是面子，因此可以塑造“面子，容不得一丝一毫的不整，这必须和合同一样严谨”的商品形象；而对于时尚达人而言，他们更在乎的是颜值，所以以“颜值，是时尚的要害。当然，外表与内在同样重要”的方式表达潮流人士的需求，从而快速吸引到大量的消费人群。

2.5 边学边练

1. 网络品牌的特征有哪些？塑造网络品牌有哪些好处？
2. 为自己的店铺撰写品牌文化故事。
3. 对于卖家而言，可以选择的打造店铺品牌的策略有哪些？

第3章

打造爆款

本章导读

爆款是指在商品销售中供不应求、人气很高、销售量很高的商品。为什么要打造爆款？打造爆款可以增加商品点击率，是盘活店铺、实现盈利的强有力的手段。随着网店平台的不断改进，对爆款的要求也在不断提高，不仅要求款式大众、价格实惠、有自己的定位和特点，而且要能够牢牢把握住精准的人群和流量，从而带动整个店铺的销售。本章将对打造爆款的技巧进行讲解，帮助店家快速打造自己专属的爆款。

知识技能

※ 掌握挖掘潜力爆款的方法

※ 掌握爆款打造的策略

※ 掌握爆款跟进与热度延续的技巧

※ 掌握维护爆款带来的客户群的方法

3.1 打造爆款前的准备

爆款具有极大的销售量，并且通过爆款可以为店铺引流，从爆款详情页关联商品来拉动整个店铺的销售量。可以说，打造爆款是吸引客流量、增加商品点击率、清理库存、盘活店铺、实现盈利的强有力的手段。打造“爆款”重点在于“爆”，此处的“爆”是指商品的销量，什么样的销量才能成为爆款呢？爆款具有哪些特征呢？爆款是如何形成的呢？这就需要卖家提前做好打造爆款前的相关准备。

3.1.1 分析爆款特征

选择一款具有爆款潜力的商品是成功打造爆款的第一步。什么是具有爆款潜力的商品呢？这些商品一般都具有较大的市场容量，并且具有价格适中、款式受欢迎等特征。下面对此进行具体介绍。

1. 市场容量分析

市场容量是指在不考虑商品价格或供应商策略前提下，市场在一定时期内能够吸纳某种商品或劳务的单位数目。商品的市场容量也可以理解成商品的需求量。以淘宝为例，淘宝上根据续期上架的商品数量和类目都十分庞大，对经营者而言，就需要了解和掌握近年市场的需求变化，然后根据市场容量对店铺的商品库存、价格和其他相关资源进行调整。如店铺经营了一个偏冷类目，其市场容量为1000万元营业额，此时若想实现2000万元的营业额就不太可能。市场容量一般可以从商品的行业销量、行业类目的分布与销量等角度进行分析。下面进行具体介绍。

（1）分析行业销量

分析行业销量的方法有很多，例如通过阿里指数查询“连衣裙”品类的市场容量变化。在地址栏输入“index.1688.com”进入阿里指数网页，在左侧选择“行业大盘”选项，在页面顶端依次选择“女装→裙装→连衣裙”，在打开的页面中选中“淘宝采购指数”复选框，如下图所示，查看连衣裙的淘宝采购指数，采购指数越高，在一定程度上说明销量越多，市场需求量越大。

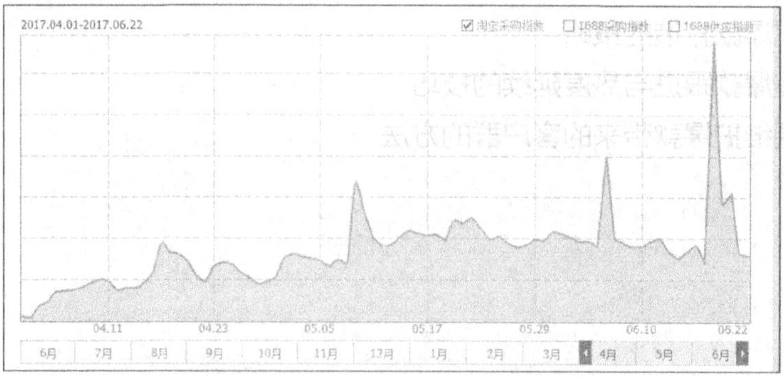

（2）分析行业子类目销量

通过分析行业子类目销量，卖家可快速判断出这个时间段什么商品的需求量最大、什么商品的需求量最小，理智地分析、决策爆款商品。下图所示为淘宝上的一家珠宝店。从图中可知，该店经营的子类目有戒指、吊坠、项链、耳饰等，按销量排行可知，店铺的戒指需求量较大。

2. 属性分析

商品属性会对商品的销量产生影响，可从两个方面进行理解。一是买家在淘宝中进行商品关键词搜索时可能输入属性词，如“碎花裙、新款”等；二是在淘宝首页搜索商品关键词后，会出现一系列属性供买家选择。下图所示为在淘宝首页搜索“面膜”后弹出的以功效为主的关键词。

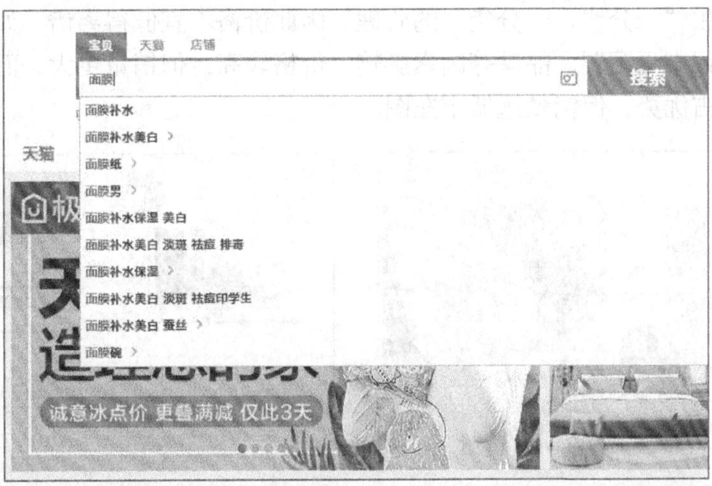

因此，卖家要想精确定位爆款商品，除了分析市场容量，还需要从商品的属性

出发，对商品的属性进行全方位分析，力求抓住更受买家欢迎的属性。爆款商品的属性大致可以分为热门基础属性、热门营销属性两类。例如连衣裙的属性中，长款、碎花、雪纺、漏肩等属于基础属性，而新款、时尚、文艺、潮流、复古、学院风、田园风、淑女范等属于热门营销属性。

在阿里指数中可以查看不同行业中不同属性的销售数据，能帮助卖家判断不同属性的市场需求量，从而判断该属性是否受欢迎。下图所示为在阿里指数中查看“连衣裙”类目商品的热门属性，通过各个属性的销售量可知，拼接、印花、新款等属性最受买家的欢迎。

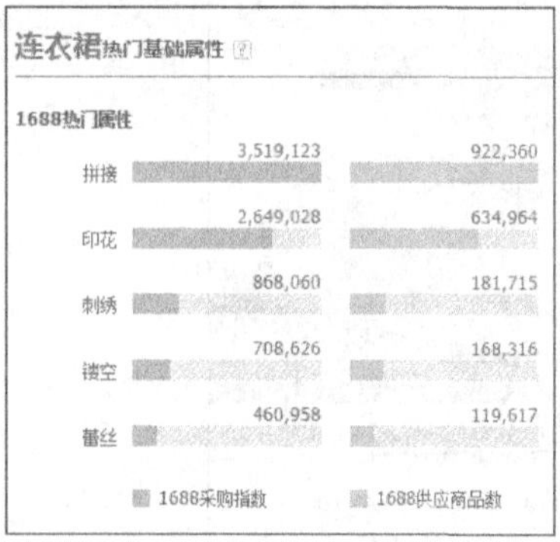

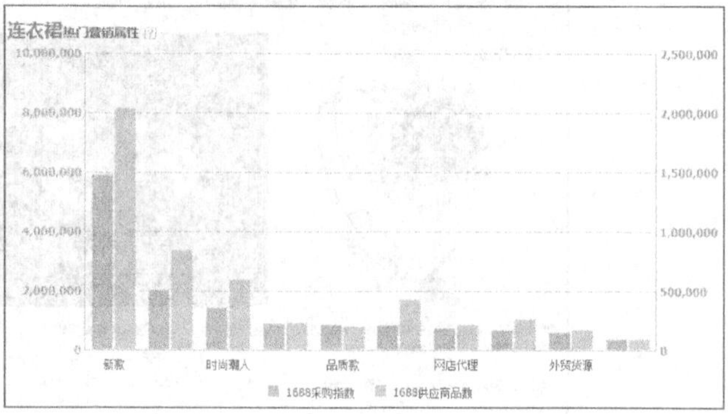

3. 价格分析

纵观淘宝网，月销量几千件到几万件的爆款商品，相对于同类商品而言价格都更低，如下方左图所示的两款爆款拖鞋，价格都控制在10元以内，销量十分巨大，月销量达到几万件甚至十几万件。

但并不是价格便宜就能成为爆款，还要综合考虑商品的成本、行业均价等因素，如成本高的商品，其售价建议不能低于同行平均值。此外，受部分观念影响，买家也会产生“一分钱，一分货”的心理，因此价格不宜低得离谱。如下方右图所示，左侧笔记本受配置、品牌等因素影响，价格较高，但销量更大，而右侧笔记本在价格上更占优势，但销量远低于左图。

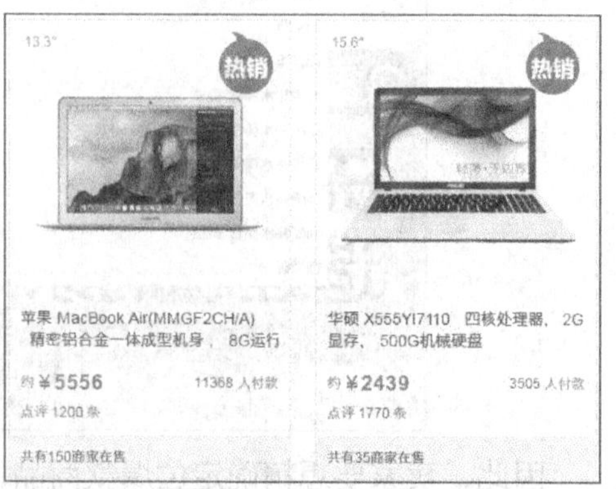

4. 分析商品的时效性

定位爆款商品时，需要了解不同商品的时效性，即商品的销售周期长短。一般情况下，根据商品的销售周期长短可分为长期爆款商品和短期爆款商品。长期爆款商品的销售周期比较长，在款式选择上可考虑经典的款式，从质量与技术上入手，提高商品性能。而对短期爆款商品而言，独创性是保持网络品牌在该行业领域唯一性的关键。在竞争激烈的环境中，只有刻意求新、独树一帜，才能使自己的商品兴盛不衰。

3.1.2 爆款资金预算

在打造爆款前，需要做好相关的准备。首先需要考虑的就是资金的预算。资金预算与商品的品类、目标销量、推广方式的选择有直接的关系。制定爆款预算可分以下3个步骤执行。

- **确定目标销量**：店铺的实力不同，所经营的品类不同（下图分别示出几种不同商品的爆款销量），对爆款销量的概念也是不同的。一个月销量4 000件的爆款和一个月销量20 000件的爆款，需要的预算也不相同。因此做爆款首先需要确定月销量多少。假设爆款目标月销量150 00件，按照80%的确认收货率（不同的类目，确认收货率也不同），那么一个月要有18 750人付款。

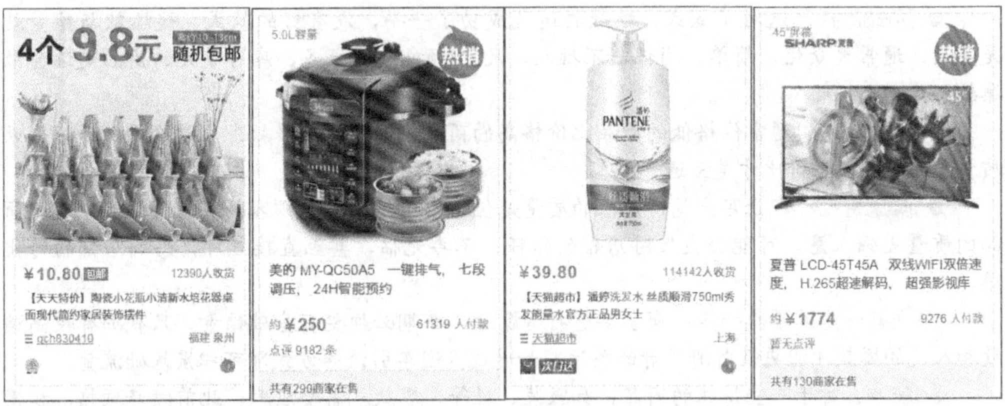

- **确定促销与推广方式**：不同的促销活动，以及促销力度、推广方式不同，所需要预算的资金也是不同的，如相同的时段内钻石展位的推广成本高于直通车，淘宝客的推广方式风险比较低。确定促销与推广方式后，就需要制定推广计划，包括推广的人群、推广的地区、推广的资金预算、重点推广时段等。假设确定了推广方式为直通车，商品出售价格、成本价、邮费分别为168元、80元、5元，行业市场转化率为4%，预计订单量为18 750件，则通过计算需达到的独立访客数为18 750÷0.4%=4 687 500（人），要通过直通车获取4 687 500访客，其毛利=成交件数×（出售价格－成本价－邮费）=18 750×（168－80－5）=1 556 250（元）。
- **确定其他相关费用**：除了考虑推广计划中的成本，还需要考虑备货成本、好评返现成本、包邮成本，以及活动亏损费用等。

高手支招

爆款是否打造成功的标志是这款宝贝能够带来多少自然流量，以及该款商品成交量占全店成交比是多少，不同行业具有不同的判断基数，这需要卖家了解商品行情后制定。

3.2 如何挖掘潜力爆款

一个店铺在前期想要在竞争激烈的电子商务商业体系中争得一席之地，制胜法宝就是拥有畅销的商品，被更多买家所欢迎的商品，而这样的商品被称为爆款。要想打造爆款，卖家就必须结合商品本身，以宏观的市场挖掘为出发点，通过分析与调查，定位客户群，寻找具有较大潜力的商品来引爆市场。下面将从选款、测款等角度循序渐进地讲解爆款控制的流程。

3.2.1 如何选择爆款

爆款不是万能的，没有爆款是万万不能的。能不能让款爆起来，选款就是关键。下面将针对选款的具体技巧进行介绍。

- 款式选择：选对了款式，爆款打造就成功了一半，没有好的款式，谈爆款与销量就是浮云。通常大众化、简单、通俗、不挑人、尺寸/颜色选择性多、库存量大的商品更适合做爆款。
- 价格合理：通常价格低的商品比价格高的商品更容易做成爆款。注意价格低并不代表质量差，做到高性价比才是王道。
- 质量把控：即让客户觉得商品的质量是值这个价格的。若顾客购买该商品后，发现商品的质量差强人意，可能会丧失对店铺的信任，不再光临，甚至直接差评，影响店铺的转化率。
- 拥有一定的基础销售：商家要想打造爆款，前期必须要有基础销量。只有拥有较高销量和人气的爆款才能更吸引消费者的关注。如通过直通车引流等方式即可积累基础流量。
- 应季：对于一些特殊的商品，如服装、鞋等，爆款就需要应季，此前做好预热，积累一定的人气也是相当有必要的。
- 库存：货源充足是爆款必须要做到的，若货源缺失，则会丢失大笔订单。
- 定价：合理的定价可以促进消费者购买，合理定价过程中除了要参考淘宝上同类商品的定价区间，还需要根据店铺的平均客单价确定店铺客户的大众消费水平后再进行定价。定价时，注意8、9等数字的应用。

3.2.2 如何测款

在选择商品之后，需要对商品进行一定的测试和投放使用，通过对市场反映的分析，做出行之有效的选择，如控制库存数量、是否更换商品、是否抢占先机等，因此测款对整个店铺运营而言是相当有必要的。测款的方法一般是提前选择商品，将其作为下一期预售的商品展示给消费者，然后通过观察点击量和收藏人气等数据分析商品的热度。一般具有强大销售潜力的商品在前期预售时都具有较高的收藏量与点击量，因为这些流量很大可能转化为销量。

3.3 必备的爆款打造策略

“销量”和“人气”是打造爆款的核心，如何才能拥有销量和人气呢？这是一个复杂的过程，除了要针对销售、卖点、详情页等各个方面采取相应的策略，还需要分阶段采取不同的爆款打造策略。

3.3.1 爆款主图与详情页

主图与详情页是打造爆款最基本的对象，推广做得再好，主图做得不好，也很难获取点击流量；而流量引入店铺后，宝贝详情页做得不好，就很难将流量转化为销量，因此打造爆款前，必须做好爆款商品的主图与详情页。

1. 爆款主图打造

淘宝的主图是买家浏览商品时首次看见的图片，设计有显著视觉效果的主图可以吸引买家在主图上停留并产生点击。当然爆款的主图单单依靠精美的视觉效果还是远远不够的，还需要采用真实、清晰、完整的商品展示图，突出宝贝的亮点与重点；在某些情况下，还可以融入商品甚至是店铺的促销元素，并且以简练的文字清晰地表达卖点，起到画龙点睛的作用。

2. 主图卖点提炼

一个爆款商品的卖点可能有很多，而由于主图的大小与主图整体美观度的限制，主图的卖点就需要精简，如何抓住高度精准的卖点吸引更多的买家呢？这就需要卖家进行换位思考，从买家的角度进行卖点选择。

- 以图说话：以图说话是提炼卖点最直接的方式。如下方左图所示，用去污厨具的拍摄图片，向买家展示去污前后的对比效果，将“强力去污”的卖点表现得淋漓尽致。
- 善用文字：单纯的图片只能对商品的外观进行展示，可能无法将其优势传达给买家，此时利用文字可将买家最关注的信息展示出来，如衣架的承重与防滑等功能是买家非常关注的问题，下方右图所示的主图就将“肩无痕、加粗防滑”功能通过文字表现出来，无疑会吸引大量买家点击。此外，文字的描述角度是多方面的，可以是功能、正品保障、包邮、优惠、销量、好评等与买家切身利益相关的信息。

3. 爆款详情页打造

商品打造成爆款，除了需要通过主图等方式引流外，还需要获得较高的销量，如何使引入的流量最大化的转化为销量呢？此时就需要在商品详情页中展示买家迫切需要了解的信息。一般买家对商品感兴趣才会进入详情页了解商品的情况，包括功能、材质、做工、颜色、尺码等。因此详情页中的商品信息要尽量完善、无误，尽量展示买家想知道的商品信息，此外，详情页的排版要美观，便于买家阅读。

在设计爆款的详情页时，做到信息全面、画面美观往往还不够，毕竟不是所有的买家都会被视觉效果所吸引。因此，在设计爆款详情页时还需要掌握一定的营销思路。详情页的营销思路要紧贴客户的心理。对于客户不了解的商品，往往会先明确一个价格区间，再考虑销量最高，评价不错的商品，以及面料、款式等属性。下图为一款爆款商品的详情页构架。

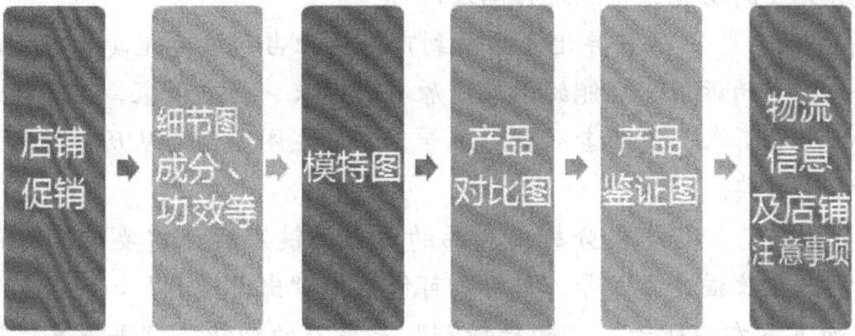

通常而言，一款爆款商品的详情页设计需要注意以下几点。

● 先放促进销售的信息：用对销售有利的前言，让顾客产生划算的第一感觉。如“退换也包邮”“2件减20”“前50名送移动电源”“买一送一”“30天无理由退换”等。

● 把握好前三屏：前三屏是抓住顾客的核心地带，清晰的商品全景可让顾客对商品有个全面的印象。

● 形象的冲击力：将商品放到不同的场景，以不同的角度进行展示。

● 卖点解析：展示商品的主要卖点，并对卖点进行强调，通过图片等方式阐述卖点，用数据支撑卖点，增强卖点的说服力。如女装最主要的卖点就是面料、款式、板型、做工等。

● 直击痛点，找出解决方案：下图所示为某款瘦身减肥药的爆款，在详情页中直击“胖人”的烦恼“一胖毁所有”。然后通过商品的成分、使用成效等向买家展示该款商品可以解决的问题。

● 细节把握：“细节决定成败”，无论是模特的选择，还是细节图的拍摄等，都需要以各种美观的形式体现商品的质感。如微距拍摄高清细节图，利用光影渲染细节等。

● 屏数把握：整个详情页不建议装修超过15屏，以10~15屏最佳，屏数过多，容易使消费者没耐心看完，增加跳失率。

4. 详情页卖点提炼

除了展示爆款商品的基础信息，详情页还提供了较大的空间来展示爆款商品的卖点，那么如何对卖点进行阐述，才能吸引消费者购买商品呢？

● 分析商品本身：一些商品的功能、特色是与生俱来的，它们也可以是卖点，卖家只需牢牢抓住消费者所关注的功能、特点进行阐述即可。

● 把握商品的唯一性：从差异化方面做到市场的独占，差异化卖点可以以不同的基本元素作为出发点，如情感的诉求、功能的诉求、原料的诉求、历史诉求、工艺诉求、品牌诉求、技术的诉求、商品感官诉求、消费者欲望诉求等。下方左图所示为从历史的角度来说明黑芝麻的质量有保证、味道经典。

● 修饰商品卖点的文案：当分析出商品的卖点关键字后，需要对其进行一定的润色处理，如修饰关键词、更改描述方式等。如锋利可修饰为“出色锋利”，还可将功能文案转化成解决问题文案，如下方右图所示，“轻巧锋利”是菜刀的功能，“手不累”则为解决问题的表现。

3.3.2 爆款打造的4个阶段

每一个爆款，都有其公式化的生命周期。在打造爆款时，合理把握好每个周期，可以为店铺赢得更多的销量。下面将介绍不同阶段打造爆款的策略。

1. 预热期

通过市场分析，挖掘潜力爆款并进行选款与测款，最终确定主推款后，即可开始动手打造爆款。很多卖家在打造爆款的初期，喜欢用直通车、钻石展位等“轰炸式”广告进行投放，其实这种方式的收效并不高。因为在爆款打造的前期，商品没有销量，没有评价，转化率可能不尽如人意，推广成本会非常高。爆款打造初期可以让客服人员利用店铺的现有流量对爆款进行初期预热，该阶段内卖家主要集中做以下几项工作。

● 店铺快速上新：准备货源，了解商品属性，制作商品主图与商品详情页，安排上下架时间等，争取以最快的速度将宝贝上架。

● 展示爆款：在店铺明显的位置对爆款紧急性展示，如店招、首页海报、描述页关联推荐、详情页左侧热卖推荐等，通过全店宝贝给爆款导流，下图所示为某店铺首页展示的效果图。

- **统计宝贝销量**：对新上架的所有宝贝的销量进行分析，观察爆款商品是否破零。没有销量的商品往往再好也会引起买家的不信任，此时可通过组合销售等方式，先为商品破零。

2. 成长期

如果预热期的宝贝已经积累了一定的销量基础，那说明宝贝具有推广潜质，可以加大力度冲销量。该阶段的主要任务是为提高主推商品的销量，达到本类目爆款水平，同时加大广告投入，通过店铺促销活动带动全店宝贝的销售。冲销量除了降低宝贝价格，使商品具有更高性价比，还可以通过以下手段达到目的。

- **活动冲量**：参加淘宝的销售活动，如淘金币、天天特价、会员购等，这些活动的投入费用不是很大，但能为店铺的宝贝快速聚集人气，累计销量。
- **使用付费推广**：为主推款开通直通车、钻展等推广计划，测试直通车图片、钻展海报的点击率，对商品的主图和详情页进行优化。

3. 成熟期

冲销量结束后，商品的人气、销量增高，并且在淘宝搜索页中占有一定的优势，该阶段主要的任务就是在维持销量的同时追求利润。此时，可优化店铺结构，通过关联销售和搭配销售带动整个店铺的销量。通过搭配套餐可筛选出比较受欢迎的商品，然后将其单独进行销售，追求利润的最大化。下图所示为一件上衣的搭配销售，买家可以从这3款中选择合适的搭配商品，以此对这3款商品进行测试，分析哪一种商品更受欢迎。

高手支招

在设置搭配套餐时，可适当降低利润，将卖两件的利润调整为卖一件的利润，如一件衬衫售价 99 元，利润 40 元，设置搭配套餐的短裤售价 89 元，利润 35 元，那么搭配套餐售价可为 99+（89-35）=153（元）。

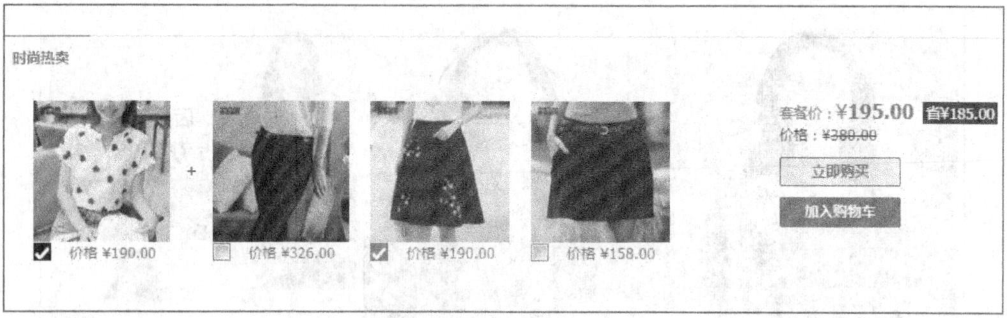

4. 衰退期

随着时间的推移和市场周期的波动，爆款的销量与人气将逐渐下滑，即使在直通车稳定投放的情况下，店铺流量也会下降，该阶段再在该爆款上大力推广可能造成事倍功半的效果，此时就应该做好从一个爆款衔接到下一个爆款的准备。当爆款开始走下坡路，并且其他宝贝无法替代当前爆款时，那么在打造下一个爆款之前，店铺的业绩很有可能下滑。为了避免这一情况，打造“爆款群”无疑是个不错的选择，即通过当前爆款迅速带动店铺其他宝贝，快速提升销量。下图所示为某家女装店铺按销量排行的商品，可以看出，排列在前面的商品都有上千的销量，都可以打造成店铺推广的爆款。

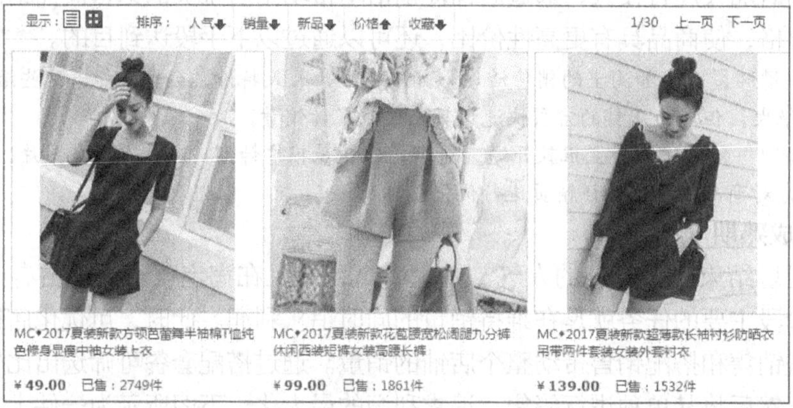

3.3.3 集中打造爆款的销售策略

卖家打造爆款有很多方法，较常用的方法有直通车、钻石展位、包邮等。总之，卖家需要结合自身情况选择适合店铺的方法。

1. 利用直通车打造爆款

淘宝直通车是专为淘宝卖家量身定制的、按点击付费的效果营销工具，为卖家实现宝贝的精准推广。淘宝直通车在打造爆款、提升权重、品牌推广、库存清仓等多个方面都具有重要的作用。

直通车是展现给买家的一个快捷方法，在打造没有独特优势的商品时，更加需要做直通车推广，但是直通车打造爆款需要前期投入成本，也就是所谓的“烧钱”，如何才能既打造爆款又不烧钱呢？用直通车推广爆款不是简简单单的在直通车里面设置几个关键词就可以，而需要有计划、有目标、有预算的精准化流程，包括新品的选择、新品定价、标题关键词的优化、内页的优化和推广主题的优化等各个方面，如定价最好不要高过同行排名较前的商品的定价。

对于新手店铺而言，挑选直通车商品的关键词时要注意避开行业主关键词来进行前期的累积，若直接选择主关键词进行推广会增加竞争压力，很可能导致效果不理想，如下图所示的连衣裙，将关键词设置为“露背连衣裙”比设置为“连衣裙”的展示概率更大，并且定位人群也更加精细，减少了流量的浪费。

使用直通车推广爆款时，卖家可以同时推广两组相似的商品，并设置相似的标题，此时直通车会不定时的将两组商品轮流推广出去，卖家可对比哪一组商品的点击率更高，推广效果更好，然后将效果更好的设置为长期推广的对象，以此方法还能同时打造两个爆款，更大地实现店铺的盈利。

2. 利用钻石展位打造爆款

钻石展位简称钻展。钻展推广也是提升销量的一把利器。钻展打造爆款也需要卖家投入推广成本。而怎样充分利用钻展的位置，在控制成本的基础上完成推广是卖家重点考虑的问题。其实，影响钻展投放效果的因素有定向、素材、展位和投放时间段等。其中创意的素材与定向精准的流量是决定钻石展位能否帮助卖家带来流量和销量的重要因素。卖家在开通钻展后，需要对各个因素进行测试，然后根据需要不断地进行优化。如相同的广告文案，使用两个以上不同宣传画面和格调，测试出消费者最愿意点击的图片。下图所示为吸尘器的首页焦点图与右下角两个钻石展位的推广。

3. 利用低价包邮打造爆款

大多买家都更喜欢买包邮的商品，因此大多数的店铺都采取包邮的形式进行销售。相比直通车和钻展推广，很多小卖家更喜欢选择风险较小的低价包邮方式来冲销量，去吸引那些更看重低价的消费者。对卖家而言，低价包邮可能暂时不会创造丰厚的利润，但会带来非常好的销量和口碑。低价出售的商品也要精挑质量过硬的、应季的、性价比较高的，当商品有一定销量后，再慢慢调整价格，提高利润空间。

高手支招

在使用付费推广方式时，卖家可制定的测试方案有很多。如相同广告画面，两个以上不同文案和促销点，测试出消费者最有兴趣的宣传点；同一资源位置，根据多次测试，做出不同的创意，再根据点击率、转化率等数据表现进行再次筛选。

3.3.4 打造爆款的成功案例解析

本节以移动电源为例对移动电源爆款进行解析。

- 行业分析：智能移动时代，移动设备消耗的电量都比较多，准备一个备用电源很有必要，所以移动电源有一定的市场需求。由于淘宝同行的竞争很激烈，移动电源类目的宝贝种类多、功能丰富、质量良莠不齐，市场风险非常大，同行的竞争很激烈，怎么把自己的宝贝推广出去，是摆在卖家面前最大的难题。

● 卖点分析：为了在竞争中占有一席之地，不少商家开始创新并改进移动电源，使其更符合买家的需要，如开发容量高、充电次数多、安全性好、便携性好的移动电源。淘宝内也有很多卖家已经清楚地认识到了这一点，并且看到了其中蕴含的巨大商机，在商品的选择上，商品的主图与内页的制作上都在尽量展现这些优势。下图所示即为展示移动电源的容量与便携性。

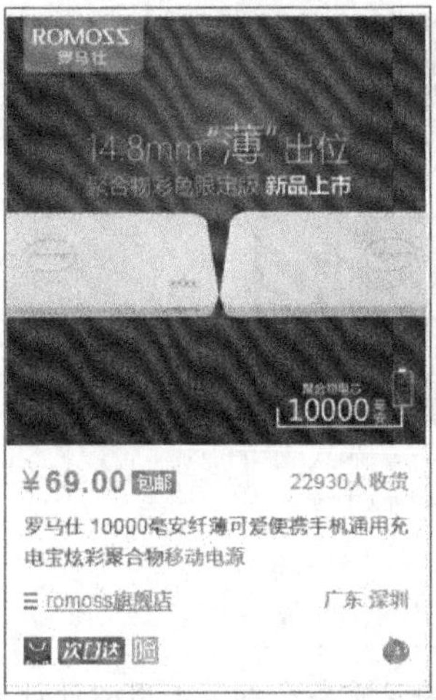

● 品牌分析：由于近年曝光移动电源自然爆炸的事件呈上升趋势，因此买家对移动电源的安全要求更加强烈和严格。而品牌移动电源的安全与质量更容易赢得信赖，销量自然更好一些，如MIUI/小米、ROMOSS/罗马仕、苹果、品胜、羽博、三星、飞利浦、飞毛腿等的产品。可以看出品牌移动电源占据了淘宝的绝大部分市场。由于一般品牌的客单价相对于普通商品的客单价更高，因此很多买家会选择通过C店进行购买，如下图所示，同样是10000毫安电容量的移动电源，飞利浦售价为149元，小米售价为79元，淘宝C店的售价为36.63元，C店的销量虽不如前两种品牌，但是销量也很可观。

● 效果图：能不能成为爆款，在一定程度上也要取决于图片效果。就移动电源而言，同一款移动电源，由于拍摄的场景、角度，以及后期的处理不同，会体现出不同的档次。如下图所示，左图的电源为实物拍摄，没有经过任何处理，可以看出图片较暗，没有突出它的质感，并且在设计上没有突出小巧、便携、超薄等优势，虽说是飞利浦品牌的移动电源，但却无人问津，这样的主图是注定不能成为爆款的。再看右图的移动电源主图，同样是飞利浦5000左右毫安的移动电源，由于主图的设计突出了商品轻盈小巧的特点，并且图片清晰、美观，很显档次，虽然售价为129元，销量仍然可观。当然效果图的美化要把握好度，否则容易造成后期与实物不符的纠纷，导致退货或投诉。

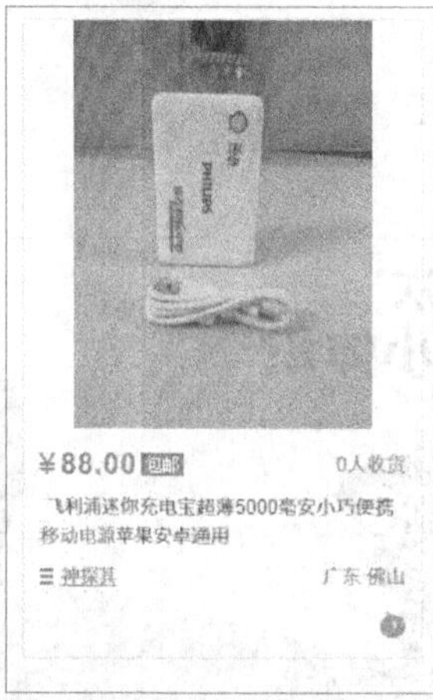

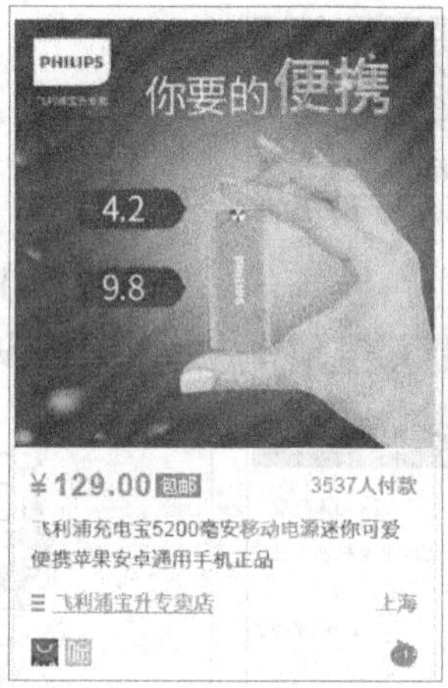

● 细节展现分析：爆款的每一个环节都十分重要，因此要注重各个细节，用心设计宝贝详情页。下图所示为罗马仕一款移动电源的部分详情页内容。可以看出在选图、排版与文案的设计方面都下足了功夫，给人更加专业可靠的感觉。

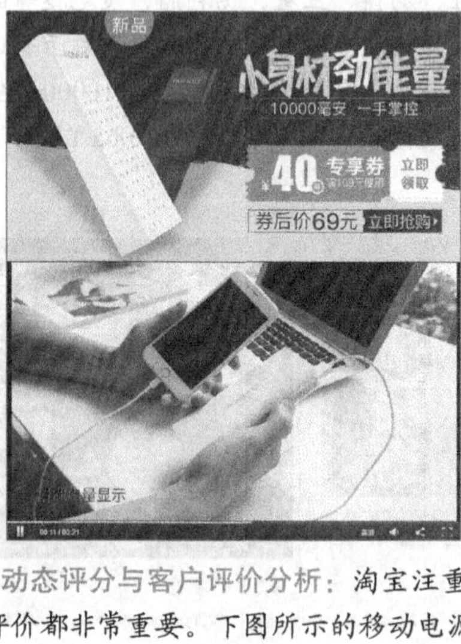

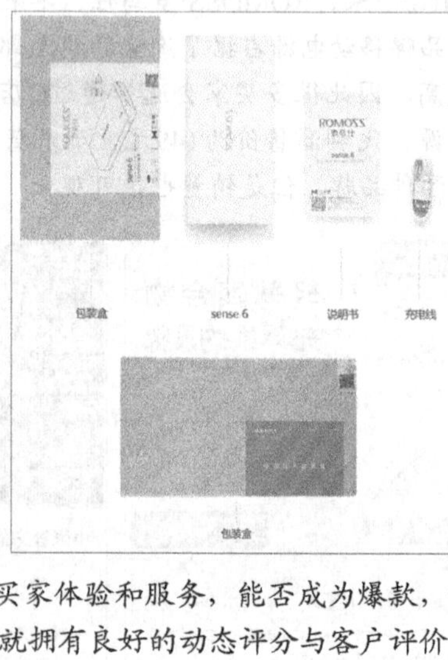

● 动态评分与客户评价分析：淘宝注重的是买家体验和服务，能否成为爆款，动态评分与客户评价都非常重要。下图所示的移动电源爆款就拥有良好的动态评分与客户评价。

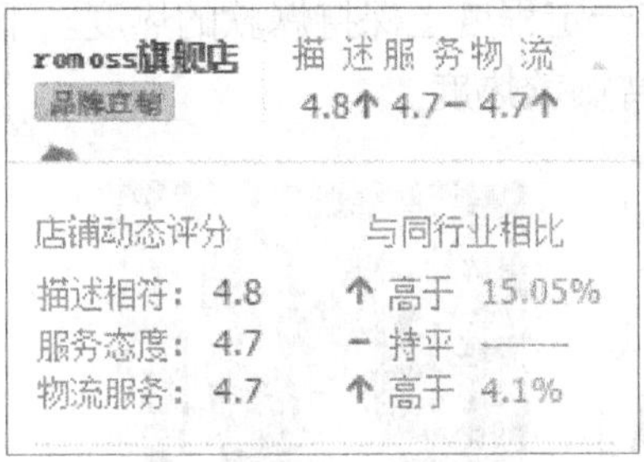

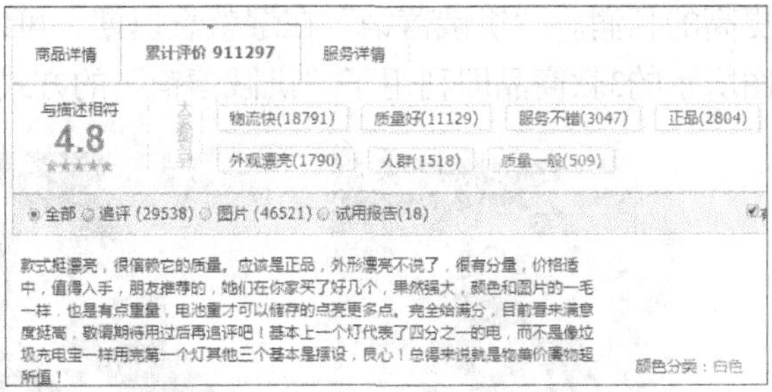

3.4 爆款跟进与热度延续技巧

淘宝爆款在进行一段时间的推广之后就进入了稳定期。此时最需要做的就是跟进与维护爆款。维护爆款的流量和交易量，维护爆款的热度，在此基础上才能提高客单价和转化率。

3.4.1 打造爆款风格

选择爆款后，除了要通过商品的预热、维护与推广、排名优化等手段将其打造成为爆款，还需要利用爆款让客户记住自己的店铺。卖家可以注册自己的商标与Logo，需要注意的是，店铺的标志需要与竞争对手保持一定的差异，以免买家混淆，也可以打造自己店铺与众不同的风格，并且店铺的风格在较长时间内要保持稳定，那么通过爆款吸引进来的流量就有可能成为店铺的粉丝，从而带动整个店铺流量的增加，那么爆款才更有意义。如下图所示的“乐町”店铺在首页海报和详情页的海报中都采用了可爱俏皮的风格，因此吸引了大批古灵精怪的粉丝。

3.4.2 利用饥饿营销保持爆款热度

在市场营销学中，所谓“饥饿营销”是指商品提供者有意调低产量制造供不应求“假象”，以达到调控供求关系、维持商品较高售价和利润率的目的。饥饿营销的操作很简单，淘宝卖家用惊喜价将潜在消费者吸引过来后，然后限制供货量，造成供不应求的热销假象，从而提高售价，或使客户产生紧迫感，催促其下单，赚取更高的利润。“饥饿营销”在爆款衰退期，可以在一定程度上保持爆款的热度。下图所示的3款商品即利用了“饥饿营销”的方式保持爆款热度。

3.4.3 利用关联营销延续爆款热度

所谓关联销售即快速打造全店的爆款群，把店铺全部的商品贯穿在一起，用一个爆款带动另外一个爆款。那么如何进行关联营销，打造爆款群呢?许多卖家在关联商品时比较随意，店里有什么商品就关联什么商品，很显然，大多数情况下，这种关联销售是没有任何效果的。那么该如何进行关联呢？下面对关联营销常用的技巧进行介绍。

- 关联销售可以是多渠道：除了在详情页中进行宝贝关联外，关联商品的途径有很多，如通过网红、达人、意见领袖进行分享，达到关联商品的目的。
- 活动专题式关联：活动专题式关联的方式有很多，如买就送、满就减、搭配套餐、换季清仓、庆典促销、买赠活动等。
- 关联同等消费档次的商品：不同消费水平的买家接受的价位也是不同的，卖家在浏览商品时一般会优先选择符合心理价位的商品，因此做关联营销时，关联的商品要与买家浏览的商品处于同等消费档次。
- 场景诱导化关联：一般情况下，消费者购买某一种商品时，基本都会有特定的应用场景，而往往在这种特定的应用场景下，不止需要一种宝贝，如下图所示，左图的帐篷为野外露营设备，而右侧的登山鞋、背包都属于野外露营可能会使用到的宝贝。

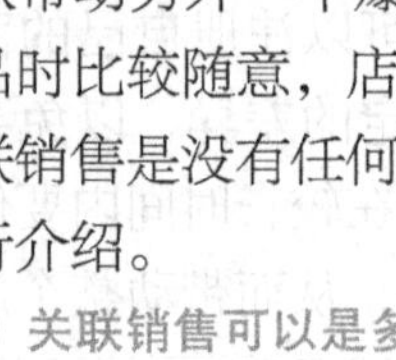

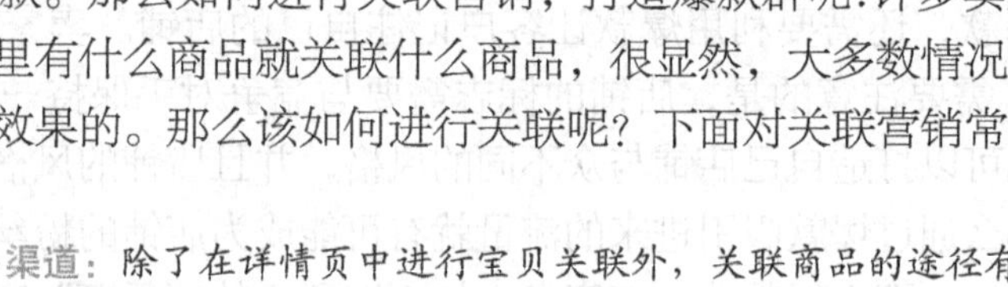

● 关联同种风格但是不同细节的商品：引流宝贝的风格与属性在一定程度上是受消费者所喜欢的。因此，在做关联销售时，关联同种风格但是不同细节的商品更容易获得买家的关注与点击。下图所示即为关联同种风格不同细节的商品。

● 关联可以搭配或者互补的商品：如下图所示，引流宝贝是一件白色雪纺上衣，在推荐区中直接关联了可以与之搭配的几款碎花裙。

3.5 抓住爆款所带来的客户群

爆款打造成功后势必会带来大的销量，甚至带动店铺其他商品的销量，此时卖家需要做的就是维护爆款开发的客户群。如果店铺仅仅依靠新客户的一次购买，当爆款热度下降或爆款下架后，就很难再继续盈利。所以抓住爆款带来的客户群，将新客户培养成老客户，使其持续为店铺创利就变得十分重要。

3.5.1 分析这批客户所带来的好处

对于淘宝网店而言，卖家当然是希望购买自己商品的人越多越好，购买商品的次数越多越好，而买家在哪里？买家是否选择购买自己的商品或买家购买一次后是否还会再次购买都是卖家无法掌控的，卖家能做的只有想方设法地抓住和维护店铺已有的客户，提高客户的回头率，将其培养成忠实客户。提高客户回头率的具体方法将在本书第10章中进行详细介绍。

- 提高店铺的DSR动态评分：店铺的DSR动态评分是店铺晋升为金牌卖家的重要考核标准。若店铺的复购率高，评价好，DSR动态评分也会得到相应的提升。对淘宝卖家而言，成为金牌卖家能够提高买家对店铺的信任度，并且可以获得淘宝给予的更多特权，如橱窗位和会员频道优先展示、优先参与淘宝官方活动和免费获得学习教程等。
- 提升店铺的流量价值：流量对于每个店铺而言都是十分可贵的，因此许多卖家会花钱用直通车、钻展、淘宝客等方式来吸引流量，但很多流量的转化率都很难有保障。若是老客户进入店铺，一般都是有需求，由于对店铺的了解较多，店铺的商品比较符合其要求，因此成交率比较高，流量价值也会得到提升。
- 提高客单价：质量是买家十分看重的问题，若是款式不错，质量也不错的商品，将更容易吸引买家下单购买。若是卖家设置了优惠套餐活动，老顾客参与的积极性也会更高，有利于提高客单价。

3.5.2 如何维护爆款客户群

既然维护爆款所带来的客户群有这么多的好处，那么该如何维护爆款客户群呢？维护客户有很多方法，如首先可以在店铺内设定VIP，让顾客在消费到一定金额后升级为VIP，而VIP代表着贵客，可以享受更多的优惠待遇。

其次，选择恰当的时机与老顾客进行互动。如打电话邀请老顾客参加店庆活动、节日活动，发送问候短信、贺卡和小礼品，或赠送打折券等。及时告知店铺促销情况以及新品上市情况，保证店铺在老顾客群中的曝光率，提升店铺的人性化服务质量。在和老顾客互动的同时既可以维持老顾客的忠诚度，提高店铺销量，还可以趁机引导老客户带来新顾客。

3.6 疑难破解

1. 在打造爆款时，薄利多销可行吗？

买家喜欢买便宜实惠的东西，然而有些东西越来越便宜，买家越来越挑剔，哪怕是成本价出售也会有买家觉得价格太高，因此培养出来的这种买家价值比较小，并不利于店铺的长期发展。此外，由于宝贝的价格往往会受到多种因素的影响，包括宝贝近期是否流行、宝贝是否适合当季销售、淘宝上相似或同款宝贝的数量等，卖家降价也不能随心所欲。此外，卖家不能在宝贝降价时表现过于明显，这样会引起买家质疑，如这件宝贝的设置定价是否过高，折扣价是否真实，这件宝贝背后是否有更好的商品预计销售所以降价，这件商品是否有自身的缺陷所以低价销售。为了避免这一情况，卖家需要巧妙地采用降价策略，在避免买家怀疑的同时提高销量。下面总结一些常见的降价销售策略。

- 折扣：折扣是宝贝降价的常见方式，通过折扣的形式可以让买家觉得划算，尤其可以刺激一些可买可不买的买家下单。
- 优惠券：优惠券是指卖家设置的可以在结算宝贝时使用的抵扣券，优惠券可以使买家产生优惠的心理，同时也可以处理一些讲价的买家的订单。
- 买赠：买赠是指买家以一件商品的价格买到更多的东西，也是一种降价的措施，如买一件送一件，买大衣送围巾等。买赠在节日活动、周年庆活动等中应用的效果更佳。
- 新品上市：为了让爆款在价格上更具有优势，许多卖家为新品设置了较低的价格，吸引买家购买，特别是店铺的老顾客，更喜欢以较低的价格尝试店铺的新品。

2. 当爆款积累到一定销量后，如何提价才会不受买家抵触?

在打造爆款前期，价格稍低的确可以吸引很多买家购买，但在具有一定销量后，可考虑分阶段适当回价，保证店铺的利润。下图所示为在店侦探中查看的一款衬衣的价格波动情况，数据显示宝贝价格前期较低，为18.8元；进入季节销售初期后，价格再次降低至15.8元；当7月11日时，宝贝已经积累了很多销量。卖家将营销重点从销量转向盈利，将价格提升至58元。

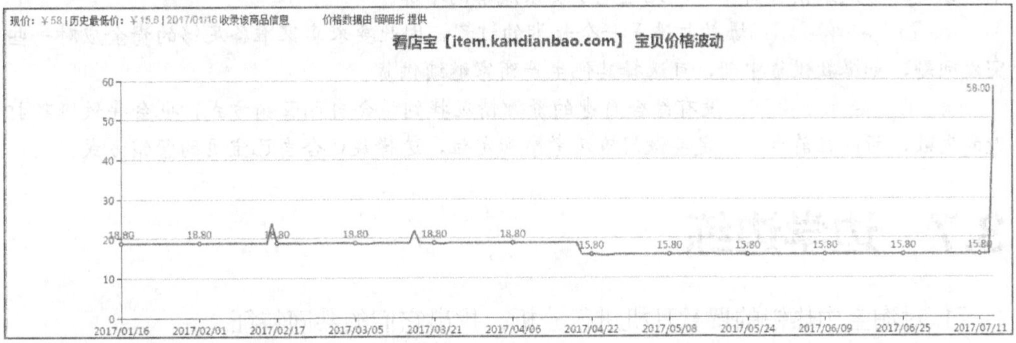

在销售爆款的过程中，宝贝降价是大多数买家所喜闻乐见的，相反，若要提高宝贝价格，买家却十分敏感，很可能因为价格升高而取消购买计划，造成销量下滑。此时，需要采取恰当的措施，来消除价格变化对买家购物行为和宝贝销售造成的不良影响。

- 说明提价原因：资源成本增加、店铺运营成本增加、物价上涨等都会成为宝贝价格上调的原因。如销售黄金手链，会因为黄金的价格上涨而涨价。
- 选择合适的时机提价：卖家需要准确抓住宝贝的销售时机，在销售火爆期对价格进行适当的提升，反而会激发买家的购买欲望，进而增加宝贝的销量。常见的宝贝提价时机为宝贝市场供应紧缺时，如限量版、市场缺货、应季商品、独家定制等。

- 减少数量的变相提价：在销售一些零售装、以克为单位的商品时，可以通过减量的方式进行原价销售，达到提高利润的目的。这样不会给消费者带来直观的消费影响，如散装糖果、散装坚果等。

3. 爆款打造失败，一般是由哪些原因引起的？

俗言“失败乃成功之母”，若卖家爆款打造失败了，也千万不能灰心，需要找出原因，为后面成功打造爆款积累经验。一般而言，爆款打造失败可以从以下几点寻找原因。

- 宝贝定位不明确：有些卖家自身的商品与功能都不错，但在打造爆款的后期还是失败了，再去分析其他对手的爆款，即可发现，自己商品的卖点不够突出，没有将卖点清晰地展示在买家面前，因此对消费者没有产生足够的吸引力。此时，卖家需要从商品的主图、详情页和宝贝文案方面入手，在深入了解商品的特点与功能后进行进一步的优化。
- 没有破零的买家：没有销量的商品会使买家产生不信任感，因此打造爆款时，销量破零是必须的。爆款商品比普通商品的破零要求更高，如普通商品10件破零，那么爆款商品破零就需要100件，从新品上市到突破100件销量并不是一件轻松的事，此时可考虑将有需求的朋友变为买家，再通过他们的推广达到破零的目的。
- 宝贝推广不到位：在浏览淘宝时可发现绝大部分爆款会出现在等级较高且月销售额较高的店铺中，因为这些店铺的宝贝曝光率高。如果宝贝曝光率不高，可以通过推广提高宝贝的曝光率。
- 货源无法保证：若在爆款打造过程中，供应链时常断开，可能会导致卖家无法正常发货，出现买家退款、差评等现象。当然相比外部货源，自营的货源更具有保障。许多商家喜欢采用预定的形式来销售商品，以此避免了卖家成本的增加。
- 资金补给漏洞：爆款打造是一个长期的过程，因此要求卖家准备足够的资金应对一些突发问题，如爆款供货中断，可选择其他生产商家继续供货。
- 战略战术上失利：没有结合自身的资源情况找到适合自己营销方式，也会导致爆款打造的失败，所以在前期，一定要做好市场考察和定位，选择最适合自己宝贝的营销方式。

3.7 边学边练

1. 对淘宝中热销的爆款耳机进行分析，找出它们的共同特征。
2. 分析自己店铺中最新上架的宝贝，挖掘出具有爆款潜质的1~3件宝贝。
3. 熟悉不同的时期应该采用的爆款打造策略。

第4章

店铺优化与管理

本章导读

要想打理好自己的店铺，必须时刻关注店铺的情况，牢牢抓住店铺的流量，提升店铺的转化率，所以，优化店铺内容、合理管理店铺商品是店铺运营必须要掌握的内容。本章将对店铺优化与管理的常见工作内容进行具体的讲解，包括店铺与商品的优化、商品定价、网店商品的管理等内容。通过本章的学习，店铺运营者可以掌握店铺优化与管理的相关操作及方法。

知识技能

※ 掌握优化店铺名称、外观、商品图片和文案的方法
※ 掌握商品定价以及确定商品上架时间的方法
※ 掌握商品发布、上下架以及修改商品信息的方法

视频讲解

（视频讲解：16 分钟）

4.1 店铺优化

新手卖家直接参与付费推广的竞争，往往存在一定的难度。而淘宝本身会为卖家提供一些免费的流量。为了尽快抓住这些流量，并提高这些流量的转化率，就要从多个角度对店铺进行优化，如店铺的名称、店铺的风格、商品的相关性、商品图片、商品文案、页面布局、网页加载速度等。

4.1.1 店铺名称优化

店铺名称是店铺的标志之一，开好一个店铺不仅要注重商品质量与服务水平，还应该让自己的店名具有一定的文化内涵与宣传效果。一般来说，优质的店铺名称要能结合店铺的宝贝、品牌和特色风格，这样不仅便于买家记忆，且对店铺的后期发展十分有利。对于卖家而言，如何判断淘宝店铺的名称是否恰当呢？下面提供4条评判名称好坏的标准。

- **是否易读易记：** 店铺名称最根本的原则就是必须易读易记，只有这样才能充分实现识别和传播的功能。生涩文字应慎重使用，如果你的店铺名称比较复杂，甚至有些字某些消费者都不认识，那就需要重新命名。
- **是否简洁新颖：** 简洁新颖的店铺名称更易于引起买家的注意，也更便于记忆。此外，用流行词做店铺名字，买家可以更容易地搜到店铺，无形之中方便了店铺的推广。
- **是否呼应商品：** 如果想让店铺名称更独特、更有个性，那么可以让名称与商品属性、用途、特点等相呼应，使买家产生联想，这样不仅可以宣传店铺，还能从侧面对商品进行介绍。如麦包包、数码港、淑儿苑女装、好宝贝童装等，让买家对店铺所售商品一目了然，不仅便于买家记忆，且对店铺的后期发展十分有利。
- **是否积极健康、涵义吉利：** 店铺名称要积极健康，使人产生愉快的感觉，这样容易带给买家良好的第一印象，反之则容易使买家产生抗拒和抵触。如针对年轻的女性，多用伊人、丽人等字眼作店名；店铺涵义一定要吉利，如中国传统店铺以发、隆、兴、泰、和、盛、丰等吉利的字眼做店名的比比皆是。

根据以上判断标准，卖家可以判断店名是否需要优化。如果不会取名字，可以参考淘宝名字大全。下图所示为“店名大全”中一些热门好听的服装店名。

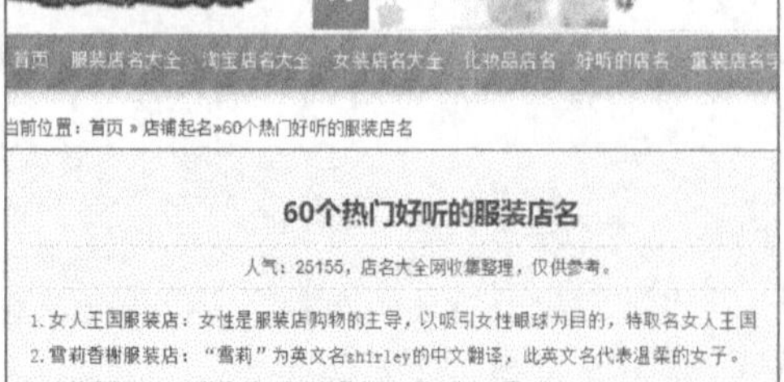
店名大全
淘宝网
¥46.00
首页 服装店名大全 淘宝店名大全 女装店名大全 化妆品店名 好听的店名
当前位置：首页 » 店铺起名»60个热门好听的服装店名
60个热门好听的服装店名
人气：25155，店名大全网收集整理，仅供参考。
1. 女人王国服装店：女性是服装店购物的主导，以吸引女性眼球为目的，特取名女人王国
2. 雪莉香榭服装店：“雪莉”为英文名shirley的中文翻译，此英文名代表温柔的女子。
3. 淘其乐服装店：淘其乐 顾名思义就是淘自己喜欢的衣服罗。
4. 一年四季服装店：一年四季的衣服应有尽有。

高手支招

在给店铺起名时，除了使用积极健康、涵义吉利的字眼，还可以用儒雅的词汇、谐音、俗语、店主的名字等起名，如尚音阁、鲜得来、良心药店、娜娜小屋等。

淘宝店铺支持实时改名。在淘宝首页单击“卖家中心”超链接，进入卖家中心的页面，在卖家中心页面左侧导航栏中单击“基础设置”选项卡，在“店铺基本设置”选项卡下的“基础信息”栏中输入修改的店铺名称，单击保存按钮即可完成店铺名称的修改，如下图所示。

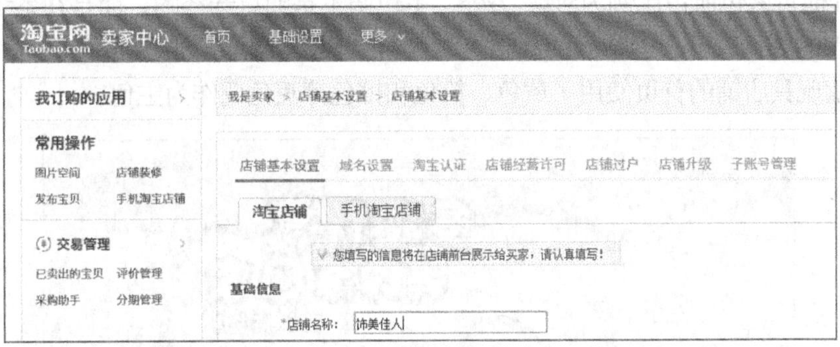

4.1.2 店铺风格优化

店铺风格承载了店铺的整体视觉效果，店铺风格主要体现在店铺装修上。查看店铺装修是否恰当，首先应判断店铺的风格是否与所经营商品的风格相关，然后判断是否具有较高的辨识度和良好的视觉效果，最后还可以从客户在店铺的停留时间、详情页的转化率等方面进行分析。若停留时间短、详情页的转化率低，就需要对装修页面的排版、文案、颜色搭配、图片等多方因素进行分析。本节主要从视觉感受的角度评判店铺风格是否需要优化。

1. 是否具有统一的外观

“统一的外观”指店铺所有页面的外观是一致的，如统一整个店铺的店招、导航菜单、主体风格等。统一外观不仅可以缓解买家长时间浏览页面所带来的视觉疲劳，还能方便页面的切换与商品的搜索。下图所示为“清水溪·汉初古风店”店铺的首页和详情页，可以看出在字体、颜色、形状的选择上都具有统一的古风古韵风格。

2. 是否突出标准色彩

色彩是决定店铺风格的最直观的视觉因素，是做好店铺视觉营销的基础。在搭配店铺的页面色彩时，并不是随心所欲的，而需要遵循一定的比例与程序。网店装修配色的黄金比例为70∶25∶5，其中，主色应该占总版面的70%，辅助色所占比例为25%，其他点缀色所占比例为5%。另外，主色调不是随意选择的，而是在系统性分析自己品牌的受众人群心理特征的基础上，找到受众人群更易于接受的色彩。如下图所示，儿童玩具店铺的首页使用了黄色、粉色和橙色等暖色调作为主色。

3. 相同类型的图像效果是否统一

相同类型的图像应采用相同的背景、色调等。如下图所示，将男士包和T恤分别放在一起，男士包都采用白底，而将T恤的背景统一为相似的蓝天背景，不仅使页面整洁美观，而且可以无形地暗示客户：这是属于同一类型的商品。

4.1.3 橱窗商品优化

网上店铺的橱窗功能等同于实体店中的橱窗，不仅可以起到展示商品的作用，还能为店内带来更多的潜在顾客，提高其他商品的浏览量。因此，店铺橱窗的商品是否能够达到吸引消费者目光、提高店铺流量、增加商品成交量的目的，就成为做好商品推荐的关键。作为网店运营者，该如何判断所推荐的商品是否合理呢？可以观察所推荐的商品是否符合以下特征。

- **性价比高**：选择性价比高、物美价廉的商品，即将同类中具有一定优势的商品推荐到橱窗中。
- **人气高**：很多买家在网上购物时都非常关注商品的人气和销量，人气高的商品更容易被买家信任，因此，选择人气高的商品不仅可以吸引顾客，也更容易留住顾客。
- **命名完善**：在网上商店进行购物的消费者，很大一部分都是通过搜索关键词的方式寻找自己所需的商品；命名符合消费者的搜索习惯，又能概括商品卖点和特色的商品，更容易被买家搜索和关注，同时，命名完善的商品也会获得更多的展示机会。
- **主图精美、卖点突出**：图片是买家了解商品的主要途径，图片精美更容易获得消费者的关注，卖点突出更能吸引特定的顾客群。此外，图片也与消费者的后续购买行为息息相关。

高手支招

除了上述特征外，在橱窗中推荐的商品还可以是低价商品，以此便于喜欢买便宜商品的买家在进行搜索时，低价格的商品更容易展示在前面。

做好商品推荐，选择好的商品只是一方面，另一方面还需要安排好推荐时间，因为橱窗推荐的时间与商品的上下架时间是有关联的。按照淘宝规则，下架时间越近，其推荐位越靠前，相应地获得展示的机会越大。因此，一般快下架的商品可优先设置为橱窗推荐，如商品上下架时间是7天一个周期，则上架7天的商品可设置为橱窗推荐。选择好推荐的商品与推荐的时间后，还需要手动设置橱窗推荐并添加推荐模块，才能完成商品推荐的操作。下面将进行具体介绍。

1. **设置橱窗推荐**

橱窗推荐是展示和推荐商品的常用途径之一。橱窗推荐的商品会集中显示在橱窗推荐中。根据店铺的级别和销售情况，橱窗推荐的位置和数量会存在一些差异。合理利用好橱窗推荐位，可以大大提高商品的展示率和点击率。下面介绍在淘宝卖家中心为商品设置橱窗推荐的方法，其具体操作如下。

扫一扫

设置橱窗推荐

STEP 01 登录淘宝网首页，在“卖家中心”下拉列表中单击“出售中的宝贝”超链接，打开出售中的商品页面，单击选中需要推荐的商品前的复选框，在上方的工具栏中单击 橱窗推荐 按钮。推荐成功后，在商品前将显示“已推荐”字样。

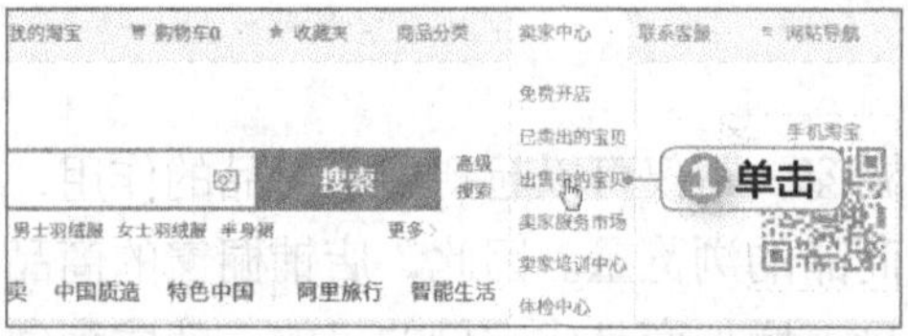

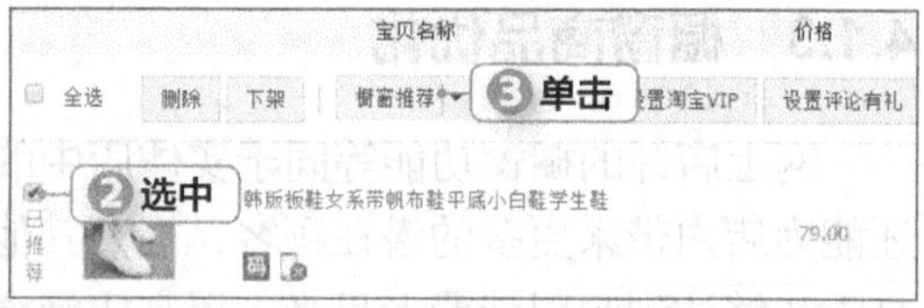

STEP 02 将鼠标指针移至橱窗推荐按钮右侧的下拉按钮上，在打开的下拉列表中选择“橱窗设置”选项，打开“橱窗设置”对话框，在“宝贝推荐顺序”下拉列表中可设置推荐顺序，如“按人气”。设置完成后单击确定按钮。

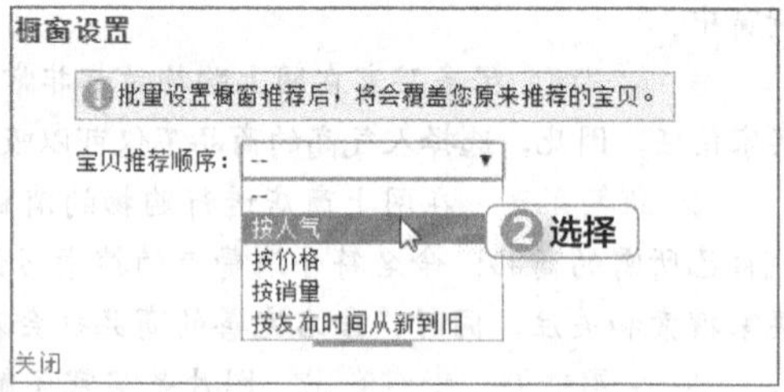

2. 添加宝贝推荐模块

扫一扫

添加宝贝推荐模块

要想让橱窗推荐的宝贝展示在店铺中，可以添加店铺中的宝贝推荐模块。淘宝为卖家提供了简单快捷、版式多样的店内宝贝推荐模板。下面介绍在淘宝中使用宝贝推荐模板推荐商品的方法，其具体操作如下。

STEP 01 在淘宝装修页面中添加“宝贝推荐”模块，在该模块上单击编辑按钮，打开“宝贝推荐”对话框，单击选中“手工推荐”单选项，在下方的下拉列表中选择需要推荐的商品分类，然后在下方显示的商品中选择需要推荐的商品，并单击其后的“推荐”超链接。

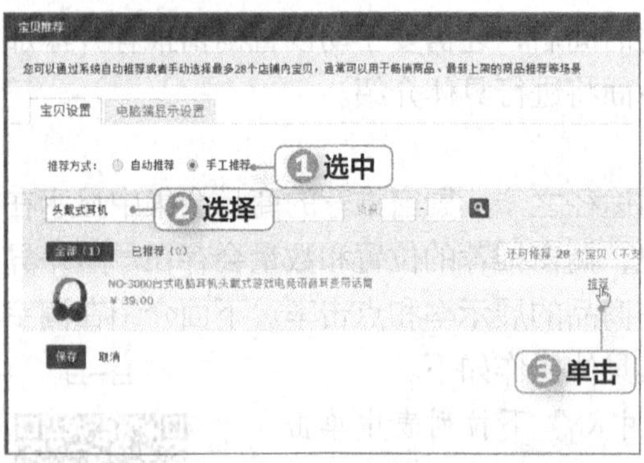

高手支招

在淘宝网中，“宝贝推荐”模块会默认选中“自动推荐”单选项，用户在添加该模块后，模块中将按照默认模式自动展示店铺中的商品。

STEP 02 按照该方法依次选择其他需要推荐的商品，然后单击“电脑端显示设置”选项卡，在“显示标题”栏中单击选中“不显示”单选项，在“展示方式”栏中选择宝贝展示方式，这里选择“一行展示3个宝贝”选项，单击保存按钮，如下一页左图所示。

STEP 03 设置完成后，返回装修页面即可查看到宝贝的推荐效果，如下方右图所示。

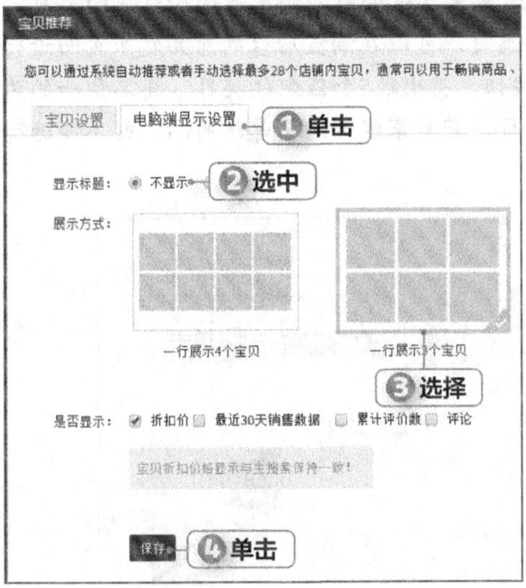

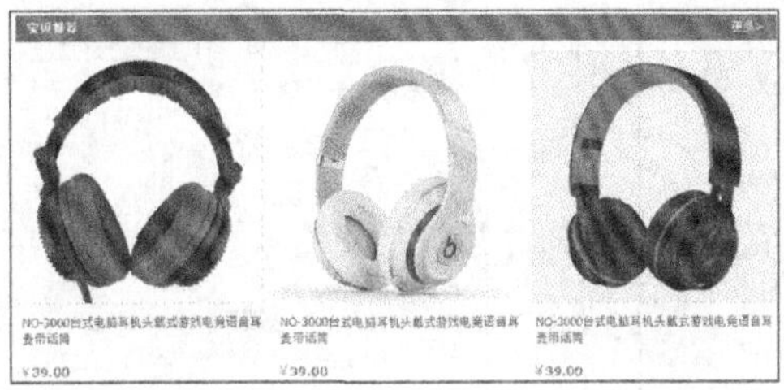

4.1.4 商品相关性优化

商品标题关键词、类目、属性的相关性，与商品搜索排名密切相关，而商品的主图和详情页的相关性又与点击率、流量的转化率密切相关。如果店铺商品的搜索排名落后、点击率和流量转化率低，就需要考虑对商品的相关性进行优化。

1. 标题关键词相关性优化

标题关键词相关性不仅仅是指商品的名称与商品相匹配，更要考虑是否符合标题规则。标题关键词相关性具体可参考下图。

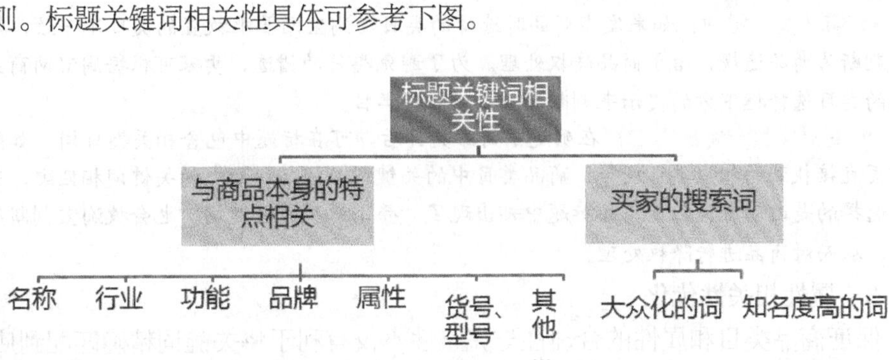

2. 商品类目相关性优化

大部分买家在淘宝购物时都是通过搜索关键词进行商品的浏览的，而每一个关键词在淘宝后台都有一个与之对应的最佳类目，当买家搜索某词时，将优先搜索最佳类目下的商品。因此，卖家需要根据商品类目的关键词来匹配商品标题的关键词，从而提高商品与标题的匹配度，提高店铺和商品的流量。商品类目优化需要注意以下几个问题。

● 选择合适的类目：卖家在发布商品时，通常需要根据商品的属性选择对应的类目。在淘宝网中，卖家要想快速找到商品相关性最佳的类目，可以在淘宝后台的商品发布页面进行类目匹配，如输入关键词“凉鞋”，单击快速找到类目按钮，将出现5个匹配的类目，排名第一的为最佳类目，若卖家经营的是该商品，则可选择该类目，若卖家经营的不是该商品，就不能选择该类目，否则将违背商品发布的原则。

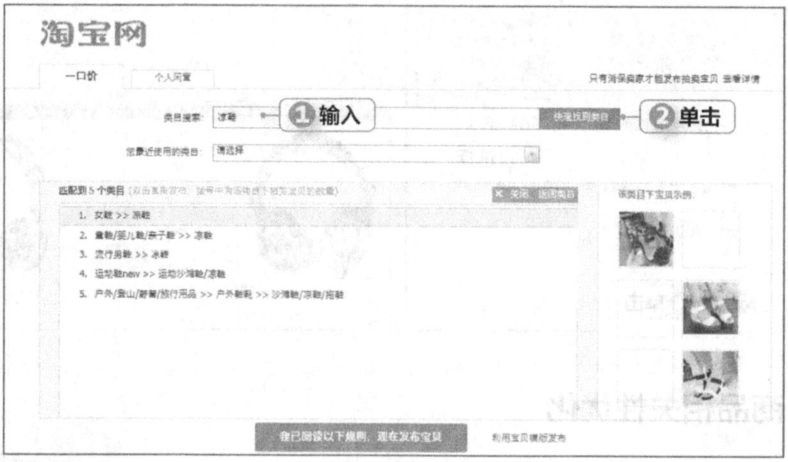

高手支招

若商品具有多种属性，也可在淘宝首页的文本框中输入关键词，通过选择不同的市场类目来判断类目竞争的激烈程度。以女鞋为例，若商品同时具备拖鞋和凉鞋两种属性，且经营凉鞋类目的店铺更多、竞争更大，则将商品放入拖鞋类目之下，可以更好地竞争排名。

● 避免类目错放：如果发布商品时选择的类目与淘宝网要求放置的类目不一致，淘宝会将其判断为商品违规，给予商品降权处理。为了避免类目的错选，卖家可根据淘宝网商品发布页面的类目选择框下方的提示来判断和选择商品的类目。

● 商品类目与标题对应：在确定了商品类目后，可在标题中包含相关类目词，如能在淘宝首页直接找到的相应类目词等。商品类目中的关键词必须与标题中的关键词相匹配，若商品类目选择的是运动鞋，但是商品标题中却出现了“登山鞋”等关键词，也会被淘宝判断为类目不符，从而对商品进行降权处理。

3. 属性相关性优化

保证商品类目和属性的合理性与完整性不仅有利于将关键词精确匹配到店铺的商品，提升商品的搜索排名，而且可以更好地定位目标消费人群，方便买家了解商品的细节，赢得买家的信任。属性相关性优化需要注意以下两个方面。

● 避免属性出错：若发布商品时填写的商品品牌、材质、规格等属性与商品标题或商品描述不相符，淘宝将判断商品违规，给予商品降权处理。

● 完善商品属性：在设置商品属性时，通常需遵循尽量完善的原则，即尽可能填写详

细，做好细节。商品类目和属性的合理性与完整性都会对商品的排名产生影响，描述详细准确的商品，可以更好地定位目标消费人群。在填写商品属性时，带*号的选项为必填选项，未带*号的选项为选填选项，只要商品具备这种属性，就一定要认真填写。

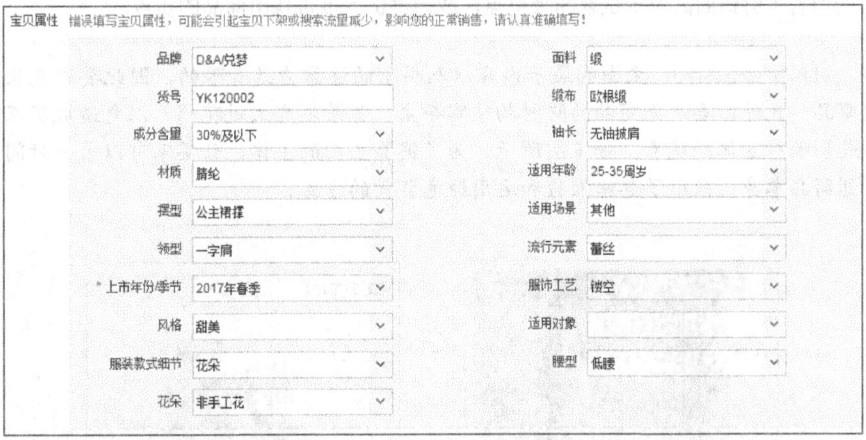
宝贝属性　错误填写宝贝属性，可能会引起宝贝下架或搜索流量减少，影响您的正常销售，请认真准确填写！

品牌	D&A/兑梦	面料	缎
货号	YK120002	缎布	欧根缎
成分含量	30%及以下	袖长	无袖披肩
材质	腈纶	适用年龄	25-35周岁
摆型	公主裙摆	适用场景	其他
领型	一字肩	流行元素	蕾丝
* 上市年份/季节	2017年春季	服饰工艺	镂空
风格	甜美	适用对象	
服装款式细节	花朵	腰型	低腰
花朵	非手工花		

4. 主图相关性优化

主图的相关性直接关系着买家是否点击某件商品。即使商品的搜索优化做得再好，如果商品主图的相关性做得不好，没有点击量，也会影响商品的排名。通常，把握主图的相关性可以从以下3个方面入手。

- **主图与商品相符**：商品图片是商品发布的要素之一，主图中的商品应与所销售的商品相符，这是卖家必须遵守的淘宝规则，不能卖的是短裙，而图片显示的是长裙。
- **最大限度地突出商品的特点**：最大化地将商品的特点展示给消费者，如突出商品的细节、品牌、时尚、舒适度等。如下图所示，左侧主图强调了变频节能、大风力的特点，更能吸引经营发廊的买家购买，而右侧主图展现了商品的全貌，突出了可折叠的外观，并添加"水润负离子"的文本，因此更能吸引注重收纳方便、利于护发的买家购买。

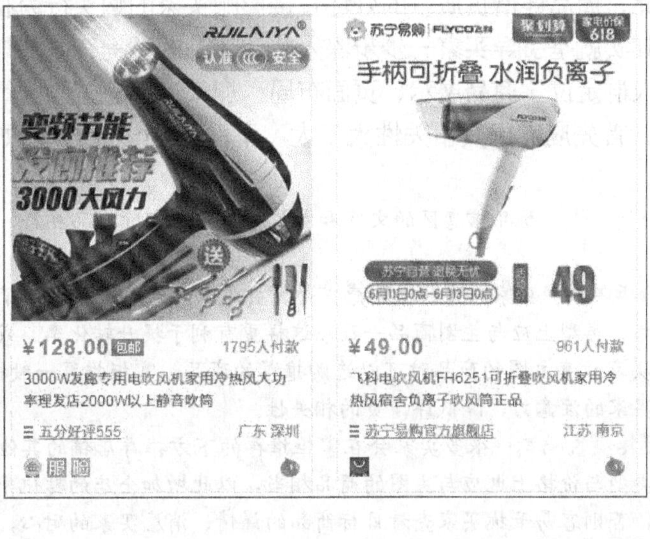

高手支招

能否成功挖掘商品的卖点是决定主图成败的关键。卖家可发布免费试用活动，通过试客的留言了解该商品对于试客的吸引点，或通过试用报告找出商品的卖点。

● 去除不相干因素：主图的展示内容以及买家的注意力是有限的，因此要避免长篇大论地描述商品。此外，要避免商品的陪衬物喧宾夺主，背景不宜太过花哨，以免造成买家的视觉疲劳，或影响对主体的观看。如下图所示，为了突显主图的主体，让买家可以第一时间将注意力集中到商品本身，采用了忽略人脸和运用纯色背景的方式。

5. 详情页相关性优化

当买家通过各种渠道进入店铺查看商品时，主要是通过商品详情页了解商品的基本信息，因此，商品详情页质量的好坏直接影响买家的购买行为和商品的销量。详情页的制作其实就是引导买家一步步深入关注商品的过程，好的详情页应该同时兼顾目标消费人群定位、商品展示、页面布局、加载速度、关联营销等多个方面。若详情页不好，首先应考虑其相关性大不大。下面从4个方面介绍如何对详情页相关性进行优化。

● 商品信息相关性：商品信息区的文字和图片等都要与实际商品相符，如尺寸、颜色、款式等。

● 掌柜推荐相关性：买家对商品主图感兴趣才会进入详情页进行详细了解，因此，卖家推荐的商品在价格、类型上应与主图商品一致，这样更有利于提升转化率。或通过掌柜推荐做好关联营销，在买家放弃主图的商品时可以选购推荐的商品。掌柜推荐一般控制在5~6个，推荐太多容易分散买家的注意力，降低详情页的相关性。

● 其他商品相关性推荐：很多卖家会在掌柜推荐的下方推荐店铺的其他商品。注意该区域推荐的商品在类型与价格上也应与主图的商品相当，以此增加全店的转化率。其他商品推荐的数量不宜过多，否则容易干扰买家查看目标商品的详情、消磨买家的耐心，从而降低详情页的相关性。

- 商品详情介绍相关性：在介绍商品详情时，文案与图片都要围绕详情页的商品展开，以此提升商品的转化率。在设计商品详情页时，需要注意的是，买家眼里的商品好坏并不取决于卖家的夸夸其谈，而需要立足于真凭实据，如买家评价、品牌质量等。

4.1.5 商品图片优化

图片是网店的灵魂，商品的点击率和转化率都直接受图片质量的影响。高品质的图片不仅可以提高买家的购物行为，加深买家对商品的印象，还可以表现商品的细节，展示商品的品质，提高商品的成交量。

1. 如何判断商品图片是否需要优化

对于网店商品而言，视觉效果优秀的图片不仅可以让商品从众多的竞争者中脱颖而出，引入更多流量和点击率，还可以刺激消费者的购买欲，从而提高商品的转化率。判断店铺的商品图片是否需要优化，可参照以下几个方面。

（1）是否为实拍图片

网上购物的过程相当于获取消费者信任的过程，在购买网上商品时，消费者的信任感建立在商品实拍的基础上。图片的作用首先是展示商品，方便消费者了解商品信息，这就需要在合适的环境和场景中对商品进行拍摄，以增加商品的真实感。如果是服装类商品，还需使用模特实拍图，通过模特的姿势和动作、穿着和搭配，让买家清楚看到商品在不同环境下的试穿效果。

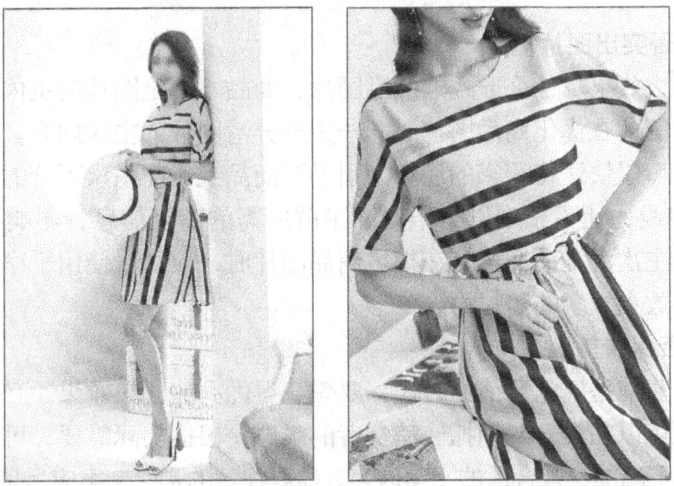

（2）图片是否清晰

图片的清晰度是网店商品图片最基本的前提。清晰的商品图片不仅能更直观地体现出商品的质感和材质等信息，还可以大大提高商品的美观度和视觉冲击力，刺激买家的消费欲望。反之，不清晰的商品图片可能会阻碍消费者了解商品信息，容易将图片的质量问题上升成商品的质量问题，影响消费者的第一印象和购物体验，从而对商品失去信心。

（3）是否详细展示了细节

商品实拍图可以很好地展示商品的整体效果，让买家清楚商品的外形、颜色、款式等信息。如果想进一步体现商品的质量、性价比和特点，提高买家对商品局部细节的认知，就需要对商品细节进行展示。在展示商品局部信息时，需要对商品有价值的细节进行挖掘，以服装商品为例，有特色的拉链、花边，缝合良好的线缝、衣边，商品的LOGO、吊牌等都可用于局部细节的展示。细节图展示合理，可以加深买家对商品的好感，促成买家的购买。

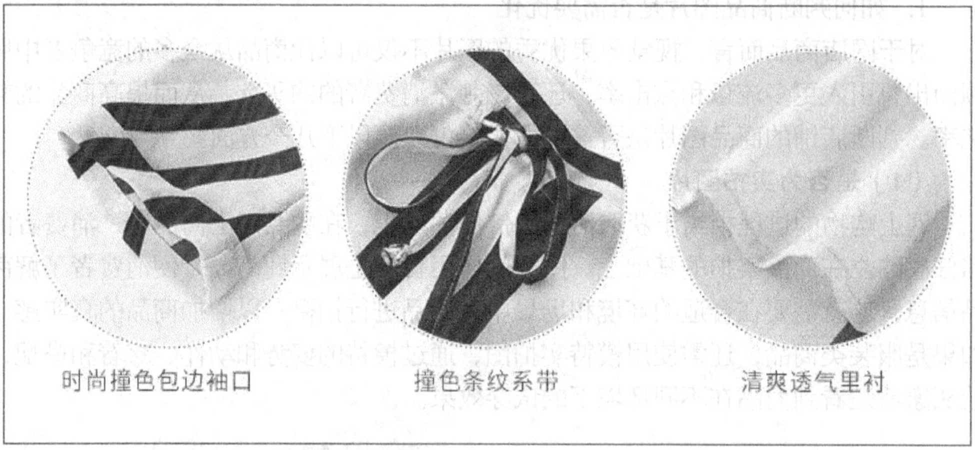

（4）是否突出图片重点

不管是什么效果、什么形式的商品图片，商品永远是图片的主体，是图片的重点表现对象，因此在优化商品图片时，一定要分清图片的主次内容。主体对象突出的商品图片，可以快速将买家的注意力引导至商品上；而主次不分的图片，则容易混淆买家的视线，让买家难以第一时间了解所需的商品信息，影响买家的购物体验。为了避免主次混乱的情况，在拍摄商品图片时，应尽量使用干净简洁的背景，不要在镜头中放入太多的陪衬物。

（5）是否保持美观度

电子商务营销是视觉营销的时代，要想获得优秀的营销效果，必须保持图片的美观度，保证可以在第一时间抓住消费者的眼球。根据实际需要，可以在不影响图片效果的前提下添加一些合适的文案内容。需要注意的是，文案应尽量简洁精练，不能繁杂，否则不仅影响图片的美感度，还会造成买家的视觉疲劳，难以促成交易。

2. 如何判断主图是否需要优化

淘宝网在展示商品时，通常是商品主图加商品标题的形式。卖家在通过优化商品标题的关键词获得展示机会后，能不能将展现量转变为点击率，很大程度上取决于商品主图的质量。判断主图质量的好坏可从以下几点出发。

● **是否美观完整**：真实性和清晰度是对商品图片的最基本的要求。商品主图作为商品流量的“敲门砖”，除了需要真实清晰之外，还必须美观完整。特别是搜索页的第一张主图，若能完整地展示出商品主体效果，更容易获得有效的点击率。淘宝卖家可以根据实际需要添加多张主图，买家在查看时点击主图下方的缩略图即可查看其他主图的效果。

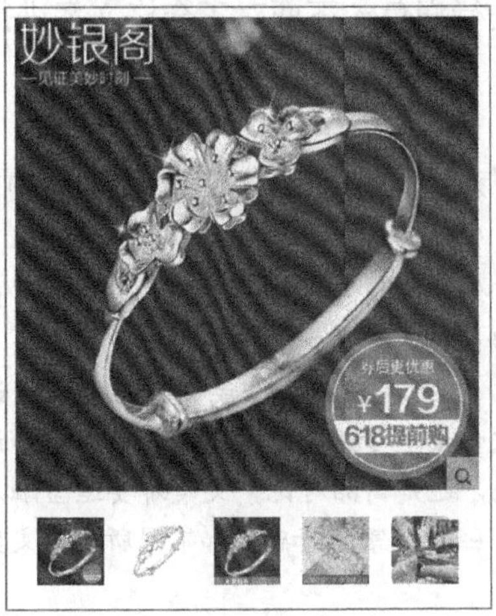

提个醒

商品的主图并非一定要展现完整的商品，对于某些商品而言，放置一些细节图同样可以获得买家的关注。

● **是否卖点突出**：要想最大化引入流量，只凭借美观的图片是不够的，还需要展示足够的卖点来激发买家的购买欲望，这就需要卖家深入分析目标消费人群的特点，抓住他们的需求，挖掘出最合适的商品卖点。由于受主图大小和内容的限制，卖点的展现必须简练明确。以下方左图的太阳伞为例，买家通常比较关注其是否携带方便、是否防晒等，此时即可针对消费者会需求将“袖珍防晒、比小更小”展示在商品主图中。

● **是否需要环境引导**：环境引导是指通过将商品放置到实际使用环境中的方式来展示商品，引起买家的带入感，从而提升买家的购物欲望，提升点击率，如服装的街拍主图效果，运动用品的运动主图效果等。下方右图为带入应用场景的网球拍主图效果。

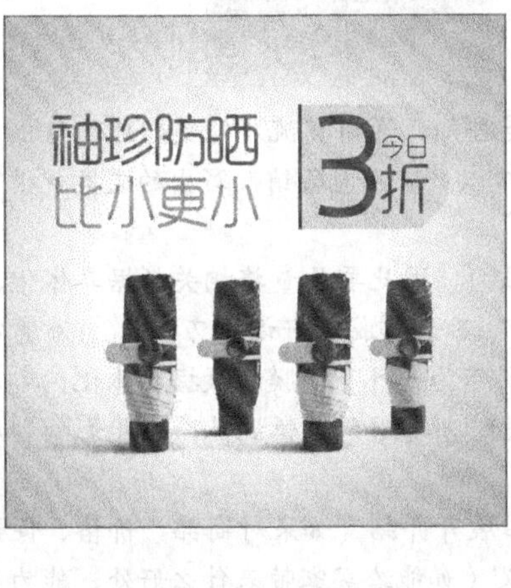

4.1.6 商品文案优化

作为商品图片的重点，店铺的文案不仅要能清晰、准确地传达商品信息，还要有助于促进消费，说服买家下单。如果店铺的文案语言平淡，长篇大论地阐述商品的性能参数，没有将商品主要的卖点与优势突出，就不能勾起消费者的购买欲望，最终将导致流量转化率低。此时就需要对文案进行润色。下面对不合格文案进行剖析，并讲解如何撰写优秀的商品文案。

1. 不合格商品文案的特征

什么样的文案才算不合格文案呢？卖家可以对比以下问题，检查自己店铺中的文案是否存在这些问题。

- 文案脱离市场或脱离商品：要先了解市场，消化商品信息。任何脱离市场或脱离商品的文案都难以触碰消费者的内心，也就无法勾起消费者的购买欲望。
- 滥用俗语、生僻字、生僻词：俗语、生僻字、生僻词可能会造成部分买家的阅读障碍，影响商品信息的传达，从而导致买家流失，因此文案要尽量避免俗语、生僻字、生僻词。
- 文案空洞，缺乏感情：无论是商品品质的描述，还是商品对比，文案都要适当融入感情，以免枯燥无味。如多用问句和感叹句，少用虚词，强化买家的情感。如下图所示，文案以抒情的方式来描述“裙子的美”。

- 网店文案不懂营销：好文案是交流而不是告知，懂得交流才能更好地销售出自己的商品，所以，编写文案时还要掌握一定的商品营销知识。若不懂营销，写出的文案就很难挑起客户的购买欲望。
- 文案数据虚化：数据虚化会导致缺乏说服力，因此要尽量将相关数据具体化，如“网店热销”不如写成“月销2万件”，“好评如潮”不如写成“好评上万”，“为您省下不少钱”不如写成“为您省下20块钱”。下一页左图所示为一叶子面膜的数据具体化。
- 文案逻辑混乱：在撰写商品详情页的文案时，要避免逻辑混乱，不能影响到用户体验或分散消费者的注意力。
- 文案以商品为中心：文案要以商品为中心展开介绍。如果对商品、价格、促销、渠道等进行大篇幅的讲解，而忽视商品对于买家的意义（如能给买家带来什么好处、能为买家解决什么问题等），就会使文案偏离主题，缺乏感染力和号召力。

● 文案只讲商品的好处：某些商品并不适合所有的人或物，因此，在讲解商品的好处时，也应该注明不适合的人群、不适合的地方等，以避免产生售后纠纷。如下方右图的商品即注明不适合少年儿童、孕期及哺乳期妇女。

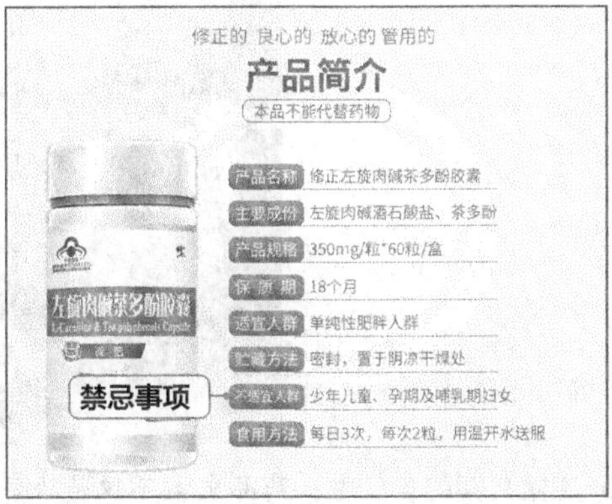

● 必要信息缺失：在撰写商品详情页的文案时，应清晰地列出买家需要了解的所有与商品相关的问题，以免给销售后期带来不必要的麻烦。如快递公司、邮费、退换货问题、售后服务问题等。

● 文案不懂淘宝规则：随着电子商务的发展，网店的规则也日趋完善。作为卖家，应时常关注网店的新规则和国家相关的规定，清楚哪些可以写、哪些不能写，避免文案违规，造成店铺的损失。如不能使用法律法规中禁止使用的营销用语，“特供”“专供”等；在商品的主副标题或营销标签词中不能使用“5分返现”“好评返现”“好评返红包”“好评返优惠券”等引导买家好评的类似内容；不能违反《广告法》关于广告词的规定，如不能使用“最优惠”“行业第一”等。关于淘宝网的具体文案规则，可在卖家中心中单击“淘宝规则”超链接进行查看。

2. 如何撰写优秀的商品文案

文案是卖家吸引并留住消费者的重要手段，能销售出商品的文案就是好文案。下面介绍几种快速有效的商品文案写作思路，以帮助卖家优化店铺的文案。

● 九宫格思考法：在最中间的格子里填上商品名，然后在其他8个格子中填上可以帮助此商品销售的众多可能的优点。

● 型录要点衍伸法：记录该商品型录上的商品特点，然后对商品特点进行延伸。

● 三段式写作法：第一段精要地浓缩全文的销售话术，第二段根据商品型录罗列商品的众多特色，第三段强化商品独特的销售卖点、价格优势或赠品，促进买家下单。

● 好的商品文案需要搭配出色的图片：再动人的文案也比不上一张有说服力的照片，图文解说远比枯燥的文字更耐人寻味。如下图所示，用文字“初吻”对图片进行引导，用甜蜜的嘴唇来佐证文字内容，更能打动人心。

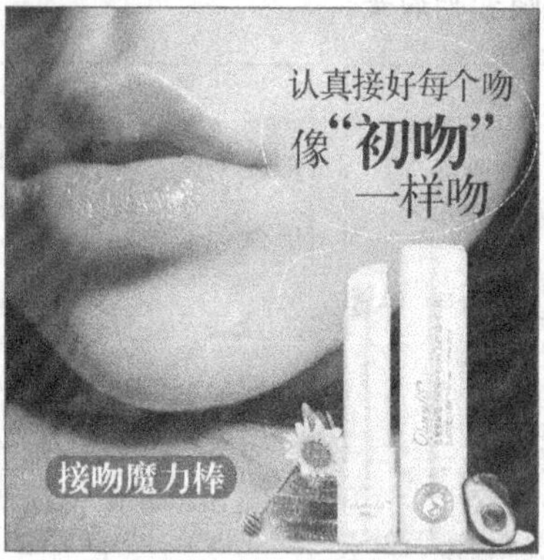

● 注重文案的友好性：商品文案不仅是给目标对象看的，同时也供搜索引擎查看。完整的商品名称更方便Google、ETAO等搜索引擎读取，且完整商品名的出现频率最好至少2~3次。

● 诱导消费者购买推荐的商品：买家在选购商品时，可能已经有预想的款式、价位等，此时可通过文案引诱消费者选择更高的档次。

● 尽量用事实强调商品的优势：凸显商品的优势，如商品的销量优势、价格优势、品牌优势、明星代言、良好口碑、商品曾获什么奖等，即使再简单的文案也能赢得消费者的青睐。

● 提高商品的竞争力：若商品价格高于竞争对手，此时可强调商品的货源纯正、质量优异、服务口碑良好等价值；若店铺的宝贝大多是低价商品，质量问题就可能成为买家担忧的因素，此时的文案就要重点突出品质。

● 商品文案的灵活变化：在商品销售之前、全新上市时、商品热销时、商品销量衰退时、商品清仓时、季节变化时、销量变化时，商品文案都可以给出在此时机购买的好理由，这些差异化的文案可以让商品在不同阶段展现出不同的销售热点，吸引买家购买。

● 通过巧妙对比，突显专业：为了证明商品的品质，可以同其他商家进行对比，告诉买家自己的商品更优；也可用专业知识告诉买家如何辨别质量的好坏，如何鉴定商品的真伪等。

● 紧抓痛点，从源头刺激：了解消费者的购买动机，可以从源头上刺激他们马上购买。如下图所示为“防脱育发液”详情页文案，从“毁形象”的角度阐述脱发的痛点，从而刺激有需求的买家购买该款商品。

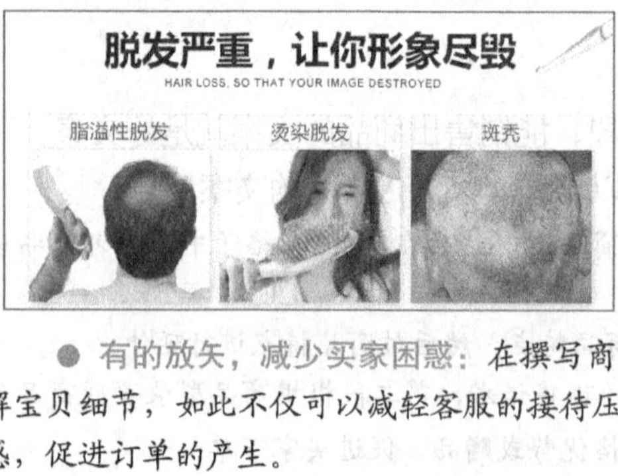

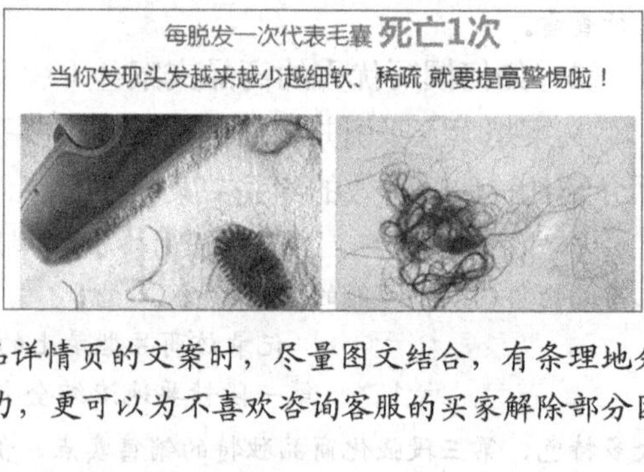

● 有的放矢，减少买家困惑：在撰写商品详情页的文案时，尽量图文结合，有条理地分解宝贝细节，如此不仅可以减轻客服的接待压力，更可以为不喜欢咨询客服的买家解除部分困惑，促进订单的产生。

4.1.7 页面布局优化

页面布局是指详情页的整体布局效果。好的布局效果可以带给买家良好的视觉感受，还可引导买家深入查看详情页的信息。

1. 整体布局

详情页的整体布局应该遵循统一、整洁的原则，即颜色统一、风格统一，版面整洁规范。同时，在内容安排上应该具备一定的逻辑性，如在挖掘商品的痛点时，应该先列出买家关注的痛点，再提出解决方案，引导买家进行阅读。

2. 图片布局

商品详情页描述均是以图片为主，因此需要突出图片的表达效果。在布置图片时，尽量做到同等级的图片大小统一、颜色和谐。如果不熟悉图片布局的技巧，可以多查看一些优秀店铺的商品详情页的布局方式。

3. 文案排版

虽然图片是淘宝商品详情页的主体，但文案也是其中必不可少的一部分。将文案中的设计元素与目标群体的喜好、详情页风格等相结合，不仅可以使文案起到描述、说明商品的作用，还可以使图片中的内容更加生动充实，为商品增色，实现商品的软性营销。商品详情页的文案内容一般较少，且为了图片美观，文案不能覆盖商品本身，此外还需对文字的大小对比、字体搭配、颜色搭配等进行优化和处理。

4.1.8 网页加载速度优化

网页加载速度是买家网购体验中很重要的一个因素，如果商品详情页的图片过多、容量过大，或者详情页内容的屏数过多，会延长用户加载网页的时间；加载时间太长，就非常容易增加用户的跳失率。在装修详情页屏数较多的商品页面时，可以对详情页的图片分类进行切片，再将切片上传到淘宝店铺中。

4.2 怎样定价更合理

价格是影响宝贝销量和店铺利润的重要因素，因此商品定价尤为重要。对于大多数卖家而言，对商品定价有两种心理——“差不多心理”和“薄利多销心理”。“差不多心理”就是别人怎么定价自己就怎么定价，而“薄利多销心理”是指买家会把商品的价格定得很低。当低价格没有销量时，再想提高价格却很难让买家接受。那么怎样定价才合理呢？下面对定价的目标、原理、方法进行详细介绍。

4.2.1 网上商品的定价目标

在进行商品定价前，首先应明确商品的定价目标，不同目标所针对的定价策略也有所不同。

- 利润最大化：利润是卖家关注的重点，但利润最大化并不意味着销售定价最高，也不意味着销量最大。
- 占据市场份额：在某些情况下，卖家为了尽快扩大市场份额，提高品牌知名度或者挤垮竞争对手，在定价时会适当降低利润。
- 企业的生存：当遇到市场环境发生变化、竞争对手开始采取“价格战”、店铺本身出现资金周转不灵等关乎店铺生存的特殊情况时，价格目标也必须要以店铺生存为目的，往往也就是以低价格取胜并尽快售出商品。

4.2.2 网上商品的定价因素

商品定价需要考虑多个方面的因素，包括市场环境、销售策略、商品形象、经销路线和消费者心理等。

- 市场环境：市场环境是对商品价格影响较持久的一种因素，消费环境、市场性质、商品发展等都会影响市场环境，市场环境的变化直接导致商品价格的变化。同时，商品价格在很大程度上影响着消费者的购买意愿和购买数量。很多卖家为了扩大市场，会选择低价策略，造成商品之间的定价竞争。但不管是市场环境变化导致的价格变动，还是同行竞争引起的价格变动，商品本身的质量都是商品定价的基本前提。
- 销售策略：商品价格通常具有多样性，部分商品的价格常年维持在一个平稳的区间，部分商品的价格却会随着销售环境的变化而变化。以电子商品为例，同一款商品，在推出初期价格较高，然而随着时间的变化，会逐步降低其价格。
- 商品形象：商品形象和品牌也是一个重要的定价因素。商品形象好、品牌知名度高、口碑好的商品在定价上有一定的价格优势，也容易被消费者接受。
- 经销路线：商品从原厂到消费者手中，中间可能会经手一个或多个中间商，每一层中间商都会对商品进行定价。然而这种定价是建立在公平合理的基础上的，涨幅不可太过夸张。

● 消费者心理：对消费者的心理进行分析也是一种定价方式，如“整数定价”“尾数定价”“折扣定价”等都属于根据消费者心理进行的定价。

4.2.3 网上商品的定价方法

技巧性的商品定价对转化率和销售额都会起到积极的影响。在不同环境中可对商品进行不同的定价。一般来说，整数定价、尾数定价等方法比较常用且适用范围较广，而数量折扣、现金折扣等方式，则可结合不同的销售环境进行使用。

● 整数定价：整数定价适用于价格较高的一些商品，可以侧面体现出商品的质量，提升商品的形象，如价值较高的珠宝、艺术品等。

● 尾数定价：尾数定价是指采用零头结尾的方式对商品进行定价，常以“8”“9”等数字作为尾数，给消费者一种价格划算的感觉。

● 成本加成定价：成本加成定价法是指在成本的基础上以相对稳定的加成率进行定价。采用该定价法进行定价的商品，价格差距一般不会太大。

● 习惯定价：习惯定价法是指按照市场上已经形成的价格习惯来进行定价。

● 数量折扣定价：数量折扣是指当买家购买的商品数量较多时，给予一定的优惠，如满减、包邮、打折等。

● 现金折扣定价：现金折扣即降价处理或打折出售。在参与活动、促销、清仓、换季时，即可采用现金折扣的方式对商品进行定价。

4.2.4 网上商品的定价技巧

在进行网上商品定价时，除了选择一定的方法，还需要应用一些技巧。

● 明确利润点，不轻易降价、改价；包含运费之后，宝贝的价格建议低于市场价格；对于网店特有的商品，价格可以适当偏高。

● 将经营的商品通过价位的高低拉开档次。为了吸引眼球，增加人气，有时可将店内的一款或两款商品按成本价出售。

● 若卖家能承受的价格远低于市场上的价格，可直接采用一口价。若在不确定的情况下想要吸引更多的买家，可以采用竞价的方式出售。

● 定价清晰，明确运费承担方问题，避免可能引起的麻烦影响到自己的声誉，损失客户。

4.2.5 如何提升店铺客单价

在网店激烈的竞争环境下，卖家们要想更好地盈利，以单纯提高价格来获取更大的利益这种方法已经不可行，因为价格的提高意味着商品竞争力的下降，所以提升店铺的客单价就变得尤为重要。客单价是指店铺的每一位顾客平均购买商品的金额，客单价越大，店铺的利润也就越高。下面对提高店铺客单价的4种途径进行介绍。

● 让来的人都买：除了用商品的详情页打动消费者，客服的热情服务和推销也十分重要。

● 让买的人买更多：要求客服人员做好商品的搭配销售。商品的关联性越强，组合得越合理，就越能激起消费者的购买欲。如客户买奶粉，可以主动为其推荐奶瓶、奶嘴。

● 让合适的人买贵的：当消费者重点关注品质而不是价格时，客服就要抓住时机为其推荐价格略高、品质更好的商品。若消费者不接受推荐的价格，客服可以以“一分钱一分货”等概念来引导劝说；若无效，可以推荐其他商品，或通过议价与客户达成一致。

● 让顾客重复购买：老客户是提高客单价的重要渠道，因此老客户的维护是十分必要的。要与老客户多联系、多接触，及时为其传达商品上新、优惠促销、节日活动等最新消息，为老客户设定更大额度的优惠或赠送代金券、小礼品等，以此促使老客户再次光临店铺购买。

4.3 解读商品上下架时间的玄机

商品上下架时间是影响商品排名的因素之一，越接近下架的宝贝，排名会越靠前。对于小卖家或新开设的店铺而言，受成本和店铺等级的影响，很多推广活动都无法顺利参加，此时设置商品的上下架时间就成了获取商品流量的非常有效的手段。

就淘宝网而言，商品下架周期为7天，即从商品上架开始计算时间，7天后即为商品下架的时间。如果商品的出售状况正常，淘宝系统会继续自动上架商品。商品上下架规律尽可能地给予所有商品公平展现的机会，但是由于淘宝网的卖家数量非常庞大，导致同一时段下架的商品数量众多，或下架时间设置得不合理，使部分卖家就算设置了商品下架时间，也无法获得良好的展示机会，此时就需要对商品的上下架时间进行分析。

4.3.1 分析最佳的商品上架时间

卖家为了更好地引入流量，需要将商品的上下架时间设置在目标消费者的主要消费时间段中，同时避开流量极少的时间段。

一般来说，商品上架应尽量安排在互联网用户的流量高峰期，即互联网用户上网的主要时间段，如9:00－11:00、12:00－15:00、19:00－23:00均为网上流量较大的时段。当然，具体的时间安排应该以本行业目标消费人群的活动时间为准。如目标消费群为上班族的商品，其销售高峰期一般是上班族的休息时间和下班时间，在这个时间段里，商品的有效流量最多。

淘宝网中提供了很多经营数据分析工具，可对用户的年龄、性别、消费时间等进行分析，从这些分析工具中提取的数据即可作为商品上下架时间的依据。右图为某商品访客时间段的分析图，从中可知淘宝网访客高峰时间段为0:00－2:00、14:00－16:00、18:00、20:00－22:00。

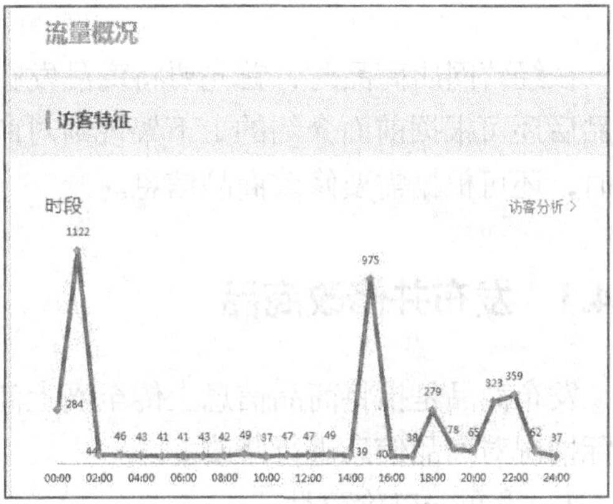

4.3.2 分析行业上下架情况

分析行业上下架情况主要是为了避开实力强劲的竞争对手，有针对性地规划商品的上架时间。热门行业中的中小卖家在市场中的竞争力比大卖家低，如果将商品上下架时间设置为与大卖家一致，则很可能在商品下架时也无法获取靠前的排名，而通过分析大卖家的商品上架时间，可以帮助中小卖家避开正面竞争。如果是竞争力较强的卖家，则可参与流量高峰期的竞争，实现流量的最大化和有效化。

在分析了行业上下架情况、每天流量高峰期以及每周流量高峰期之后，即可将行业情况与店铺的经营数据结合起来，分析商品上下架时间的状态和分布情况，对不合理的地方进行调整，尽可能让店铺中的商品均匀分布在一周中的合适时间，使整个店铺的流量得以在一周中保持较稳定的趋势。

4.3.3 商品上下架时间优化技巧

为了更好地留住有效流量，卖家还可通过以下一些小技巧来优化商品上下架时间。

- **商品上架时间分布**：在设置商品上架时间时，一般以主要的引流商品为主，然后合理分配其他商品的上架时间。需要注意的是，店铺的商品不要在相同或较短的时间段内上架，最好合理分布在一周中分批上架，以稳定店铺在一周中的搜索排名。
- **结合橱窗推荐**：商品的上下架时间最好能够与橱窗推荐搭配使用，因为橱窗推荐商品的排名会优于其他商品，将接近下架时间的商品设置为橱窗推荐，可以得到更多的展示机会和流量。

- 避免整点上架：当同类目中的卖家数量较多时，在设置商品上架时间上将会有很大的重复性，而整点上架的商品通常重复性更高，可能会降低商品的展示机会，因此建议避开整点上架。

4.4 网店商品的管理

在经营网店商品时，首先要将商品发布到装修好的店铺中才能进行销售。发布商品后还可根据前面介绍的上下架规则对商品进行上下架操作。当商品的信息不恰当时，还可根据需要修改商品信息。

4.4.1 发布并修改商品

发布商品是指将商品信息上传至网上商店中。完成商品的发布之后，还可根据实际情况对商品信息进行修改。

1. 发布一口价商品

在网上商店发布商品的流程基本相似，在发布商品之前都需要做一些准备工作，如了解商品信息、准备商品图片等。例如要在淘宝网中发布一款帆布鞋，其具体操作如下。

扫一扫

发布一口价商品

STEP 01 在淘宝网首页单击“卖家中心”超链接，登录并进入卖家中心。在“卖家中心”首页的“宝贝管理”栏中单击“发布宝贝”超链接。

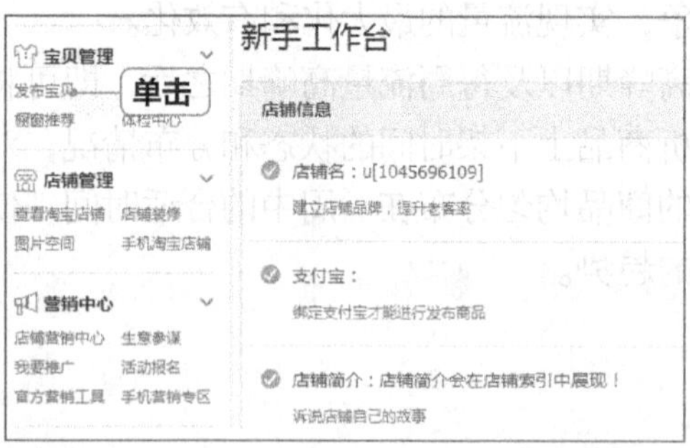

> **提个醒**
>
> 卖家的后台管理基本上都可以通过卖家中心来进行操作，其中包括交易管理、物流管理、宝贝管理、店铺管理、营销管理、货源中心等。卖家不仅可以通过后台发布商品、装修店铺，还可选择营销工具推广商品、分析店铺等。

STEP 02 进入商品发布页面，在左侧列表框中选择商品类目，如“女鞋”，在右侧打开的列表中选择商品的二级类目，如“帆布鞋”，再在右侧打开的列表中选择商品的品牌，单击 我已阅读以下规则，现在发布宝贝 按钮，如下一页左图所示。

STEP 03 在打开的页面中继续填写商品的标题、卖点、属性等信息，如下一页右图所示。

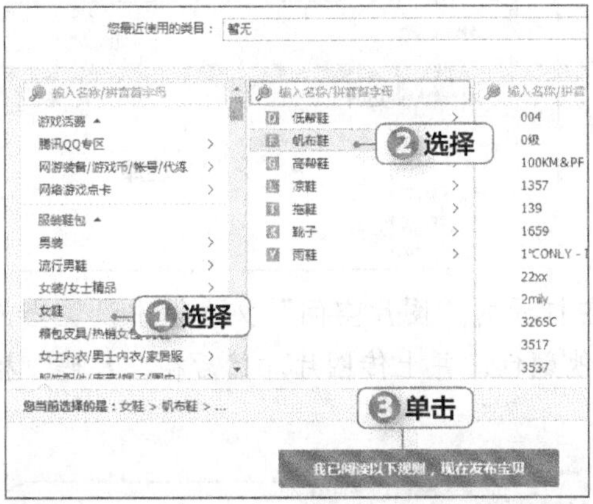

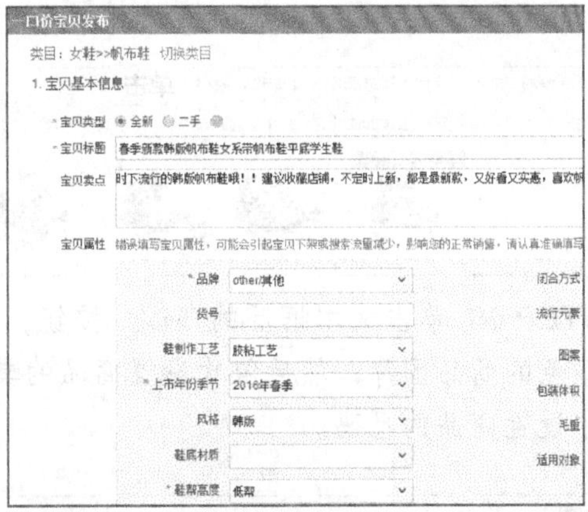

STEP 04 单击“宝贝主图”的图片框，打开“图片空间”对话框，在“图片空间”对话框中单击“上传新图片”选项卡，单击 点击上传 按钮。

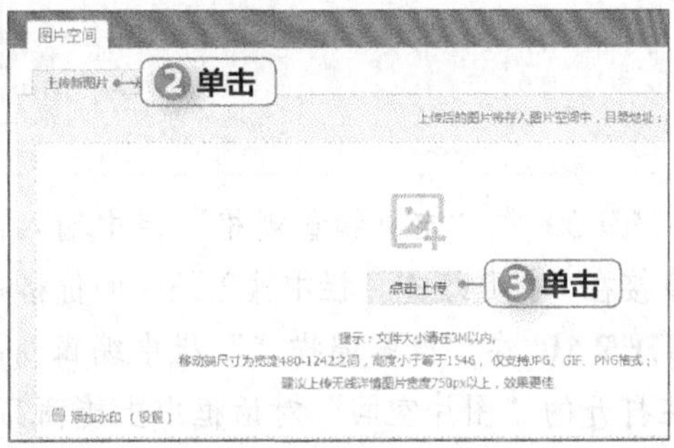

STEP 05 打开“打开”对话框，在其中选择需要上传的商品图片，再单击 打开(O) 按钮。按照该方法，依次上传其他商品主图。

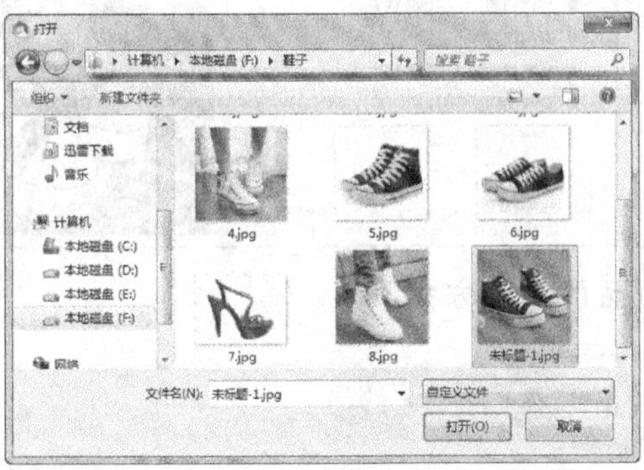

STEP 06 在“手机端宝贝图片”栏中选中“上传新图片”单选项，上传手机端商品主图，如下一页左图所示。

STEP 07 在“宝贝规格”的“颜色分类”栏中单击文本框前的复选框，将鼠标光标定位到文本框中，在打开的下拉列表中选择颜色，如下一页右图所示。

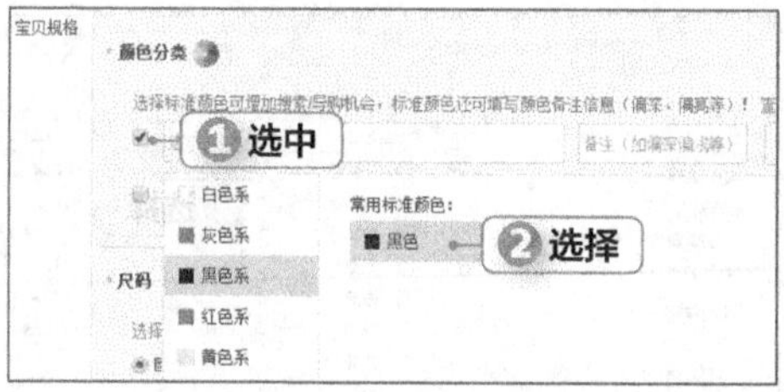

STEP 08 单击文本框后的 上传图片 按钮，在打开的“图片空间”文本框中设置当前颜色的商品图片，然后依次设置商品的其他颜色，并上传图片。然后在“尺码”栏中设置商品的尺码。

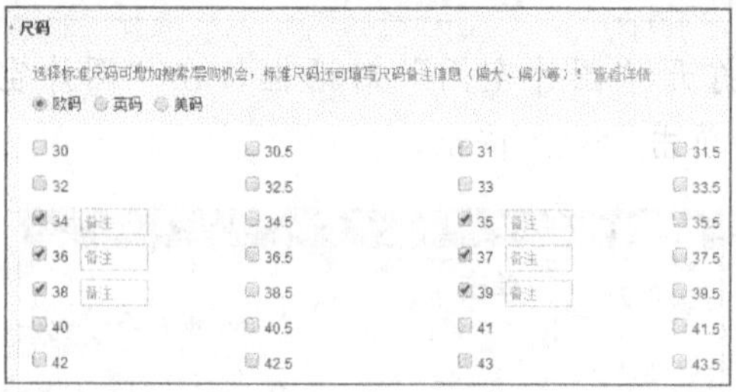

高手支招

在设置商品的颜色时，可以选择颜色，也可以手动输入颜色。在上传不同颜色 的商品时，如果图片上传错误，可以单击其后的“删除图片”超链接删除图片，然后单击 上传图片 按钮重新上传。

STEP 09 在“宝贝销售规格”栏中输入商品的价格和数量。如果商品价格一样，可直接在“批量填充”栏中输入统一的价格和数量，单击 确定 按钮，如下方左图所示。

STEP 10 在“电脑端描述”栏中编辑商品详情页，这里单击“添加图片”按钮，在打开的“图片空间”对话框中上传商品详情页的图片，如下方右图所示。

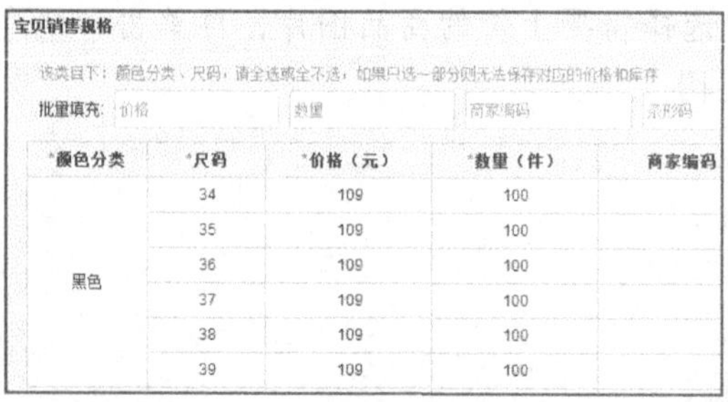

STEP 11 在“宝贝物流服务”栏中设置商品的物流方式。

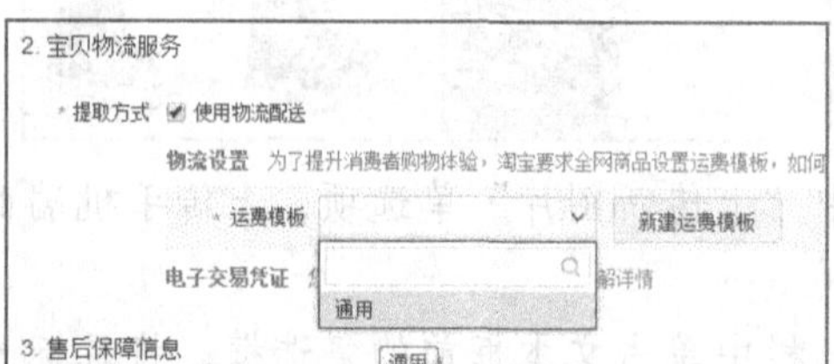

高手支招

如果已经提前设置了物流方式，可直接在“运费模板”下拉列表中进行选择。如果未设置物流模板，可单击 新建运费模板 按钮新建物流模板。

STEP 12 依次设置“售后保障信息”和“宝贝其他信息”。设置完成后单击 发布 按钮，即可发布商品。

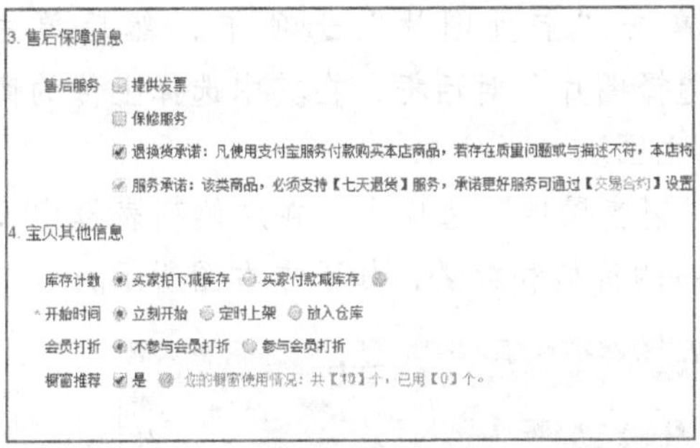

2. 使用淘宝助理发布商品

扫一扫

使用淘宝助理发布商品

淘宝助理是一款功能十分强大的淘宝商品管理软件，通过它可以快速完成很多商品的管理操作，如快速创建商品、上传商品、批量编辑商品、编辑交易、下载订单、管理订单等。下面主要介绍使用淘宝助理创建并上传商品的操作，其具体操作如下。

STEP 01 登录淘宝助理，在其工作界面中单击“宝贝管理”选项卡，在打开的界面中单击“创建宝贝”按钮。

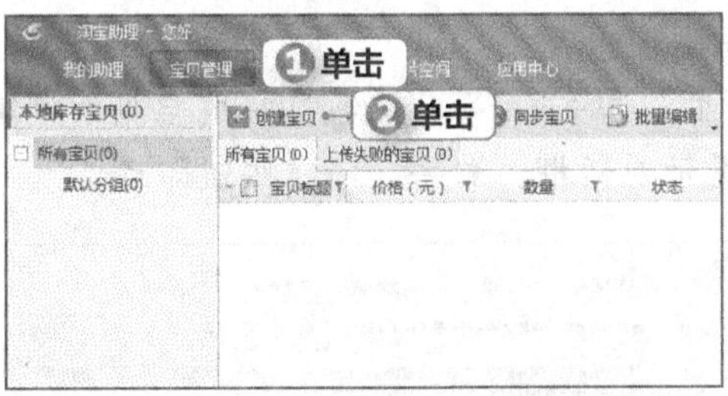

提个醒

在淘宝助理中创建宝贝时，选择类目、填写基本信息以及上传图片的方法与在卖家中心后台的操作基本相似。同时，在卖家中心设置的各类模板，在淘宝助理中也可以直接进行选择。

STEP 02 打开“创建宝贝”对话框，在“基本信息”选项卡下单击“类目”文本框右侧的 选类目 按钮。打开“选择类目”对话框，在其中选择商品类目，然后单击 确定 按钮，如下方左图所示。

STEP 03 在“类目属性”栏中设置商品的品牌、工艺、材质、风格、上市年份等属性，然后在右侧的“宝贝标题”“宝贝卖点”“一口价”“数量”文本框中输入相关内容，并对“所在地”和“运费模板”进行设置，如下方右图所示。

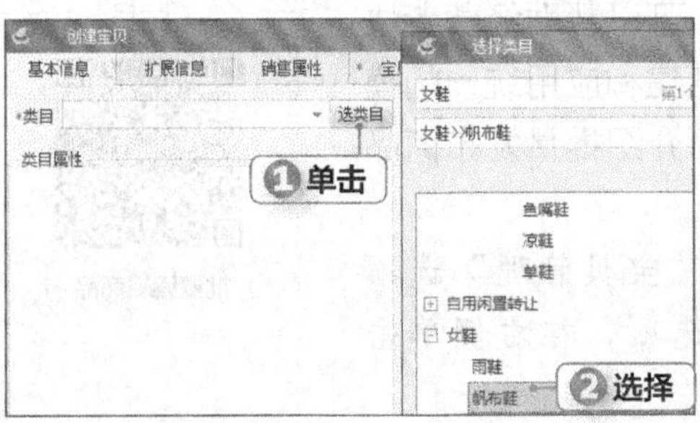

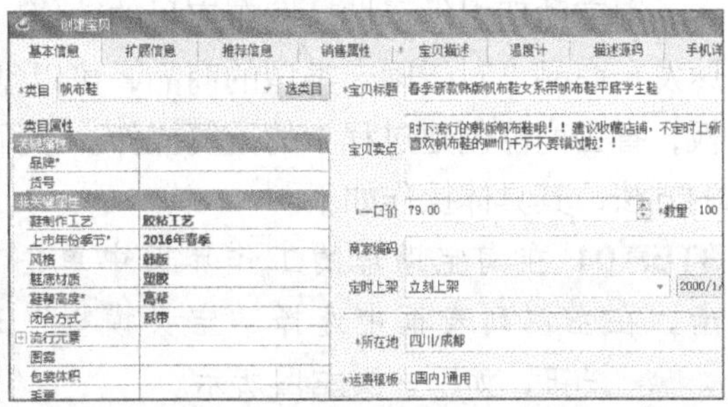

STEP 04 在“创建宝贝”对话框右侧单击“宝贝图片”选项卡，然后单击 + 添加图片 按钮，如下方左图所示。打开“选择图片”对话框，在其中选择上传的商品图片，单击 插入 按钮，确认上传商品主图。

STEP 05 在“创建宝贝”对话框中单击“销售属性”选项卡，在左侧列表框中设置商品的颜色和尺码，然后在右侧设置商品的价格和数量，如下方右图所示。

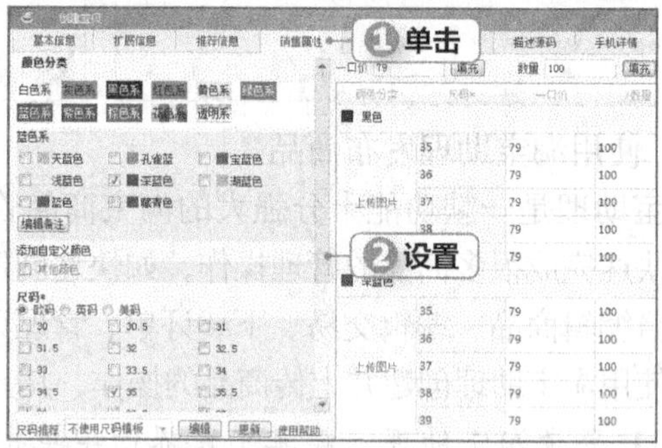

STEP 06 在“创建宝贝”对话框中单击“宝贝描述”选项卡，在其中编辑商品描述，或直接单击“插入图片空间图片”按钮，如下左图所示。打开“选择图片”对话框，选择并上传商品详情页的图片。

STEP 07 设置完成后返回“宝贝管理”页面，单击 保存并上传 按钮，完成宝贝的创建和发布，如下右图所示。上传时，将打开提示对话框，单击 上传 按钮即可。

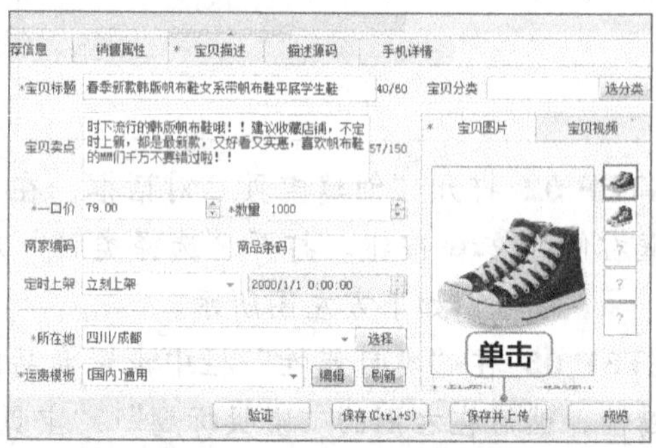

3. 批量编辑商品

淘宝助理提供了批量发布宝贝的功能，可以帮助经营者快速发布商品。对于同一类型的商品，可以创建和应用统一的模板，省去商品创建过程中的重复操作。下面介绍批量发布商品的方法，其具体操作如下。

扫一扫

批量编辑商品

STEP 01 在淘宝助理的工作界面中单击“宝贝管理”选项卡，在左侧列表框中选择“宝贝模板”选项，在右侧单击 创建模板 按钮，如下一页左图所示。

STEP 02 打开“创建模板”对话框，在左侧列表框中设置商品的类目和类目属性，在右侧列表框中设置宝贝标题、一口价、数量、运费模板等，如下方右图所示。

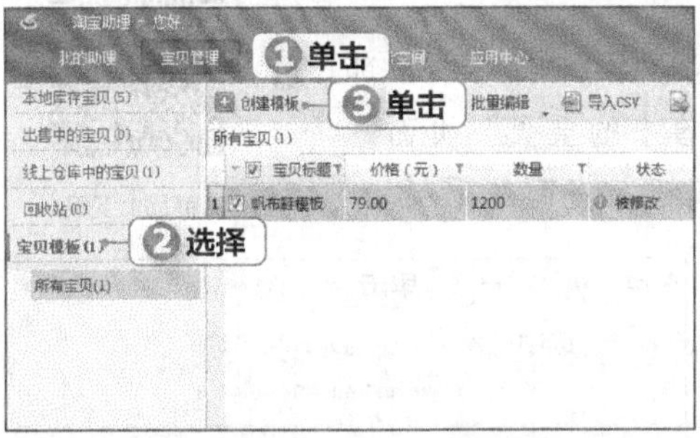

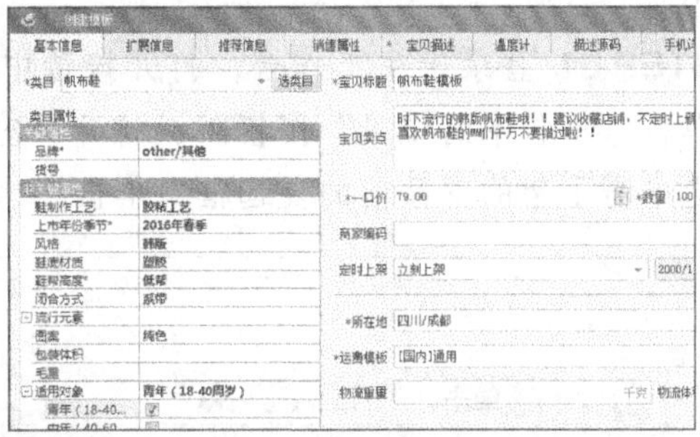

STEP 03 单击“销售属性”选项卡，在其中设置商品的颜色和尺码，单击“宝贝描述”选项卡，在其中编辑商品描述，设置完成后单击保存(Ctrl+S)按钮，如下方左图所示。

STEP 04 在淘宝助理工作界面左侧列表框中选择“所有宝贝”选项，单击创建宝贝按钮右侧的下拉按钮，在打开的下拉列表中可以查看新建的模板，如下方右图所示。

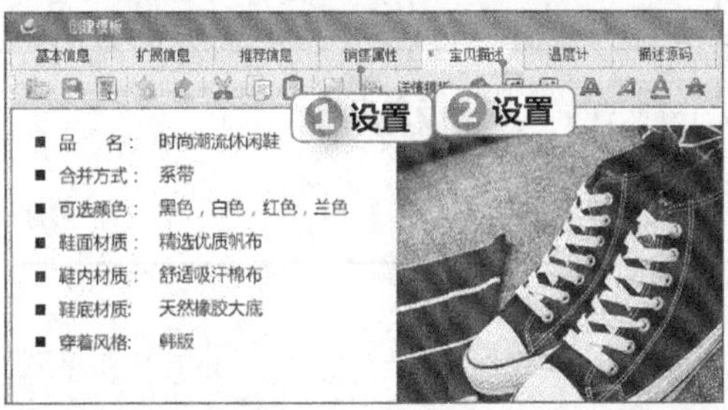

STEP 05 选择该模板，将打开“创建宝贝模板”对话框，在其中可对模板信息进行更改，更改完成后单击保存(Ctrl+S)按钮，即可将该商品信息保存到本地库存宝贝中。选中需要上传的商品前面的复选框，再单击上传宝贝按钮上传商品。

提个醒

在上传宝贝时，将打开提示对话框，在该对话框中可以选中相应复选框，对商品违规情况进行检查。

4.4.2 商品上下架

商品的上下架可以通过淘宝卖家中心的“出售中的宝贝”页面进行管理，也可以通过千牛工作台进行管理。千牛工作台是一个非常实用的淘宝店铺管理工具，可以直接对淘宝店铺的商品上下架、商品信息、订单发货、退款管理、关闭交易、评价买家等交易相关内容进行管理，而不需要通过浏览器登录淘宝账号进行操作。

下面介绍在千牛工作台中进行商品上下架管理，其具体操作如下。

扫一扫

商品上下架

STEP 01 登录千牛工作台，打开接待中心界面，在界面顶部单击“出售中的宝贝”按钮，打开“出售中的宝贝”页面，选中需下架的商品前的复选框，单击下架按钮，将商品下架。

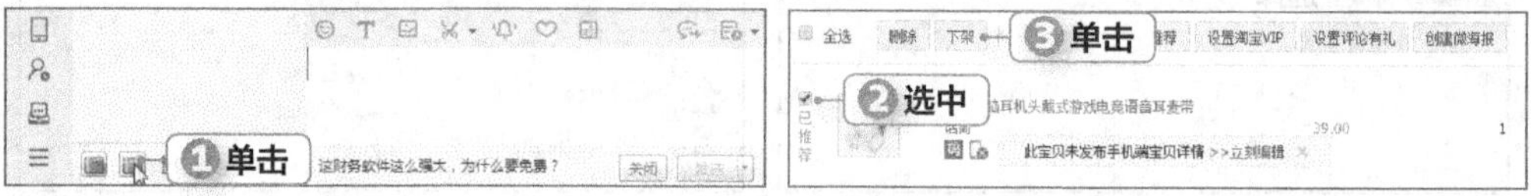

STEP 02 在“宝贝管理”栏中单击“仓库中的宝贝”超链接，查看下架后存放于仓库中的宝贝。选中仓库中需重新上架的商品前的复选框，单击上架按钮，即可重新上架所选商品。

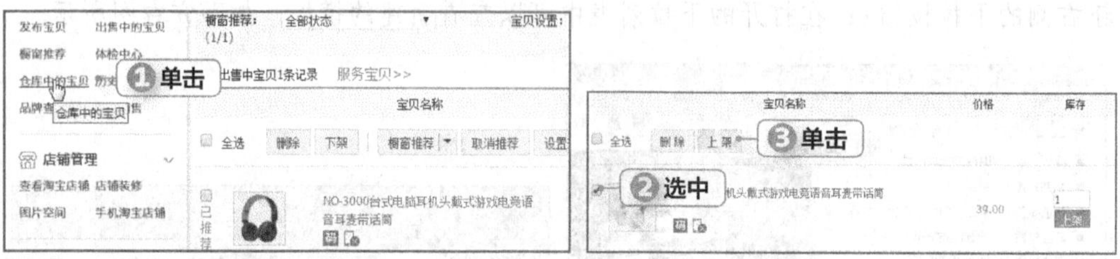

4.4.3 修改商品信息

商品发布上架之后，如果发现商品信息不完善或者有误，还可以打开宝贝发布页面，对商品价格、名称、描述等进行重新编辑。下面介绍在淘宝卖家中心修改商品信息，其具体操作如下。

扫一扫

修改商品信息

STEP 01 进入淘宝卖家中心，在“宝贝管理”栏中单击“出售中的宝贝”超链接，打开出售中的宝贝页面，如下图所示。

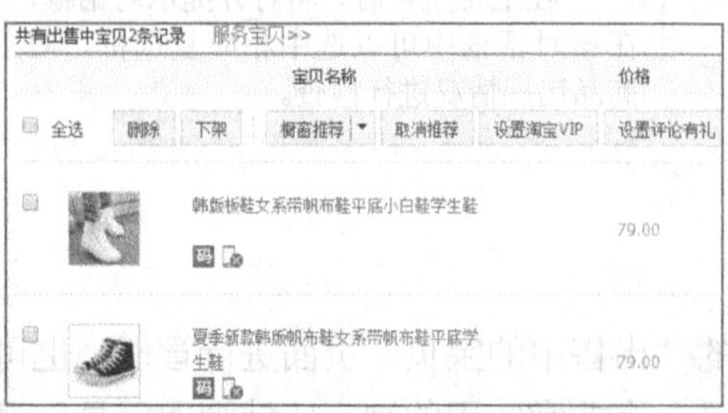

提个醒

在商品名称和价格后单击按钮，可快速修改商品名称和价格。在修改名称时，可根据商品颜色和尺码的不同分别设置。

STEP 02 选中需要修改的商品前的复选框，并单击相应按钮，可对其进行下架、删除和橱窗推荐等操作，单击商品后的“编辑宝贝”超链接，可打开商品发布页面，在其中即可修改商品信息。

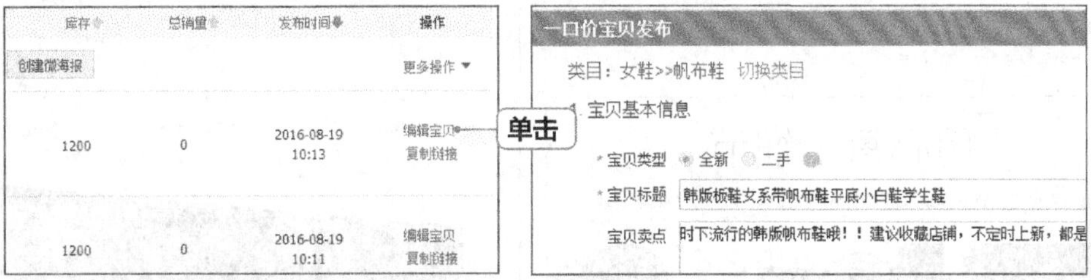

4.5 疑难破解

1. 在经营网店时，如何实时查看库存数量呢？

库存是卖家需要时刻关注的一个问题，一般来说，在“出售中的宝贝”和“仓库中的宝贝”页面中即可查看商品库存，通过卖家中心的“宝贝管理”栏进入“出售中的宝贝”页面或“仓库中的宝贝”页面，在其中的商品“库存”栏和“销量”栏即可查看当前商品的库存和销量。

2. 橱窗位中推荐的商品可以改动吗？

橱窗位中推荐的商品可以根据需要进行改动，但需要注意的是，随意改动橱窗位中的商品可能引起商品下架或者是橱窗位数量减少，对于已经有销量的商品而言，更改其主图、标题、属性等元素可能被淘宝系统判定为换宝贝的违规行为，从而降低商品的搜索权重，因此建议卖家不要随意更改橱窗位中的商品。

3. 如何安排商品详情页的布局？

无论是淘宝、天猫、京东或慧聪网等知名电子商务平台，还是各大中小型企业自建的网站，虽然进驻商家的店铺风格不一（如文艺风的茵曼，时尚潮流的韩都衣舍，动漫萌系的三只松鼠等），但其商品详情页组成部分大多较为类似，一般包含以下几个方面。

- 商品情况说明：包括商品的规格、颜色等信息。
- 不同角度的商品展示和实拍展示：可以直接展示商品的不同角度，也可通过模特实拍进行商品的展示。
- 商品细节展示：细节展示可以突显商品的结构优势、面料优势、做工优势等，快速促进客户下单。
- 商品概念设计展示：概念设计可以展示商品的设计理念与品牌文化，形成独特的品牌烙印，使买家产生认同感与归属感。
- 商品卖点介绍：卖点是商品所具有的与客户需求联系最紧密，对客户的购买决定最具影响力的因素。如下图从细节与画质角度分别介绍了女包与电视机的卖点。

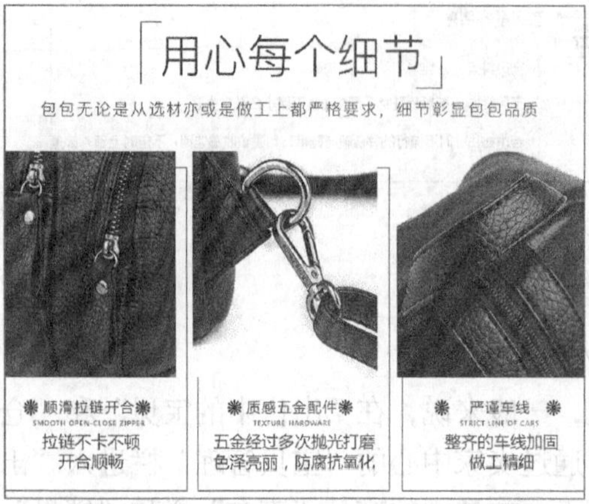

- **其他部分：** 如对比图、商品材质说明、买家反馈、仓储和售后等。

4.6 边学边练

1. 为一家“饰品”店铺命名，要求易读易记、简洁新颖、呼应商品、积极健康，取名时可以参考淘宝名字大全。

2. 将店铺中的热卖商品设置为橱窗推荐商品，并通过“宝贝推荐”模块继续展示和推荐店内商品。

3. 登录淘宝卖家中心，发布店铺商品，对商品的类目、标题、价格、数量、物流等关键信息进行设置，设置完成后将其上传并发布到淘宝店铺中。

4. 登录淘宝助理，新建一个店铺商品模板，依次设置该模板的价格、数量、物流等关键信息，设置完成后保存模板。然后根据该模板新建发布多个商品，修改模板信息，修改完成后将其保存并上传至淘宝店铺中。

第5章 利用淘宝促销活动提升销量

本章导读

店铺要提升销量，首先需要获取流量，而参加淘宝网提供的一些营销活动，是卖家有效获取流量的方式之一，如聚划算、淘金币、天天特价、淘抢购等。如果店铺满足活动参与条件，可通过淘宝的活动入口申请参与，申请通过后，即可在活动区域获得展示机会，被买家浏览。除此之外，还可借助节日、节庆等开展促销活动，如“双11”活动，或设置满就送、优惠券等店内促销活动。本章将详细介绍淘宝促销活动的开展方法。

知识技能

※ 熟悉淘宝促销活动的参与规则

※ 掌握设置店铺促销活动的方法

※ 掌握设置店铺优惠活动的方法

视频讲解

（视频讲解：16 分钟）

5.1 入驻聚划算

聚划算是淘系活动中爆发力很强的营销平台，聚划算人气高、流量高，所以聚划算这个团购平台所促成的订单数量非常多，许多商家都想通过参加该活动，打造超过店铺日销量数倍的营销数据，获得更多的收益。淘宝的聚划算除了能提升宝贝的销量，还对引流、树立品牌、清理库存、打造爆款、关联销售、积累客户等方面有巨大的作用。

5.1.1 入驻聚划算的必备条件

入驻聚划算的招商商品通常需要缴纳一笔保证金和基础费用，聚划算将按照不同类目的费率进行收费。此外，聚划算对招商商品的要求比较严格，除了基础招商标准外，还对店铺以及不同类目的商品做出了不同的要求，针对活动不同，具体要求也是不一样的，下面将对入驻聚划算的必备条件进行介绍。

入驻聚划算的店铺必备条件如下。

（1）店铺条件

- 淘宝店铺须支持淘宝消费者保障服务。
- 近半年店铺DSR评分3项指标均值不得低于4.7（开店不足半年的自开店之日起算），主营一级类目为保险的店铺除外。
- 近半年店铺DSR评分3项指标分别不得低于4.6（开店不足半年的自开店之日起算），主营一级类目为特价酒店/特色客栈/公寓旅馆的店铺除外。
- 店铺实物交易占比须在95%及以上。
- 主营一级类目为男装、女装/女士精品的店铺，近90天店铺订单金额退款率不超过40%，其他店铺的近90天店铺订单金额退款率不超过30%。
- 除特殊主营类目外，店铺的近30天纠纷退款率必须小于0.1%。特殊主营类目及相应近30天纠纷退款率。
- 店铺因违反“淘宝规则”、“天猫规则”、《天猫国际服务条款规则》、“飞猪规则”将被限制参加营销平台活动。

（2）商品条件

- 除特殊类目商品外，其他报名商品的报名价格不得高于此商品在淘宝网/天猫近15天最低成交价，最低成交价中特殊场景除外。
- 除特殊类目商品外，其他报名商品必须支持包邮。包邮是指由卖家承担从卖家处发货到买家处的首次发货的运费。
- 商家须在买家订单付款后的72小时内完成发货（家具、淘宝虚拟物品等特殊商品，官方组织的定制、预售及其他另行约定发货时间的特殊情形除外）。

除符合本标准相关要求外，报名商品还需符合所报具体业务活动的招商标准，具体业务的招商标准有特别规定的，从其规定，无特别规定的，按照本标准执行。

5.1.2 了解聚划算的参聚类型

聚划算主要包括商品团、品牌团、聚名品、聚新品、竞拍团5种类型，如下图所示。单击“了解更多”超链接可以对参聚类型的报名方法、报名流程、报名卖家的条件等信息进行了解。

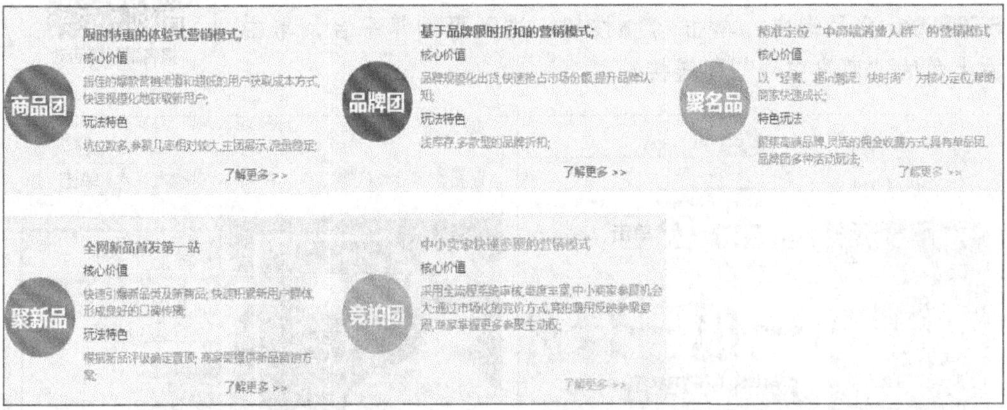

● 商品团：商品团是一种限时特惠的体验式营销模式，具有坑位数多、参聚概率相对较大、主团展示、流量稳定的特点，最佳的爆款营销渠道和最低的用户获取成本方式，可以帮助卖家快速规模化地获取新用户。商品团的报名流程主要包括选择活动、选择商品、选择坑位、填写商品报名、商品审核、费用冻结、上团前准备7个阶段。

● 品牌团：品牌团是一种基于品牌限时折扣的营销模式，品牌规模化出货，可以快速抢占市场份额，提升品牌认知。品牌团的报名流程主要包括品牌报名、商品报名、上团准备3个阶段。

● 聚名品：聚名品是一种精准定位“中高端消费人群”的营销模式，以“轻奢、超in潮流、快时尚”为核心定位，聚集高端品牌，佣金收费方式较灵活，具有单品团、品牌团多种玩法。聚名品的招商对象为符合聚名品规则要求的天猫旗舰店、旗舰店授权专营店、天猫国际旗舰店、全球购（需认证）、淘宝集市店铺，以佣金的形式进行收费。

● 聚新品：聚新品是新品营销效率最高的平台，可以快速引爆新品类及新商品，快速积累新用户群体，形成良好的口碑传播。聚名品适用于高潜力、高增长的新品类、国际品牌、国内知名品牌、知名淘品牌、营销能力强且具备规模化的供应链及服务能力的大中型商家以及创新设计、创意概念、创新技术应用、属性升级的商品。聚新品采用保底+佣金+封顶的收费模式，要求商品没有销售记录或在10件以内，且备货量为30万、40万，小二根据品牌影响力、店铺日常运营能力、投放计划、销售预估、价格优势等指标进行选择。

● 竞拍团：竞拍团是一种适合中小卖家快速参聚的营销模式，通过市场化的竞价方式，增加中小商家的参聚机会。参加竞拍团的卖家需要通过聚划算首页进入竞拍报名阶段，找到竞拍坑位入口，然后选择店铺优秀款提交商品，进入提交商品流程，填写价格和数量。审核通过后，商品即为待排期状态，并可进入竞拍大厅参与竞拍，对商品进行出价。竞拍成功后可以在保证金页面或者宝贝管理页面支付保证金。

5.1.3 报名聚划算活动

店铺符合参加聚划算的报名资格，并做好充分的准备后即可进入淘宝聚划算页面，报名聚划算中的活动，其具体操作如下。

扫一扫

报名聚划算活动

STEP 01 登录淘宝，单击聚划算按钮，进入聚划算平台，单击右上角的“商户中心”超链接。

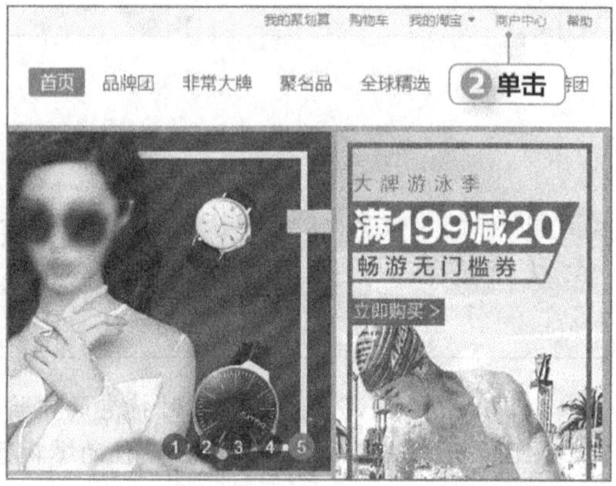

STEP 02 跳转到商户中心首页，查看相关规则与招商公告等信息，然后单击我要报名按钮。

STEP 03 在打开的页面中可查看聚划算的各种活动，对主营类目、频道类型、活动时间等进行选择，聚划算会根据店铺的资质自动判别卖家是否可以参加对应的活动，若不符合活动报名资质，将在右下角给予提示。

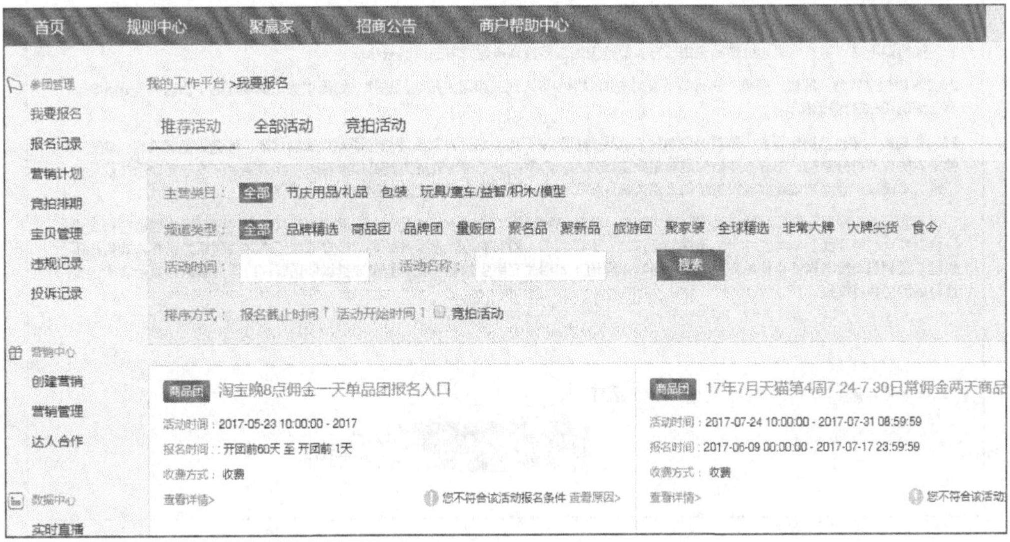

STEP 04 单击对应活动中的“查看详情”超链接，在打开的页面中可查看活动介绍、收费方案、保证金规则、报名要求和坑位规则等信息，下图为“淘宝晚8点佣金一天单品团报名入口”的活动及费用介绍和报名要求。

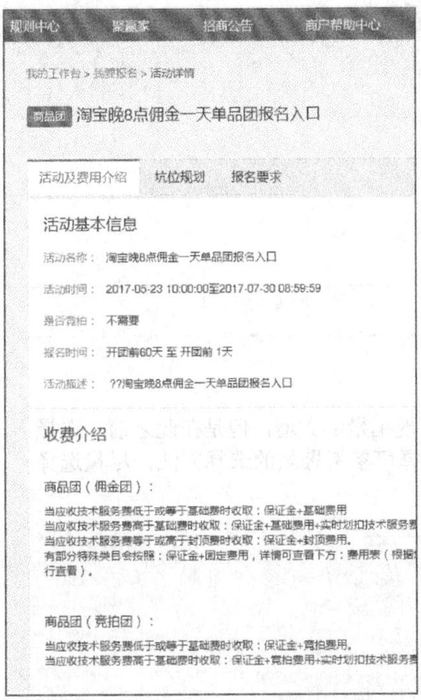

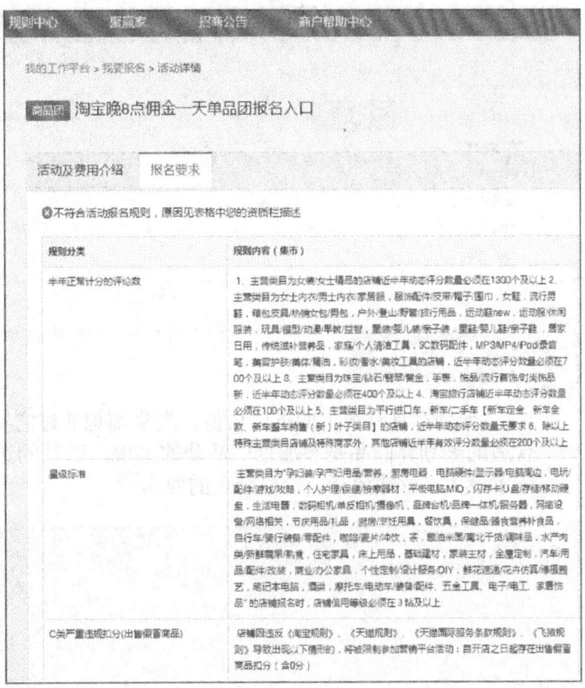

STEP 05 若店铺符合报名条件，直接在右上角单击 立即报名 按钮，在打开的页面中阅读协议，选中“本人已阅读并同意”复选框，然后单击 提交 按钮。

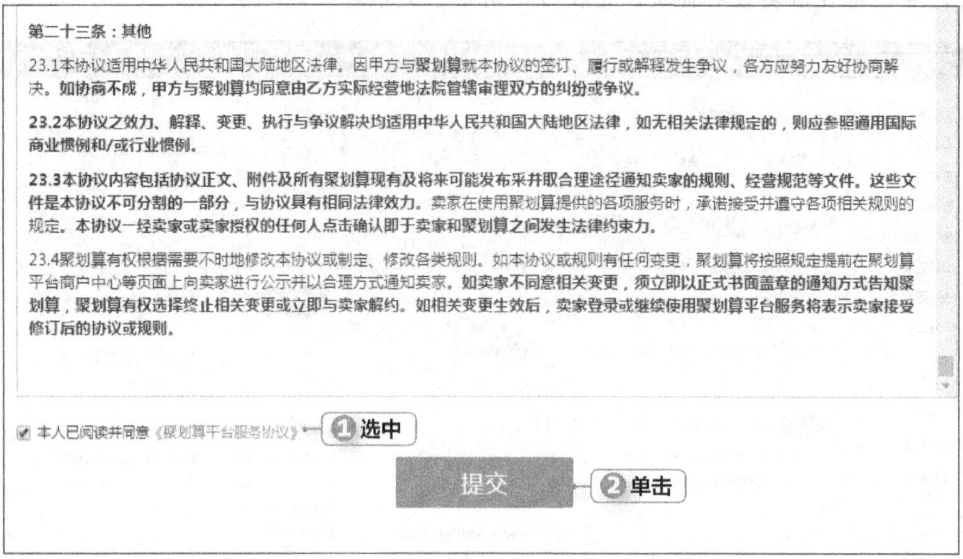

STEP 06 在打开的页面中根据提示签署支付宝代扣协议，刷新页面，根据提示提交报名信息、等待审核、止付费用、提交商品（素材），完成报名活动的申请，通过审核后即可发布商品参加聚划算活动。

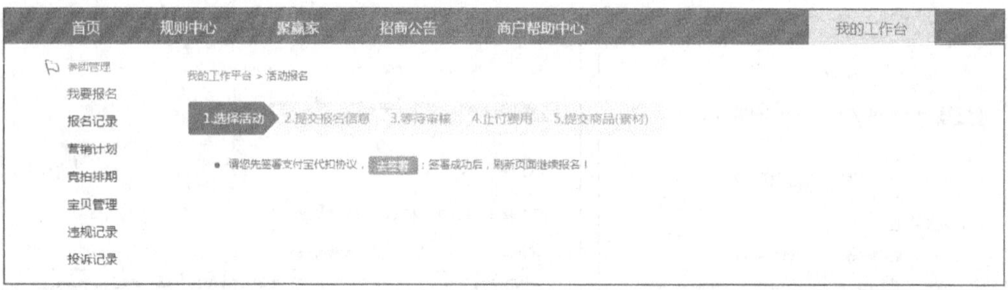

高手支招

聚划算具有很大的推广价值，卖家都想通过它实现销量的大增，但是在此之前，选择合适的聚划算商品是参加推广活动的关键，商品的选择可参考爆款的选择方法，尽量选择需求量大、款式流行、价格合理的商品。

5.2 淘金币

淘金币是淘宝网的一种虚拟积分，是淘宝用户的激励系统和通用积分系统，淘宝平台向活跃的高质量用户奖励金币，用户在提供抵扣的商品交易中使用金币获得折扣，卖家在交易中赚取金币，并通过花金币来获得平台流量，提升店铺用户黏性。

5.2.1 淘金币的作用

淘金币是淘宝网非常大的流量营销平台，日均1500万UV（网站独立访客），集结了1.8亿淘金币黏性用户，拥有超高转化率。对于参加淘金币活动的卖家而言，即使活动结束，也会持续为店铺输送回购用户，同时免收销售佣金，活动成本十分低。淘金币对宝贝或店铺推广的作用总结如下。

- 淘金币抵扣：全店支持买家使用淘金币抵扣部分商品金额，促成买家下单，提升店内的成交转化率。可使用淘金币抵扣的商品将展示在手机淘宝搜索列表页的“淘金币抵钱”筛选项内。
- 淘金币频道商品推广：卖家在淘金币频道内按商品被点击的次数向淘金币官账户支付淘金币的方式进行商品推广。商品展示不收取淘金币，买家点击商品时收取淘金币。开通频道推广的商品将由系统根据消费者的喜好以及消费者的购买偏好在淘金币频道对消费者进行展示。
- 店铺签到送淘金币：卖家给予浏览店铺并签到的买家或者浏览店铺并有过购买记录的买家一定数量的淘金币奖励，以促进买家持续进店浏览，提升店铺用户黏性，提高二次购买率。
- 关注/收藏店铺送淘金币：卖家对关注/收藏店铺的买家给予一定数量的淘金币奖励，以提升店铺关注人气。
- 浏览短视频送淘金币：卖家针对观看微淘短视频的买家，给予一定数量的淘金币奖励，以提升观看短视频时长，提高买家进店率。
- 淘宝群任务送淘金币：已开通淘金币打卡的卖家，可设置针对连续打卡的消费者给予额外的淘金币奖励。

5.2.2 淘金币活动准入要求

淘宝网规定，申请加入淘金币的卖家须同时符合以下条件。

1. 店铺基础要求

（1）淘宝卖家

- 符合淘宝网营销规则。
- 店铺开通卖家淘金币账户，并设置全店抵扣。
- 店铺淘金币数量≥0。
- 符合淘宝各类目的行业资质标准。

● 因出售假冒商品（C类）被处罚的卖家，不得报名。

● 店铺内非虚拟交易占比≥90%，虚拟类目（如本地生活、房产、卡券类等）除外。

（2）天猫商家、天猫国际商家

● 符合《天猫营销活动报名基准规则》。

● 符合天猫各类目的行业资质标准。

● 因虚假交易被违规扣分达48分及以上的卖家及商品，永久限制参加营销活动；其他因虚假交易被违规处理的卖家及商品，限制参加营销活动90天。

2. 商品基础要求

（1）基本资质。

（2）淘金币抵扣比例（淘宝）：≥1%。

（3）活动结束后的15天内不得以低于参与淘金币活动的折扣价（淘金币抵扣后）报名其他营销活动或在店铺内进行促销。

（4）商品图片、标题与详情。

①图片：600像素×450像素，1MB以内。不允许出现水印、Logo、文字等任何“牛皮癣”信息，只突出商品本身，要求高精度、强质感。

②标题要求利益点+标题（如满2件减10元××××××），详情页突出淘金币活动氛围。

5.2.3 设置淘金币活动

淘宝卖家通过设置淘金币活动，可以获得更多优质客户、稳定流量和超高转化，同时淘金币活动不需投入成本，不限类目，所有卖家都可参与，是淘宝官方非常热门的一个推广平台。想参与淘金币活动的卖家可通过淘宝后台的卖家中心进行开通和设置。

扫一扫

开通淘金币

1. 开通淘金币

首次参加淘金币活动的卖家需要先申请淘金币账户，申请方式非常简单，其具体操作如下。

STEP 01 在淘宝网首页顶部的导航栏中单击“卖家中心”超链接，进入淘宝卖家中心后台，在“营销中心”栏中单击“店铺营销中心”超链接，在打开的页面中的“品牌活动”栏中单击“淘金币”图标。

STEP 02 打开淘金币首页，在页面中单击 点击开通金币卖家账户 按钮。

STEP 03 在打开的页面中将提示卖家还未开通淘金币，单击 立即申请淘金币账户 按钮。

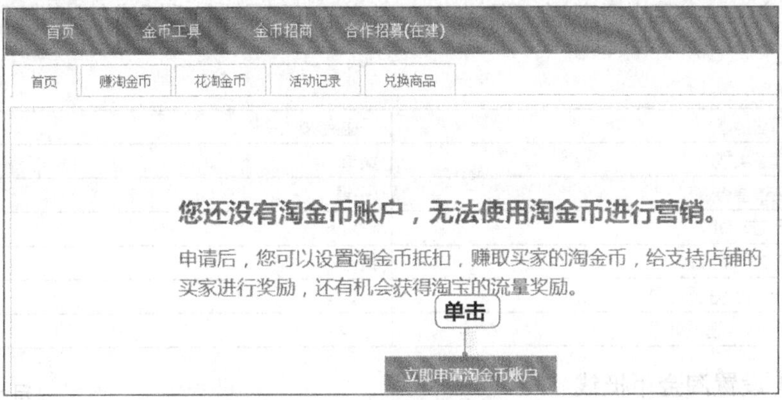

STEP 04 在打开的页面中将显示《淘金币账户服务协议（卖家版）》，单击 同意协议并申请账户 按钮。

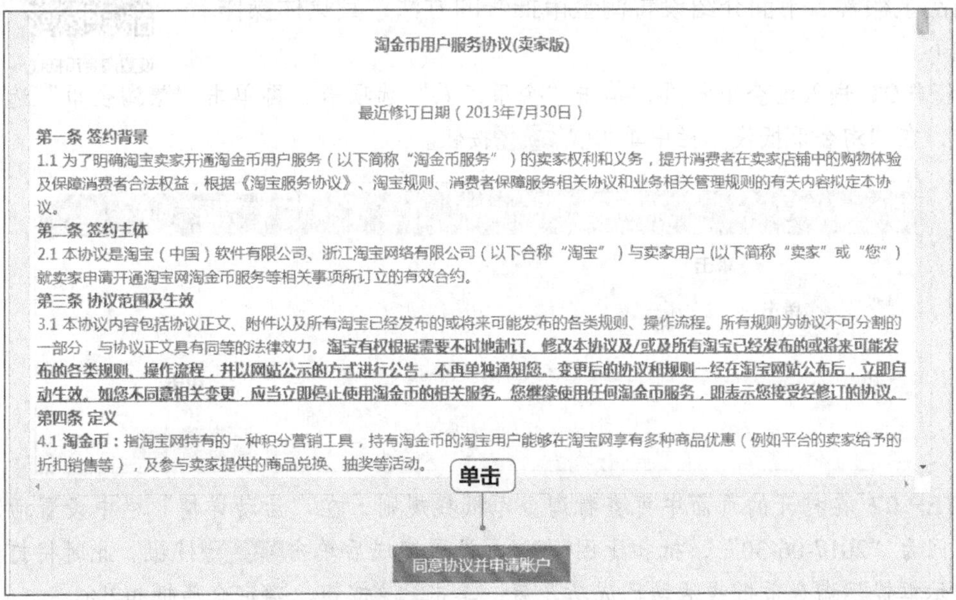

淘金币用户服务协议(卖家版)

最近修订日期（2013年7月30日）

第一条 签约背景

1.1 为了明确淘宝卖家开通淘金币用户服务（以下简称“淘金币服务”）的卖家权利和义务，提升消费者在卖家店铺中的购物体验及保障消费者合法权益，根据《淘宝服务协议》、淘宝规则、消费者保障服务相关协议和业务相关管理规则的有关内容拟定本协议。

第二条 签约主体

2.1 本协议是淘宝（中国）软件有限公司、浙江淘宝网络有限公司（以下合称“淘宝”）与卖家用户(以下简称“卖家”或“您”）就卖家申请开通淘宝网淘金币服务等相关事项所订立的有效合约。

第三条 协议范围及生效

3.1 本协议内容包括协议正文、附件以及所有淘宝已经发布的或将来可能发布的各类规则、操作流程。所有规则为协议不可分割的一部分，与协议正文具有同等的法律效力。淘宝有权根据需要不时地制订、修改本协议及/或及所有淘宝已经发布的或将来可能发布的各类规则、操作流程，并以网站公示的方式进行公告，不再单独通知您。变更后的协议和规则一经在淘宝网站公布后，立即自动生效。如您不同意相关变更，应当立即停止使用淘金币的相关服务。您继续使用任何淘金币服务，即表示您接受经修订的协议。

第四条 定义

4.1 淘金币：指淘宝网特有的一种积分营销工具，持有淘金币的淘宝用户能够在淘宝网享有多种商品优惠（例如平台的卖家给予的折扣销售等），及参与卖家提供的商品兑换、抽奖等活动。

STEP 05 同意了《淘金币账户服务协议》后，即可成功申请淘金币账户。在打开的页面中单击确定按钮，完成申请。

2. **淘金币抵钱**

设置淘金币抵钱活动，即全店支持买家使用淘金币抵扣部分商品金额，买家用于抵扣的淘金币，70%存入卖家淘金币账户，供后期店铺营销活动发放使用，此外，设置淘金币抵钱将有机会获得淘宝会员俱乐部的展示位。

（1）淘金币抵钱规则介绍

淘金币抵扣工具是指在买家下单时，可以使用淘金币抵扣一定比例的商品金额，促进买家成交，同时，卖家也可获得相应的金币（买家抵扣金币的70%到卖家淘金币账户，30%回收到淘金币平台）。此外，开通淘金币抵钱的店铺还必须符合以下规定。

门槛类型	门槛要求
卖家类型	集市
店铺星级	≥4星
开店时间	≥90天
近90天有成交	是
账户B类违规处罚	＜12分
账户C类违规处罚	＜12分

（2）设置淘金币抵钱

扫一扫

设置淘金币抵钱

符合开设条件的卖家可以设置淘金币抵扣开始时间、全店商品的淘金币抵扣比例、全店商品支持买家使用淘金币抵扣商品金额等，下面介绍设置淘金币抵钱的方法，其具体操作如下。

STEP 01 进入淘金币首页，单击“金币工具”选项卡，再单击“赚淘金币”选项卡，在“淘金币抵钱”栏中单击立即运行活动按钮。

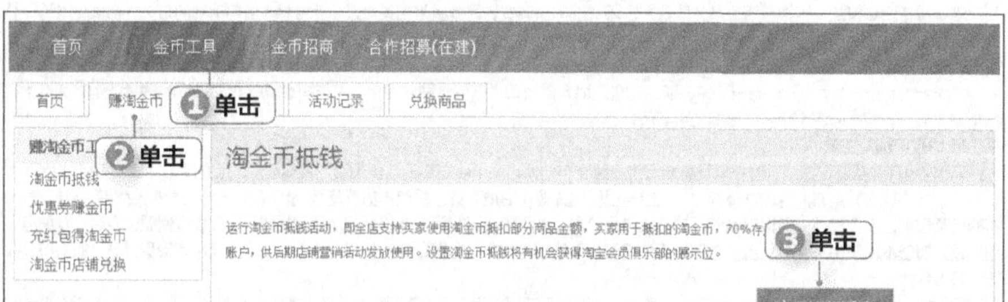

STEP 02 在打开的页面中可查看淘金币抵钱规则，在“活动详情”栏中设置活动时间为“2017-06-30”，抵扣比例为2%，设置完成后单击开通抵扣按钮。此时将打开提示框提示淘金币抵钱活动已成功开启，单击确认按钮，确定全店抵扣2%。

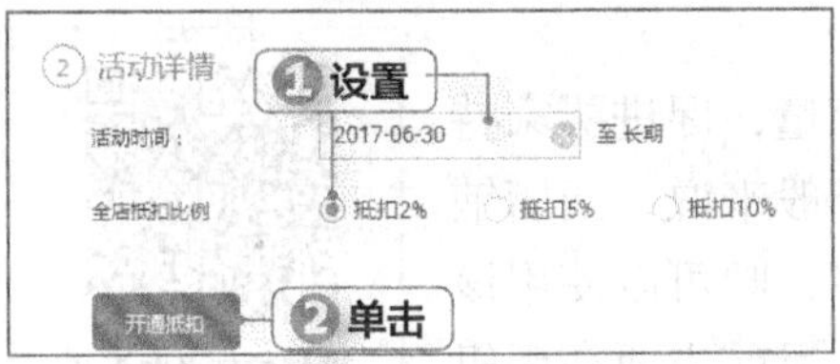

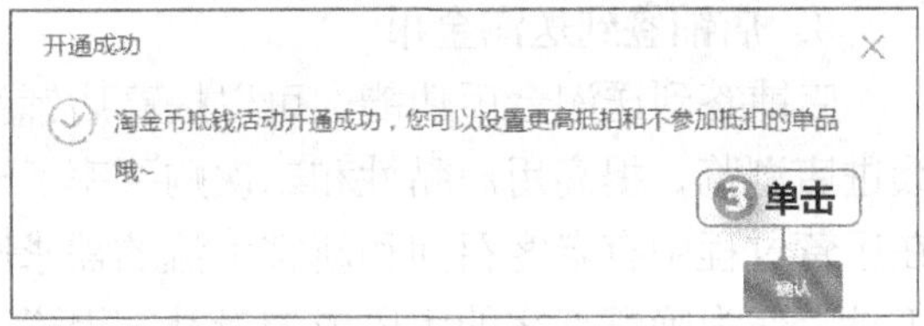

STEP 03 设置成功后，全店宝贝的淘金币抵扣比例将显示为2%。

STEP 04 返回淘金币抵钱设置页面继续进行高抵扣设置，单击“高抵扣设置”后的添加单品按钮，在打开的“添加高抵扣单品”对话框中输入高抵扣单品的地址，单击校验按钮进行校验，校验完成后设置抵扣比例，如设置抵扣比例为5%，表示该单品可用淘金币抵扣5%，单击确认按钮，如下方左图所示。

STEP 05 返回淘金币抵钱设置页面设置不参与抵扣的商品，在“不抵扣设置”栏后单击添加单品按钮，打开“添加不抵扣单品”对话框，在其中输入不抵扣单品的地址，单击校验按钮进行校验，校验完成后单击确认按钮，如下方右图所示。设置为不抵扣的商品将不参与全店的淘金币抵扣活动。

高手支招

在淘金币抵钱设置页面继续单击添加单品按钮，可添加其他需要参与高抵扣活动或不参与抵扣活动的商品。在已添加的单品后单击“删除”超链接，可删除参加活动的商品。

3. 店铺签到送淘金币

扫一扫

店铺签到送淘金币

店铺签到送淘金币功能，可以提高店铺流量，促进买家持续进店浏览，提高用户黏性和二次购买率。一般来说，当店铺在运营过程中有老客召回和新客引流的需求时，则可以使用该工具，作为唤醒老客的手段或流量补充渠道，目前主要在手机淘宝“金币任务”中展示给买家。下面介绍设置店铺签到送淘金币的方法，其具体操作如下。

STEP 01 进入淘金币首页，单击“金币工具”选项卡，再单击“花淘金币”选项卡，在“店铺签到送淘金币”栏中单击立即运行活动按钮。

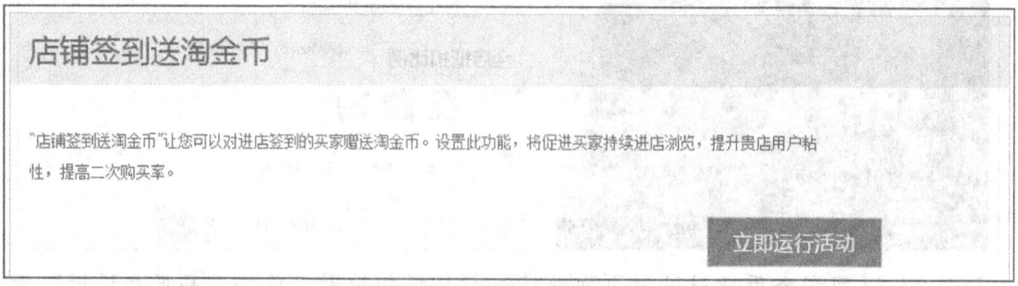

STEP 02 在打开的页面中查看店铺签到送淘金币规则，并对活动日期、金币总预算、发放范围等进行设置，设置完成后单击确定开通按钮。在金币预算时，活动预算越高，曝光给买家的次数越多，获得流量的概率越大。发放范围主要包括“成交买家”和“全部买家”，前者是符合条件的买家都可以在金币任务中看到店铺，后者由算法控制，由系统个性化地向买家推荐店铺。

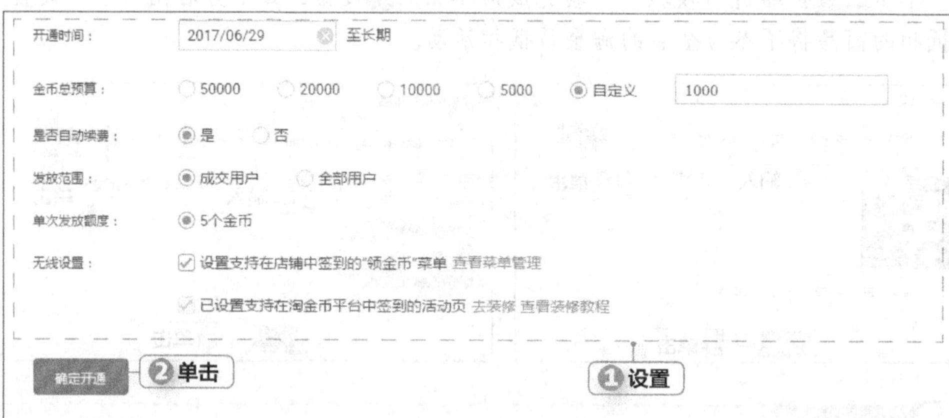

高手支招

发放范围的选择需要根据店铺的实际情况来判断，例如店铺流量一般，已购买家不是很多，目前很需要展示量和流量，那么可以考虑送金币给“全部买家”。需要注意的是，这样的店铺在设置了签到送淘金币活动后，还需进一步跟进其他活动留住买家，提高整体转化率。例如发微淘、发布特价 / 低客单等能够短时间内吸引买家注意力、让买家快速下决策的商品，留住买家。如果店铺有一定引流能力，有一定的粉丝，目前的重点是维护老客户，保持老客户的活跃度，则可以考虑送金币给“已购买家”。

4. 收藏店铺送淘金币

收藏店铺送淘金币可以有效增加店铺的粉丝，每位买家在一个月内收藏某店铺只能够获得一次淘金币，收藏后取消再次收藏，一个月内不重复赠送。买家在PC端“收藏”店铺，或者在无线端“关注”店铺均可获得淘金币。下面介绍设置收藏店铺送淘金币的方法，其具体操作如下。

扫一扫

收藏店铺送淘金币

STEP 01 进入淘金币首页，单击“金币工具”选项卡，再单击“花淘金币”选项卡，在“收藏店铺送淘金币”栏中单击立即运行活动按钮。

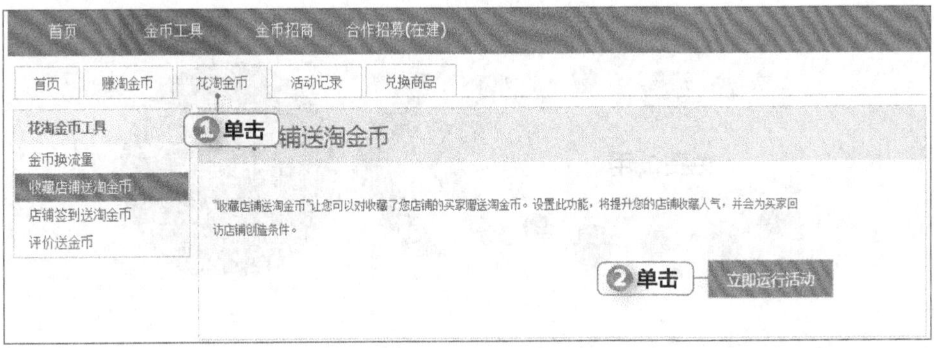

STEP 02 在打开的页面中查看收藏店铺送淘金币规则，并对赠送数量、活动淘金币预算、活动时间等进行设置，设置完成后单击确定开通按钮。

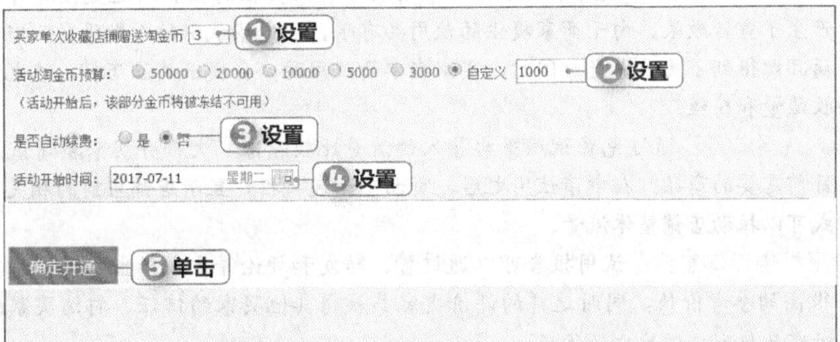

5.3 顾客体验中心——免费试用

淘宝试用中心是一个由商家提供试用品供买家试用的营销导购平台和试客分享平台，集用户营销、活动营销、口碑营销、商品营销为一体，聚集了百万个试用机会和试用商品，试用者试用商品后可以提交全面而真实的试用报告，为消费者提供购买建议。作为卖家，则可以通过试用中心对店铺和宝贝进行宣传和推广，提高品牌价值与影响力。

5.3.1 宝贝参加试用中心的作用

免费试用是试用中心推出的买家可以完全免费获取试用品的专业试用平台。会员通过试用报告分享试用感受，通过提交试用报告，对试用的商品做出公正专业的描述，从而帮助其他消费者做出购物决策，找到真正适合自己的商品。

淘宝试用中心是全国最大的免费试用中心，在网店推广中具有很高的影响力，其推广优势主要体现在以下方面。

- **增加曝光量和粉丝**：试用中心不仅可以给买家带来实在的福利，还直接对有购买意向的申请者产生了宣传效果。由于商家提供的试用品有限，但申请试用的人数很多，当买家申请试用时，商品就得到了更多曝光。同时，买家在申请试用时，会提示关注店铺，这也有效提高了店铺的收藏量和粉丝。
- **导入优质流量**：通过免费试用平台导入的流量比较精准，大部分买家申请试用的商品都是自己目前需要的商品。在申请试用之后，页面下面还将推广显示店铺当前的相关商品，通过这个方式可以拉动店铺整体流量。
- **试用报告口碑宣传**：试用报告可以通过赞、转发和评论等方式产生互动，对其他买家而言具有很高的参考价值，同时这样的评价更容易赢得其他买家的信任，打消买家的购买疑虑，从而对商品起到口碑推广的作用。

5.3.2 试用中心报名条件

试用中心的活动可以推广品牌，提升品牌影响力，获得更多潜在客户和宝贝收藏，是比较受卖家青睐的一种推广方式。淘宝网中也对试用中心的报名条件设置了不同的要求。

1. 店铺要求

- 集市店铺：一钻以上 / 店铺评分 4.6 以上 / 加入消费者保障服务。
- 商城店铺：店铺综合评分 4.6 分以上。
- 店铺无严重违规及售假处罚扣分。

2. 商品要求

- 试用品必须为原厂出产的合格全新且在保质期内的商品。
- 试用品总价值（报名价 × 数量）需不低于 1500 元，价格不得虚高。
- 试用品免费发送给消费者，消费者提供试用报告，商品无须返还卖家。
- 大家电入驻菜鸟仓库、天猫物流宝及天猫国际的商品会采用名单发放的形式，不会生成订单，商家按试用后台名单发货。
- 凡是报名参加试用活动的商品，在无线端系统会自动设置收藏店铺申请条件，商家无须设置；PC 端系统不做申请条件设置。
- 提醒：如报名包含多个SKU的商品，系统会随机选择SKU下单，建议双方协商发货，如果协商不了，商家需按照报名的SKU发货。为避免损失，建议下架不期望参加活动的SKU，谨慎报名。

5.3.3 试用中心报名流程

参加试用中心活动一方面可以展示店铺的优质商品，提升店铺流量，另一方面，也可以培养店铺潜在用户，增加微淘和店铺收藏量。当店铺满足淘宝试用中心的条件后，即可申请参与使用，其流程如下。

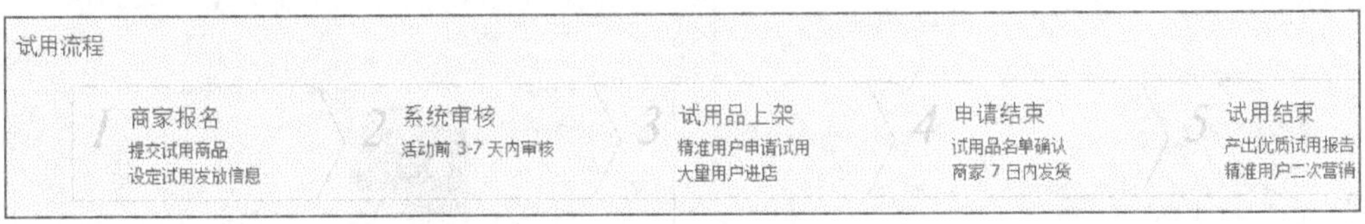

5.3.4 参加免费试用活动

根据实际情况和需要选择要参加的活动进行报名，申请通过后即可获得在试用中心展示的机会，下面以参加免费试用活动为例，介绍参与淘宝试用中心的方法，其具体操作如下。

扫一扫

参加免费试用活动

STEP 01 进入淘宝卖家中心，在“营销中心”栏中单击“店铺营销中心”超链接，在打开的页面中的“品牌活动”栏中单击

“试用中心”图标。

STEP 02 进入试用中心，单击 报名免费试用 按钮，在打开的页面中选择排期，然后单击 我要报名 按钮。

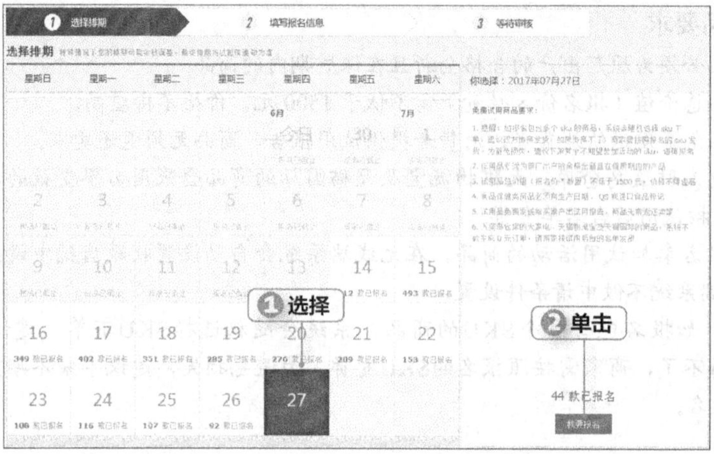

STEP 03 进入信息填写页面，在该页面中填写试用商品基本信息，包括试用商品的链接、名称、数量、图片等。

STEP 04 在“填写商家信息”栏中填写商家的联系方式，包括旺旺和电话，设置完成后单击 提交报名申请 按钮即可。

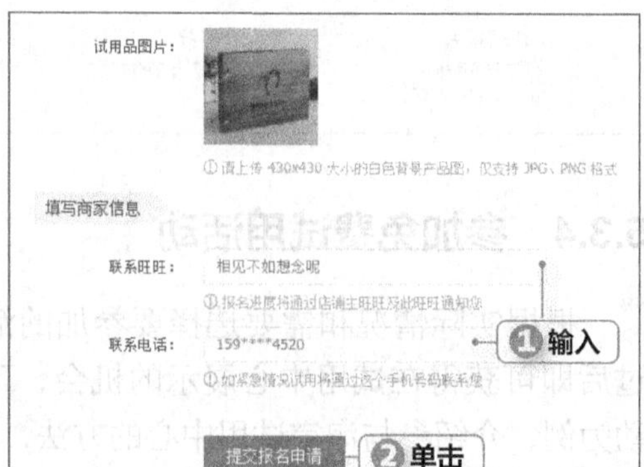

5.4 天天特价

天天特价是淘宝网为集市店铺中小卖家打造的扶持平台，用于扶持有特色货品、独立货源和一定经营潜力的中小卖家，提供流量和营销等方面的支持。天天特价频道目前有日常活动和主题活动两个板块，其中日常活动主要包括类目活动和10元包邮等，主题活动主要包括限时特价、周末好货精选、特惠囤和特惠吃等。天天特价推广的商品一般有3个卖点——疯狂促销、应季精品、服务保障，旨在为买家提供物美价廉的商品，对于卖家而言，则可以有效提升店铺流量和成交率，从而积累客户，增加销售额。

5.4.1 准入要求

为了筛选优质卖家和商品，淘宝网对参加“天天特价”的店铺和商品均作了一定的要求，其主要内容如下。

1. 店铺准入要求

淘宝网规定，报名参加“天天特价”的店铺必须符合以下要求。

- 符合《淘宝网营销活动规则》。
- 报名“类目活动”和“10元包邮”的店铺创建时间为90天及以上；报名“主题活动”的店铺创建时间为180天及以上。
- 报名“类目活动”“10元包邮”和“主题活动”的店铺信用等级为“三钻及以上”。
- 已加入淘宝网消费者保障服务且消保保证金余额≥1000元，需要加入“7天无理由退换货”服务。
- 因出售假冒商品（C类）被处罚的卖家，禁止参加活动。
- 因严重违规（B类）被处罚的卖家，禁止参加活动。
- 报名“主题活动”的店铺主营率≥80%，在线销售商品数≥10件。
- 店铺内非虚拟交易笔数占比达90%及以上，虚拟类目（如生活服务、教育、房产、卡券类等）除外。
- 同一店铺15天内限参加一次天天特价。
- 近半年店铺非虚拟交易的DSR评分3项指标分别不得低于4.6（开店不足半年的自开店之日起算）。

2. 商品准入要求

- 报名“类目活动、10元包邮”的商品库存为：50件≤宝贝库存≤2 000件，报名“主题活动”的商品库存为：50件及以上。
- 报名商品最近30天交易成功的订单数量≥10件。
- 活动价格低于最近30天最低拍下价格，商品不得有区间价格（多个SKU时必须是同一价格）。
- 报名宝贝必须包邮（注：除港澳台地区外，全国包邮。卖家指定快递不能到达的地区，请用EMS或者其他快递包邮送达，不得让买家贴补邮费）。
- 所有提交报名的商品及活动页面素材须确保不存在任何侵犯他人知识产权及其他合法权益的信息。

- 运动户外类目商品需要符合《淘宝网运动户外类行业标准》。
- 食品相关类目商品需要拥有QS商品认证或进口食品中文标签。
- 活动结束后的30天内，不得以低于天天特价活动价报名其他活动或在店铺里促销。若有违反，将按照《天天特价卖家管理细则》进行相应处罚。

5.4.2 天天特价报名注意事项

天天特价是中小卖家必争之地，也是一个打造热卖款的利器，卖家在报名天天特价之前，应该先了解活动报名流程、报名规则和图片规范。

1. 天天特价报名流程

天天特价的报名流程与其他活动比较类似，卖家点击报名后，需要选择报名的日期，不同的日期提供的活动选项也会略有差异。选择了合适的活动日期后，卖家需要同意招商规则，填写报名表，并等待审核。

如果审核通过，卖家需要清点库存，并清理其他活动。通过天天特价审核的店铺需在首页和参与活动的宝贝详情页面展示天天特价频道指定Logo图片和天天特价定制邮费模板，为了提高商品的点击率和转化率，还需要对宝贝进行优化。

2. 天天特价报名规则

天天特价的系统审核排序主要根据商品、店铺等综合评分维度进行评分排序，如果图片、相似款、授权等不合格，系统会在报名后3~5天进行系统通知，接到通知的卖家可修改好后重新选择日期报名。天天特价审核结果一般于活动开始前2~4天通知商家。审核未通过的商家可在收到未通过消息后重新选择合适的宝贝报名。

如果审核通过，则买家必须在正式活动开始前两天的下午15:00前进行相关设置。

- 库存建议修改为报名提供的库存。
- 取消该宝贝的促销价格，恢复报名时的原价。
- 保持商品在线状态。活动期间如果商品未售罄下架，系统会自动屏蔽展示直到恢复上架。
- 活动期间（包括预热）若使用其他优惠工具打折，价格不得低于特价活动价格。
- 设置全国包邮（除港澳台地区）。
- 标题前面添加天天特价。
- 一口价、库存、标题，主图等内容，在活动开始前两天的15:00锁定后，不能再进行编辑。
- 宝贝页面会在活动开始前两天的15:00前进行锁定，此日期后不能进行宝贝页面装修。
- 悬挂活动banner。

5.4.3 报名天天特价

扫一扫

报名天天特价

在报名参加天天特价之前，建议卖家先对天天特价报名活动的相关要求进行了解。报名天天特价的具体操作如下。

STEP 01 进入淘宝卖家中心，在“营销中心”栏中单击“店铺营销中心”超链接，在打开的页面的“品牌活动”栏中单击“天天特价”图标。

STEP 02 单击我要报名按钮，在打开的页面中选择报名日期和活动，然后单击立即报名按钮。

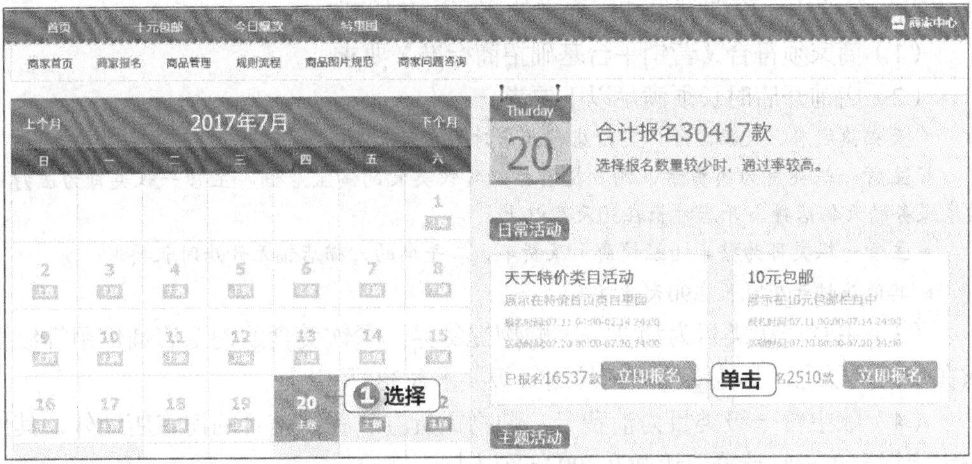

STEP 03 在打开的页面中填写相关报名信息，并提交报名申请即可。

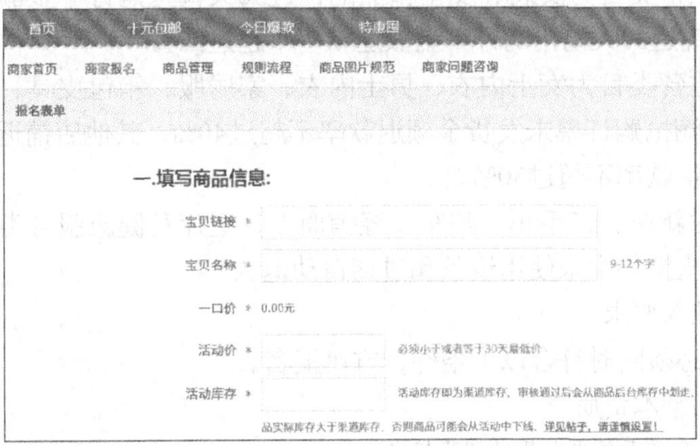

5.5 淘抢购

淘抢购活动是淘宝卖家的一个重要的营销工具，因为淘抢购活动不仅可以在短时间内帮助卖家打造爆款，还可以累积更多的顾客。此外，淘抢购活动计入销售搜索，对商品的自然排名有很大的帮助，因此对于商家来说，淘抢购也是一块推广的必争之地，很多商品都选择入驻淘抢购。

5.5.1 准入要求

商家参与淘抢购的方式很多，如单品抢购、品牌抢购、爆款返场、抢购活动、频道活动等不同类型的活动。为了筛选优质卖家和商品，淘宝网对参加淘抢购的店铺、商品，以及报名均作了一定的要求。下面以“淘抢购日常单品招商标准”为例介绍其准入要求。

1. 商家准入要求

商家必须同时符合以下条件，方可报名。同时淘抢购也有权基于选择更为优质商品/商家等原因，面向满足特定要求的商家定向招商。

（1）商家须符合《营销平台基础招商标准》要求。

（2）店铺开店时长须满足以下要求。

- 天猫旗舰店、天猫国际，飞猪店铺开店时长在30天及以上。
- 主营一级类目为消费卡、购物提货券、餐饮美食的淘宝店铺，主营一级类目为医疗及健康服务的天猫店铺，开店时长在30天及以上。
- 主营一级类目为整车（经销商）及新车、二手车的天猫店铺无开店时长要求。
- 其他店铺开店时长在90天及以上。

（3）主营一级类目为消费卡、购物提货券、餐饮美食的淘宝店铺信用等级要求在一钻及以上，其他淘宝店铺信用等级要求在3钻及以上。

（4）除主营一级类目为消费卡、购物提货券、餐饮美食的淘宝店铺外，其他淘宝店铺半年正常计分评论数在200个及以上。

（5）除主营类目为女装、女士精品的，近30天淘抢购订单金额退款率不超过40%，其他店铺近30天淘抢购订单金额退款率不超过30%。

（6）除主营类目为女士内衣、男士内衣、家居服，箱包皮具、热销女包、男包的，近30天淘抢购订单未发货金额退款率不超过40%，其他店铺近30天淘抢购订单未发货金额退款率不超过30%。

（7）针对新车、二手车、整车（经销商）、医疗及健康服务类目的商家，参加淘抢购必须支持售中未使用退款和过期自动退款。

2. 商品准入要求

报名商品必须同时符合以下条件，方可报名。

（1）商品基本资质。

- 商品须符合《营销平台基础招商标准》要求。
- 品牌商品必须有品牌方提供的售卖证明，或者商品以报名库存为要求的购买发票，或者有品牌渠道商的资质证明；自有品牌商品提供自有品牌的相关证明。
- 报名商品的历史销售记录，除新品及有价优惠券外，其他需要满足商品价格在500元（含）以下的，报名商品近30天的历史销售记录必须在20笔及以上；商品价格在500元以上，3000元（含）以下的，报名商品近30天的历史销售记录必须在10笔及以上；商品价格在3000元以上的，报名商品近30天的历史销售记录必须在5笔及以上。
- 报名商品的库存除类目为有价优惠券的商品外，其他类目商品报名库存数量下限=5万元/抢购价；类目为有价优惠券的商品，报名库存数量下限=100元/抢购价；活动开始时，商品实际库存不得小于商品报名库存。

- 报名商品必须为一口价，若同一商品同期参加淘抢购活动及天猫活动，两边活动价格必须保持一致，否则淘抢购活动将无法发布。若同期活动商品价格不一致导致商品无法正常参与活动的，商家需要取消天猫活动或更改活动价格，保证两边活动价格一致。

（2）除符合以上商品基本资质外，报名商品图片为640像素×640像素的白底图，商品需摆放在600像素以内的方框内，不得出现任何文字标识与促销信息，左上角180像素×160像素区域内不要出现图片重要信息。图片要清晰，主题明确且美观，不拉伸变形、不拼接，无水印，支持JPG、JPEG、PNG格式。注意：图片右上角必须有品牌LOGO，距离右边距、上边距为20像素。

（3）报名商品图片需保证取得有效版权人或肖像权人等第三方权利人明确授权并有可转授权权利证明，并且权利证明文件必须真实完整，确保合作期内持续有效。

（4）报名商品必须设置商品限购数量，限购数量最高为5个，特殊类目除外。特殊类目说明如下。

- 传统滋补营养品，保健品/膳食营养补充剂，服饰配件/皮带/帽子/围巾/制衣面料/毛线，特色手工艺/少数民族特色工艺品/柯尔克孜族特色/约尔麦克（毛线编），美容护服/美体/精油，这5个类目在报名活动时，限购数量最多可以设置为20件。
- 消费卡，购物提货券，餐饮美食，零食/坚果/特产，粮油米面/南北干货/调味品，酒类，茶，咖啡/麦片/冲饮，水产肉类/新鲜蔬果/熟食，孕妇装/孕产妇用品/营养品，玩具/模型/动漫/早教/益智，童装/婴儿装/亲子装，尿片/洗护/喂哺/推车床，奶粉/辅食/营养品/零食，彩妆/香水/美妆工具，家居饰品，床上用品，居家布艺，3C数码配件，珠宝/钻石/翡翠/黄金/黄金首饰（新），这20个类目在报名活动时，限购数量最多可以设置为10件。
- 五金/工具，电子/电工，基础建材，这3个类目在报名活动时，限购数量最多可以设置为100件。
- 家装主材，家装灯饰光源，全屋定制，节庆用品/礼品/请柬，节庆用品/礼品/糖盒/糖盒配件，在报名活动时，这5个类目限购数量最多可以设置为500件。
- 有价优惠券，在报名活动时，限购数量最多可以设置为5件，且单笔订单限购1件。
- 隐形眼镜/护理液类目在报名活动时，限购数量最多可以设置为12件。
- 儿童箱包配饰类目在报名活动时，限购数量最多可以设置为10件。

3. 淘抢购报名限制

淘抢购除了对店铺与商品进行限制，对报名次数与报名的场次也有限制。

- 一个商家5天内，只能报名一天活动，一天活动最多报名两款商品。

● 同商家同款商品，15天内只能报名一天活动。

● 不同商家的同款商品，一天内只能出现一款，选择抢购报名价较低者，若商品所有信息都一致，则选择报名时间靠前的商品。

● 秒杀拖带的商品，需要选择与秒杀不同的款，排期在同天的不同场次中，不可使用同款不同型号的商品。若秒杀商品因卖家设置原因未能上线，秒杀拖带商品也一并不予上线。若秒杀拖带商品因不符合淘抢购招商规则未能上线，秒杀商品仍需正常上线售卖。

5.5.2 报名淘抢购

当店铺、商品满足淘抢购报名条件后，即可报名淘抢购。淘抢购报名流程主要分为淘抢购报名、淘抢购审核、淘抢购商品排期和淘抢购商品上线4大流程。其中，报名淘抢购与报名聚划算活动的方法相似：登录淘宝，单击“淘抢购”按钮，进入淘抢购平台，单击右上角的“商家报名”超链接，打开“商户中心”界面，然后选择符合条件的报名活动，如下图所示。若不符合报名条件会给予相应的提示，单击“查看详情”超链接，在打开的页面即可报名该活动。

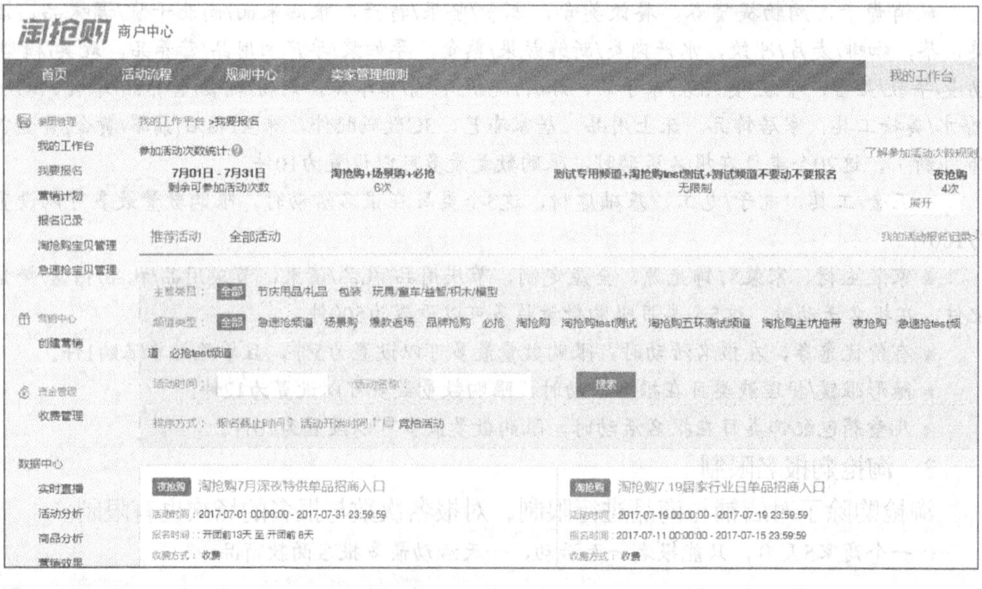

5.6 “双11”活动

每年的淘宝天猫“双 11”，都是淘宝、天猫众多商家开展大促销活动的日子，也是消费者购物频率和购物数量集中爆发的日子。由于“双 11”带来的巨大客流量和成交率，许多卖家必须提前一月甚至多月开始着手备货、核算、策划活动等工作，火热备战“双 11”。

5.6.1 “双11”店铺要求与商品审核规则

报名参加“双 11”活动的商家，应符合天猫（天猫国际）平台营销活动基准规则和招商要求，商品满足“‘双 11’购物券”及“卖家版运费险”的活动规则；同时，商家还得满足其所在类目的“双 11”招商规则，并且接受诚信经营管控等治理措施和“双 11”活动管理细则。参加“双 11”活动的店铺在报名时，将优先审核以下几项。

- 根据店铺近180天支付宝成交金额降序优先审核。
- 折扣力度越大越优先审核。
- 加入淘宝特色市场店铺优先审核。
- 根据店铺上一年淘宝网大促活动成交排名优先审核。

5.6.2 “双11”会场介绍

天猫“双11”会场由活动主会场、分会场和外场组成，商家通过海选报名最终入选“双11”商家行列。会场和会场之间仍将采用赛马的晋升机制。

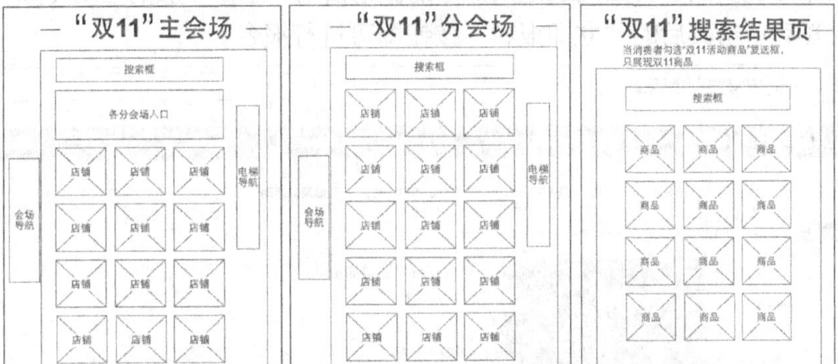

- **主会场**：主会场是类目大商家里的重点商家，每年每个类目的数量均不同。主会场无须商家报名，将通过分会场以商家“赛马”的方式选取最优秀的商家入围。
- **分会场**：从种类上可分为行业分会场、特色分会场以及业务分会场。分会场是承载各细分类目、细分市场及行业精选内容的区域，是不同类型的店铺或商品集合。分会场对商家提供的活动商品折扣、商品价格、商品库存深度、商品受欢迎程度有较高要求。
- **外场（“双11”搜索结果页）**：淘宝考虑到能够参与主、分会场的商家数量有限，为了让更多卖家参与大促，“双11”活动特意设置了外场报名。“双11”外围“活动商品”招商，将采用“活动邀请”及自主报名两种方式进行。淘宝网官方网站将在“双11”前采用“活动邀请”的方式，主动向符合外围要求的卖家和商品发出报名邀约，受到邀约的商家与商品可参与报名，被反向邀约报名的卖家可在单独的招商入口中进行自主报名。每个卖家受邀参与活动的商品数量有限，这就需要卖家选择最佳的商品参与大促活动报名并珍惜活动机会，报名成功且审核通过后即可成为外围“活动商品”。

5.6.3 “双11”玩法介绍

“双 11”包括全场满返、“双 11”购物券满减活动、预售、花呗分期、搭配宝、赠品宝、特价宝等多重玩法。下面对一些基本的玩法进行介绍。

- 设置店铺红包：“双11”大促红包使用的范围是全店商品，从9月26日开始设置，生效时间是11月11日，参加活动的商品与未参加活动的商品，均可使用红包消费。
- 设置店铺满减：卖家在报名时可从9月26日开始设置店铺满减，部分类目不参加。
- 装修店铺承接页：一旦活动商品审核通过，系统会自动生成店铺承接页，但卖家需要对店铺承接页进行装修及发布，如不装修系统将默认采用大促模板，通常店铺承接页可从10月20日开始装修。

5.6.4 报名“双11”

淘宝网每一次的大促活动，都会提前通知相关的信息，所以在 9 月初开始就需要每天关注后台的情况，一般大型的活动都会有一个专门的入口，当“双 11”来临的前两个月，网页上会出现“双 11”活动的字样，直接点击即可进入，而淘宝官方营销活动中心也罗列了淘宝网上绝大部分的促销活动，选择参加的活动（如“双 11”活动），然后单击其后的“立即报名”按钮即可进行报名。

5.7 设置网店促销活动

在策划网店促销活动的过程中，为了刺激消费者购买，一般都会设置一些优惠促销方式，如打折、优惠券、满就送、搭配套餐等，在卖家后台“营销中心”栏中单击“店铺营销工具”超链接，在“优惠促销”栏中即可查看淘宝提供的多种优惠促销方式，卖家可以根据自己的需求，选择对应的时间周期去订购对应的优惠服务。

5.7.1 满就送活动

扫一扫

满就送活动

满就送指商品加入购物车或单件商品拍下订单金额（单笔订单不包含运费在内）满足活动金额要求的，系统会自动减去一定金额，给予价格优惠。下面将对满就送活动的设置方法进行介绍，其具体操作如下。

STEP 01 进入淘宝“卖家中心”页面，单击左侧“营销中心”栏中的“促销管理”超链接，打开“商家营销中心”页面，在上方的导航栏中单击“优惠活动”选项卡。

STEP 02 进入“优惠活动”页面，其中显示了最热门的几种优惠方式，这

里单击“满就送”选项卡，在其中设置相关的活动信息，然后单击“保存”按钮。

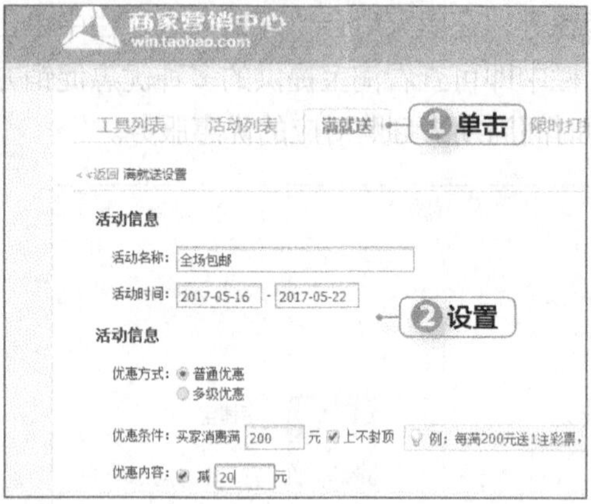

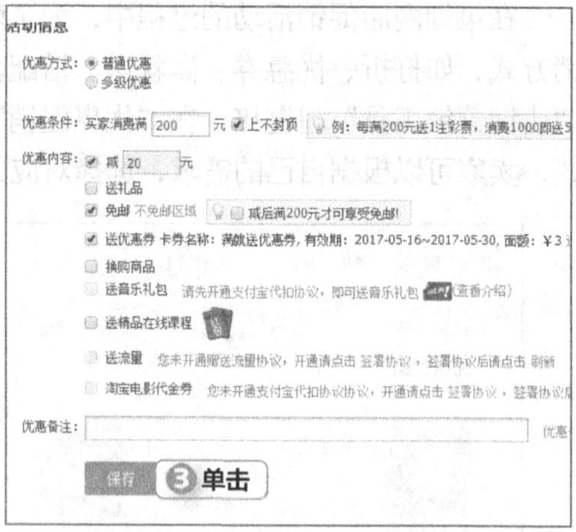

STEP 03 设置完成后，将会打开下图所示的页面，表示活动设置成功。

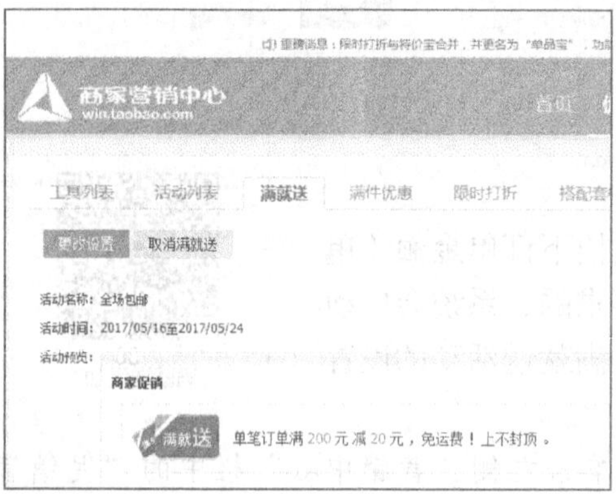

高手支招

“满就送”促销活动，一次只能设置一个。如果有多级促销，可以在“满就送”界面的“优惠方式”栏中，选中“多级优惠”单选项，此时，就可以新添加一个促销活动了。如果想继续添加活动，可单击页面左下角的“继续添加层级”按钮，继续添加促销活动。注意，最多只能添加5个促销活动。

5.7.2 单品宝设置

扫一扫

单品宝设置

单品宝是淘宝网提供给卖家的一种店铺促销工具，订购了此工具的卖家可以在自己店铺中选择一定数量的商品，在一定时间内以低于市场价进行促销活动。下面将对单品宝活动的设置方法进行介绍，其具体操作如下。

STEP 01 打开“商家营销中心”页面，在上方的导航栏中单击“优惠活动”选项卡，如下一页左图所示。

STEP 02 进入“优惠活动”页面后，单击“单品宝”选项卡，然后单击右上角的 +新建活动 按钮，如下一页右图所示。

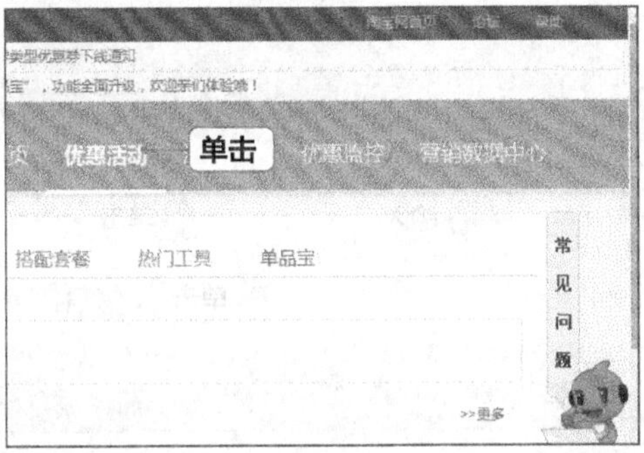

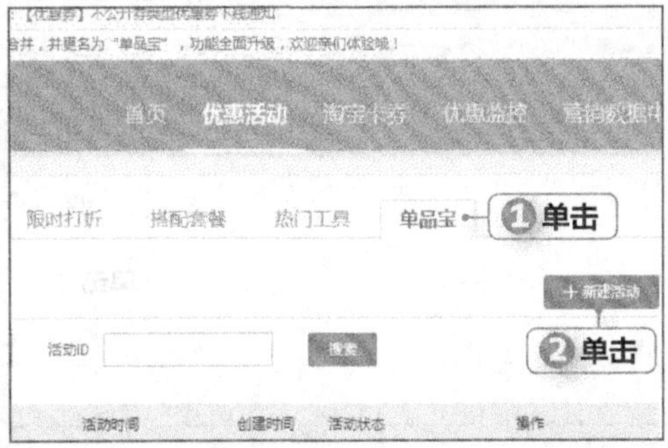

STEP 03 进入“活动设置”页面，在“基本信息”栏中可以设置活动名称、活动时间、优惠级别、优惠方式等内容，完成设置后单击下一步按钮，如下方左图所示。

STEP 04 在打开的页面中选中参与活动的商品对应的复选框，然后单击下一步按钮，如下方右图所示。

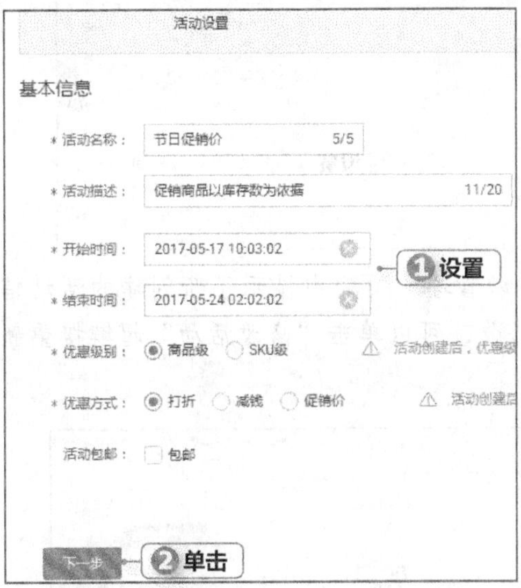

提个醒

卖家在设置活动的优惠级别和优惠方式时，一定要慎重选择。因为一旦确认选择，待活动成功创建后是无法修改的。

STEP 05 在打开的“设置商品优惠”页面中单击参加活动商品所对应的“点击设置”超链接。

STEP 06 打开“宝贝打折设置”对话框，在其中输入折扣“8”后，单击“取整”超链接，最后单击确认按钮。

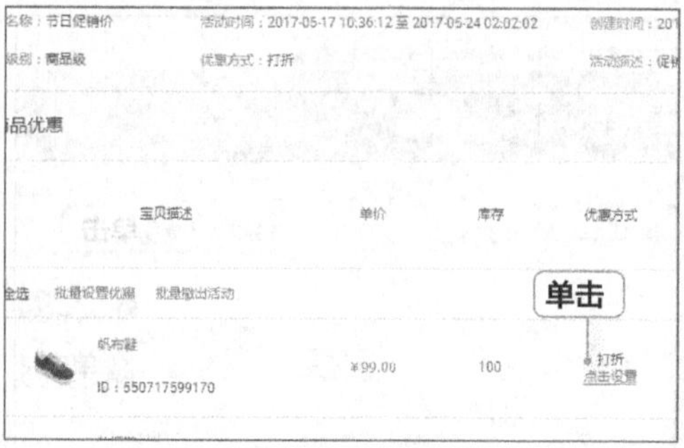

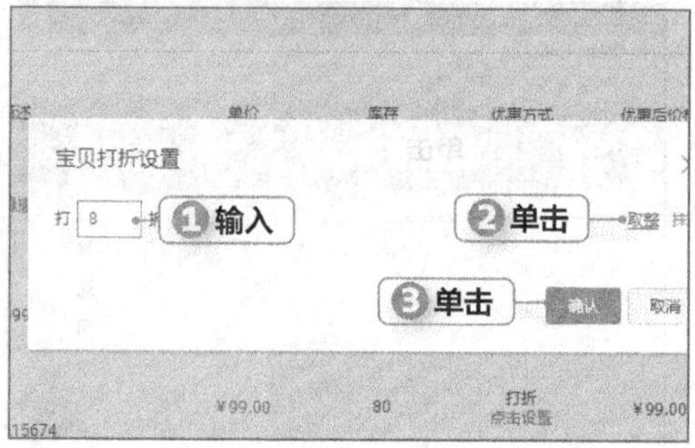

STEP 07 返回“设置商品优惠”页面，将另一个商品的折扣设置为“8.5”折，并取整，然后单击 保存 按钮。

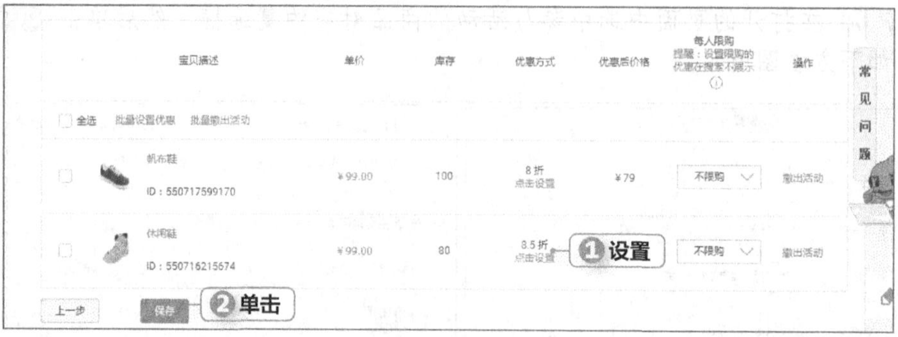

STEP 08 返回“单品宝”选项卡，在“活动管理”页面中显示了新创建的活动信息。如果对设置的活动不满意，想要重新修改，可以单击“修改活动”超链接重新进行设置。

5.7.3 店铺优惠券设置

店铺优惠券是一种虚拟电子券，也是卖家常用的一款店铺促销工具。淘宝卖家可以通过满就送方式发放优惠券，也可以由买家主动领取。下面将对店铺优惠券的设置方法进行介绍，其具体操作如下。

扫一扫

店铺优惠券设置

STEP 01 打开“商家营销中心”页面，在上方的导航栏中单击“淘宝卡券”选项卡，在打开的页面中单击“店铺优惠券”栏中的立即创建按钮。

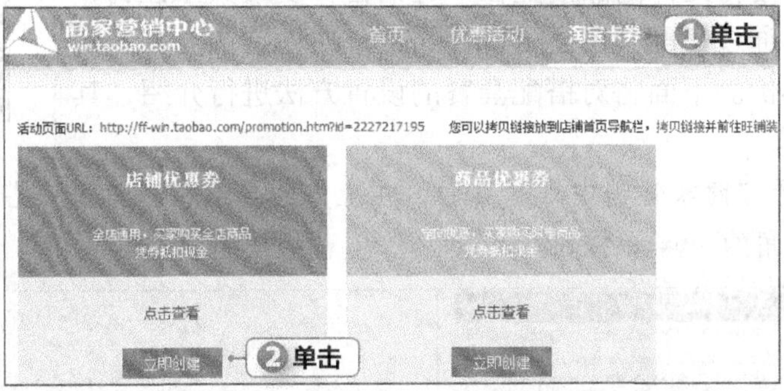

STEP 02 在打开的“新建 店铺优惠券”页面中分别设置基本信息和推广信息，然后单击保存按钮。

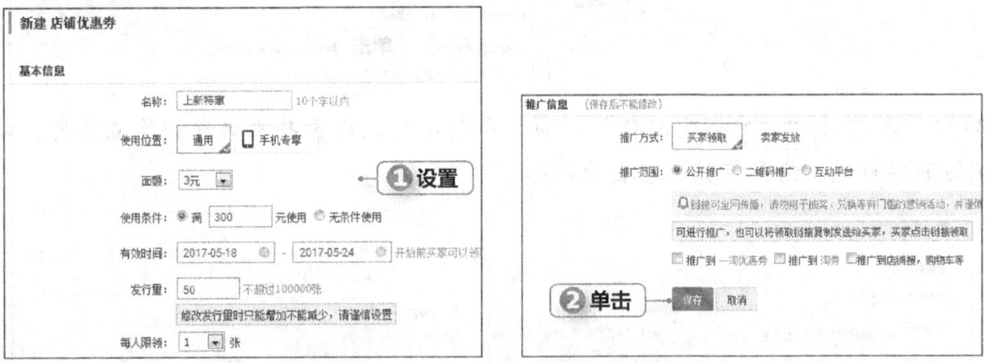

STEP 03 返回“淘宝卡券”选项卡，在“卡券管理中”显示了新创建的店铺优惠券。创建后可以修改和删除卡券，也可以复制链接给客户。

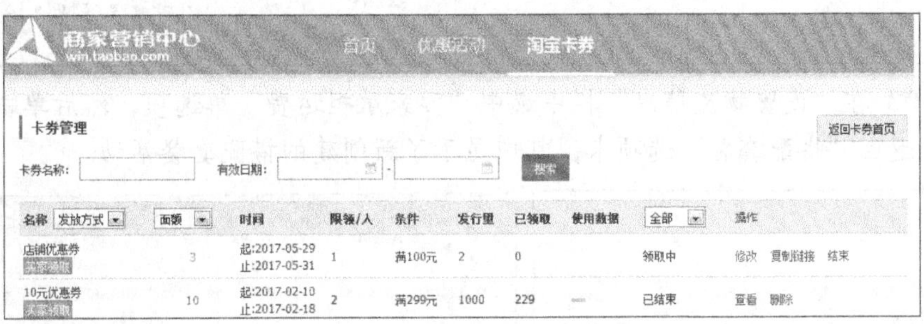

高手支招

一个买家最多只能拥有同一个店铺尚未消费抵用的5张店铺优惠券，如果卖家发放过多，买家也无法收到。同时，一笔订单仅限于使用一张店铺优惠券，如果买家产生多笔订单，且均符合使用要求时，则可以分别使用。

5.7.4 搭配套餐设置

搭配套餐指将几种商品搭配在一起销售，多给买家让利，显得更实惠。通过搭配套餐还可以让买家一次性购买更多的商品，提高客单价。下面将对搭配套餐的设置方法进行介绍，其具体操作如下。

扫一扫

搭配套餐设置

STEP 01 打开“商家营销中心”页面，在上方的导航栏中单击“搭配套餐”选项卡，单击左下角的 创建搭配套餐 按钮。

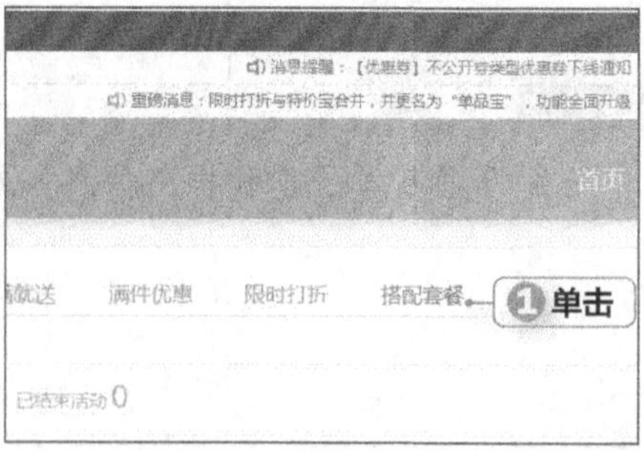

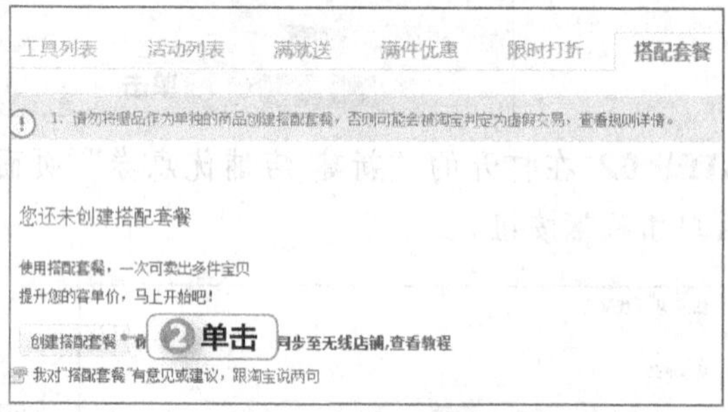

STEP 02 打开“创建搭配套餐”页面，在其中可以设置基本信息和物流信息，如填写套餐标题、搭配宝贝、套餐价格等。

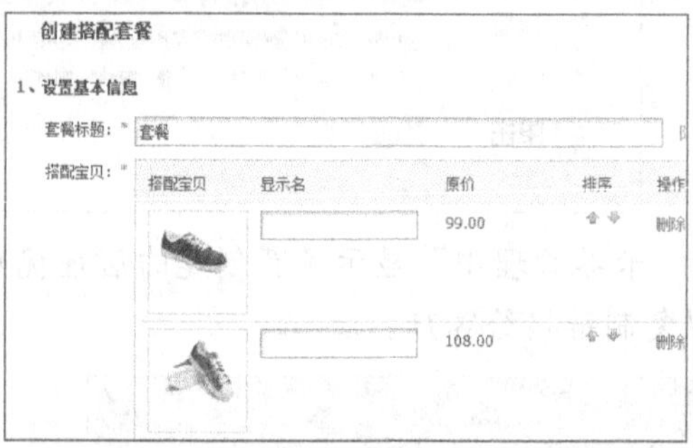

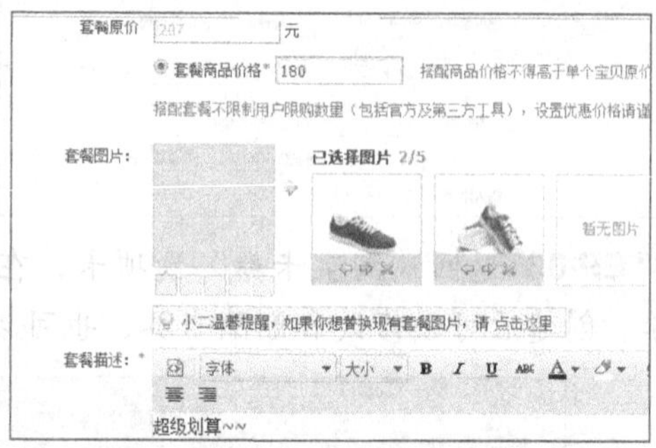

STEP 03 在“设置物流信息”栏中选中“卖家承担运费”单选项，然后单击 发布 按钮。返回“搭配套餐”选项卡，其中显示了新创建的搭配套餐活动。

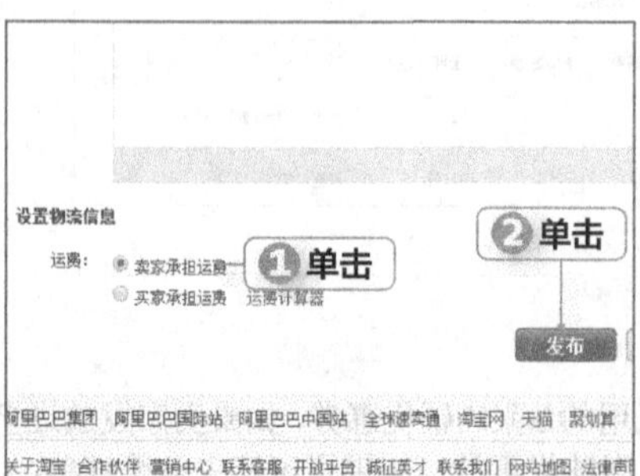

高手支招

在创建“搭配套餐”活动时，目前最多可以设置50个搭配促销套餐，一个搭配套餐最多可以同时搭配5个商品。

5.8 疑难破解

1. 参加聚划算竞拍的商家都希望能够以最合理的价格竞拍到坑位，但如何参与竞拍呢？

聚划算商品团分为竞拍模式和佣金模式，展现位置均在商品团位置，但竞拍模式是以竞拍方式获得排期资格，是否得到坑位由商家自由竞拍决定，且取得坑位后排期不被更换。参与竞拍的商家都只能在有效出价时间内进行出价，竞拍结束后，按照出价高低和出价时间确定入围商家。竞拍团的每天竞拍出价时间为10：00－10：55。每天11：00公布当天竞拍结果。对于参与竞拍的商家而言，特别是中小卖家，如果想以最合理的价格竞拍到坑位，可以参考以下两个技巧。

- 分析数据：竞拍模式依靠价格排序，价格高的竞拍者入围。卖家在竞拍坑位时，要保持理智竞拍，提前分析自己的销售行情、成本收益和竞争优势。如果竞拍价格太高，但是商品收益却跟不上，那么这次竞拍就无法达到理想的效果，甚至可能造成极大的亏损。
- 出价：每位参与竞拍的卖家的出价次数是有限的，但竞拍出价时间却有1小时，建议不要提前出价。如果出价太早，每次出价就浪费一次机会，出价次数用完则失去入围资格。可以以自己可接受的最终竞拍金额为前提，在出价人数和别人出价次数达到一定高度的时候开始出价。

2. 参与天天特价的宝贝审核通不过，是什么原因呢？

天天特价的门槛较低，导致活动竞争压力非常大，如果盲目报名，通过率会比较低，因此需要在了解天天特价规则的前提下有计划地进行报名。一般来说，天天特价的宝贝审核不通过主要分为以下几种情况：当天或3天内有相似款，宝贝综合评分较低、综合排名不达标、商品为非应季款、商品图片与商品链接不符、同期参与了其他活动等，而在选择了合适商品的基础上，卖家也可以通过一些小技巧提高通过率。

- 商品的选择：天天特价的审核排序主要根据商品、店铺等综合评分维度进行评分排序，店铺评分主要包括是否加入消保、DSR动态评分、各种服务保障、店铺的好评率、店铺收藏人气、店铺的完善度、老顾客回访率等因素，商品评分主要包括报名的商品总价值、退款率、售后率、好评率、发货速度、商品质量、商品收藏、单品成长轨迹等，因此选择数据表现比较好的商品，更容易通过审核。
- 报名时间的选择：在天天特价活动期间，商品接近下架，则权重和排名最高，通过的概率相应增加。天天特价的审核时间一般为3~5天，正常情况下是3天，那么一般宝贝下架后第三天就是最佳日期。例如宝贝24日下架，下一次下架时间是31日，为了保证天天特价的审核日期是商品下架时间，可以报名下月3日的活动，这样系统审核日期就是下架的31日，也就是宝贝排名和权重最高的时候。此外，商品下架时间可以设定在17:50－18:00之间，淘宝审核会在18:00关闭。确定了报名哪一天的活动后，还需要确定什么时间开始报名。如确定报名16日的活动后，就需要确定报名时间，在天天特价报名页面查看16日的活动最早什么时候可以报名，然后在报名时间开始当天的0点准时报名。

- 价格设置：合理的价格对于提高天天特价活动通过率也十分有效，淘宝是根据整个行业的均价作为参考来衡量报名价格是否具有优势，所以并不是活动商品价格低于原价就有优势。价格分析可以使用数据分析工具，也可以参考往期的类似商品价格。

3. 淘宝卖家如何做好价格促销，才能被买家接受，且能激发消费欲望？

价格促销是淘宝促销活动中的常见手段，如何进行价格促销，才能刺激顾客购买，也是许多淘宝卖家重点考虑的事情，下面将介绍几种价格促销方案供卖家选择。

- 错觉折扣：某些客户认为打折的东西质量会差一些，面对这种客户可以换一种叙述方式，转为注重强调商品的原价值，让买家觉得花了更少的钱，买到了更超值的商品，如“花100元，换购价值130元的商品”和“全场7.7折！”这两种描述，买家就更偏向于前一种描述。
- 限时或限量抢购商品：让买家在规定的时间或数量内自由抢购商品，并以超低价进行销售。表面上看不划算，但可以积累很高的人气与销量。如一元抢购是不包邮的，若卖家抢到商品，一般会继续购买其他商品，以达到包邮的价格。此外，即使其他买家没有抢到商品，也会增加店铺宝贝的曝光率，增加购买的概率。
- 临界价格：临界价格是指临近整数的价格，如100元取99.9元，该销售策略在超市商场中的应用十分广泛。
- 阶梯价格：商品的价格随着时间的推移出现阶梯式的变化。如新品上架第一天按5折销售，第二天6折，第三天7折，第四天8折，第五天9折，第六天原价销售。
- 降价加打折：降价加打折实际上就是对一件商品既降价，又打折，双重实惠叠加，与单纯的打折或降价相比，降价加打折更能体现优惠的力度。

5.9 边学边练

1. 对参加聚划算店铺活动的资质进行了解，查看店铺可以参加的聚划算活动，为店铺的热销宝贝报名并参加聚划算活动。

2. 申请淘金币账户，并设置淘金币抵扣开始时间、全店商品的淘金币抵扣比例、全店商品支持买家使用淘金币抵扣商品金额等。

3. 登录淘宝卖家中心，通过营销中心的“优惠券”工具为店铺设置“满800减100、满500减50、满200减20”的优惠券。

第6章 三大利器推广商品

本章导读

不管是经营哪一种网店的卖家，都在想方设法地使用各种推广手段引进流量、促进成交量。对于实力较强、资金较为充裕的店铺，除了可以使用店铺促销活动获取流量、提高销量之外，还可以选择一些付费推广工具。付费推广的推广形式更直接，推广效果也更快速、更明显。在淘宝的付费推广工具中，直通车、钻展和淘宝客是最常见的。本章将围绕这三大利器展开介绍。

知识技能

※ 掌握利用直通车推广商品的方法
※ 掌握利用钻石展位推广商品的方法
※ 掌握利用淘宝客推广商品的方法

视频讲解

（视频讲解：9 分钟）

6.1 利用直通车推广商品

淘宝直通车是为淘宝卖家量身定制的一种推广方式，直通车按点击付费，可以精准推广商品，是淘宝网卖家进行宣传与推广的主要手段。它不仅可以提高商品的曝光率，还能有效增加店铺的流量，吸引更多买家。

6.1.1 直通车的优势

卖家做推广是为了获得更多的流量，只有拥有了足够的流量，才有可能拥有更多的成交、收藏、加购、转化和盈利。刚开始经营淘宝店铺的新手卖家都知道，淘宝网的自然流量不是短时间内可以控制和改变的，所以对于很多中小卖家来说，获得流量最经济最快捷的方式就是直通车推广。

那么直通车推广究竟有哪些明显优势呢？

- 优选位置展现：直通车推广在淘宝的手机端和PC端都有专门的展示位置。这些展示位置十分显眼，非常容易被买家看到。排序越靠前，展示位置越好。
- 降低推广费用和风险：直通车推广是免费展现，点击收费，也就是说当买家点击了商品之后，才会产生费用，同时系统会智能过滤无效的点击，帮助卖家精准定位适合的买家人群。
- 小卖家的推广利器：淘宝直通车推广对中小卖家比较友好，不仅推广效果十分明显，可以在短时间内提高店铺流量，同时投入费用也在中小卖家的接受范围之内，小投入大收益，帮助卖家在运营前期快速积累店铺资源。

6.1.2 直通车的展现位置

淘宝直通车的推广形式是卖家通过设置关键词来推广商品，淘宝根据用户搜索的关键词在直通车展示位展示相关商品，买家点击商品产生流量，淘宝网通过直通车流量的点击数进行收费。因此直通车展示位与商品的曝光率息息相关，直通车展示位可以分为以下几类。

- PC端掌柜热卖：自然搜索结果页中的“掌柜热卖”是淘宝直通车PC端的主要展示区域，包括搜索结果页中（带有“掌柜热卖”标签）、搜索结果右侧和搜索结果底部等位置。此外，买家购物车页面底部的“掌柜热卖”也是直通车展示位置。

● PC端热卖单品：淘宝收藏夹页面底部、已买到的宝贝页面底部、物流详情页页面底部的“热卖单品”也是直通车的展示位置，一般有5组，每组5个展位，自动轮换播放。

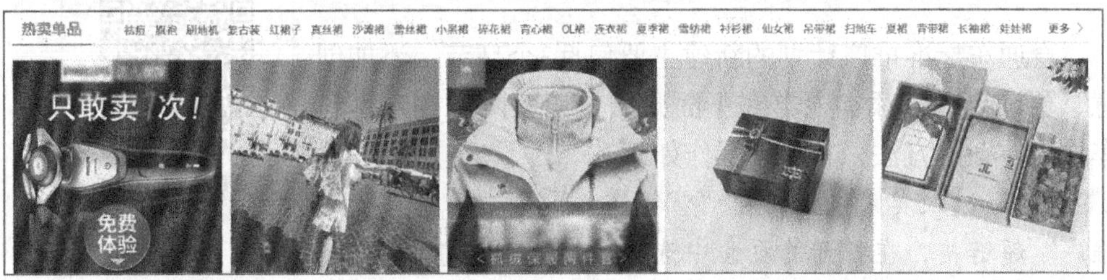

● PC端我的淘宝首页“猜我喜欢”：进入我的淘宝首页，淘宝根据买家搜索记录推荐的商品也是直通车展示位置。此外，淘宝网首页的“猜你喜欢”也属于直通车展示位置。

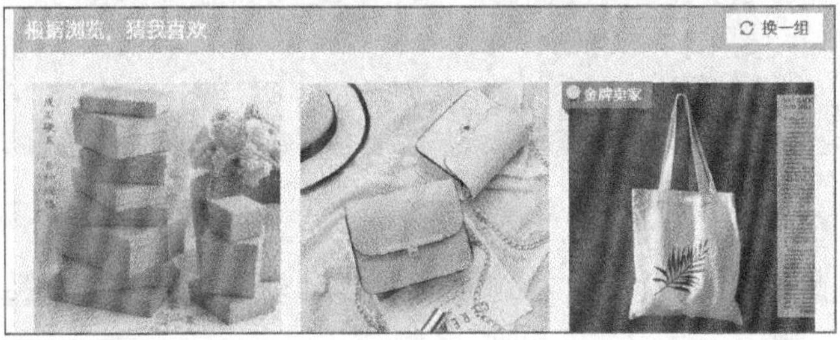

● 移动端展位：淘宝直通车移动端展位与PC端有些类似，如购物车页面、收藏店铺页面、手机淘宝首页的“猜你喜欢”等。此外，移动端的主要展示位置还包括自然搜索结果页，其展示方式与PC端略有不同。移动端自然搜索结果页的直通车展示位置为无线端自然搜索结果页中的第一个宝贝，同时每隔5个或10个宝贝加入一个直通车展位。根据无线端移动设备的不同，展示位置也会有一些差异，一般来说，移动端的直通车展位图片上都有“hot”标志，如iOS端和Android端的展示位置为“1+5+1+5+1+10+1…”，也就是说第一个宝贝为直通车展示位，中间5个宝贝为非直通车展示位，接着一个直通车展示位宝贝和5个非直通车展示位宝贝，一个直通车展示位宝贝和10个非直通车展示位宝贝。

6.1.3 新建直通车标准推广计划

扫一扫

新建直通车标准推广计划

直通车标准推广计划的新建主要包括3个环节，添加创意、买词出价和添加人群。下面介绍在淘宝网中制定直通车推广方案的方法，其具体操作如下。

STEP 01 进入卖家中心，在“营销中心”栏中单击“我要推广”超链接，在打开的页面中选择“淘宝/天猫直通车”选项。

STEP 02 进入直通车推广页面，在“我的推广计划”栏中单击按钮。

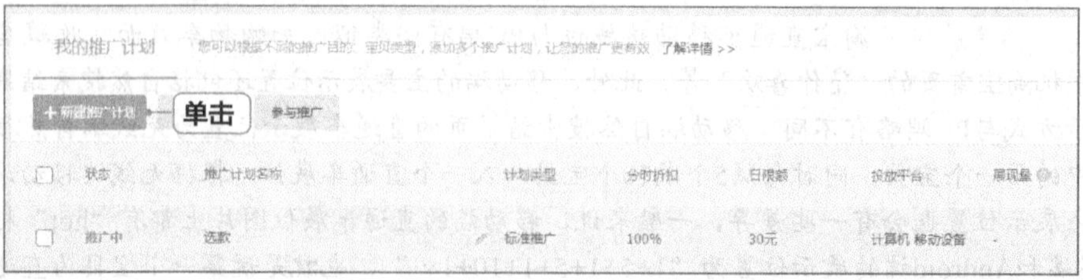

STEP 03 打开“新建标准推广计划”页面，在其中输入新建推广计划的名称，然后单击按钮。

STEP 04 完成推广计划的新建，在完成页面中单击“设置和管理标准推广计划”超链接，返回首页，查看新建的推广计划。

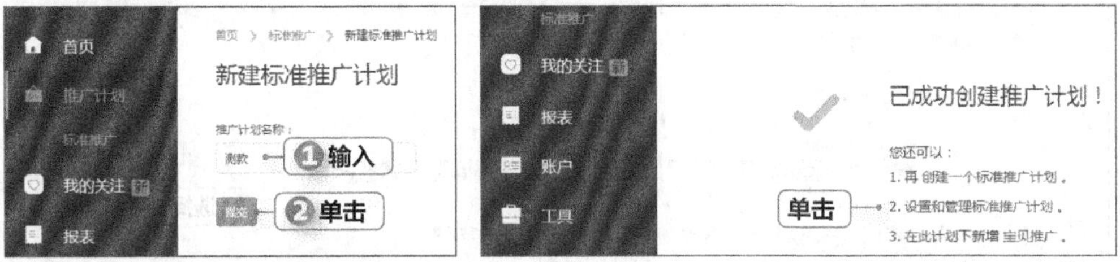

STEP 05 在新建的标准推广计划的“操作”栏中单击“编辑”超链接，为该推广计划添加推广宝贝并进行设置。

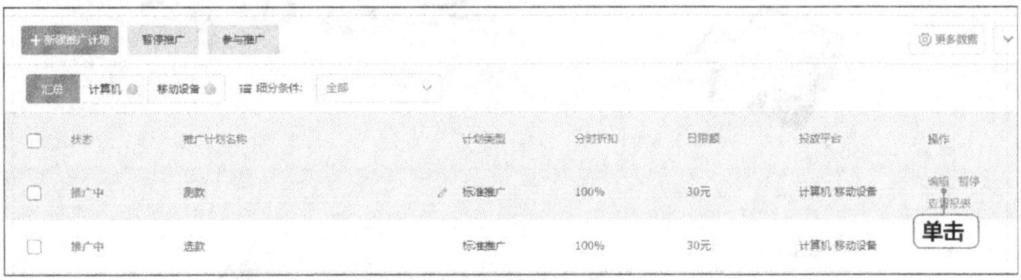

STEP 06 在打开的页面中单击“+新建宝贝推广”按钮，新建推广宝贝计划。

STEP 07 打开“新建宝贝推广”页面，在“优选条件”栏中设置推广宝贝条件。

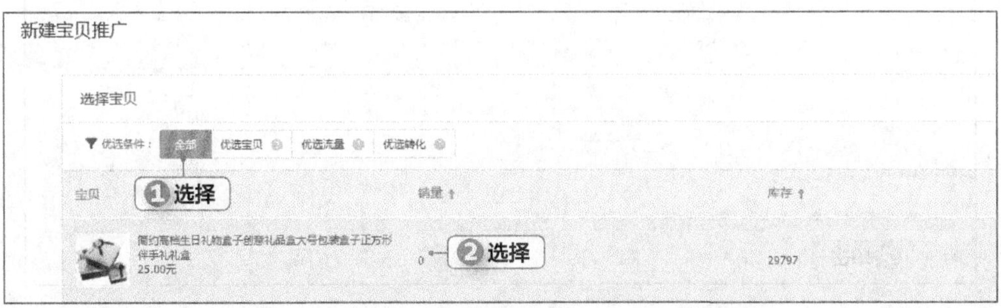

STEP 08 选择"自定义目标"选项，在"设置推广方案"栏中设置宝贝推广的方案、创意、标题、创意图片等。

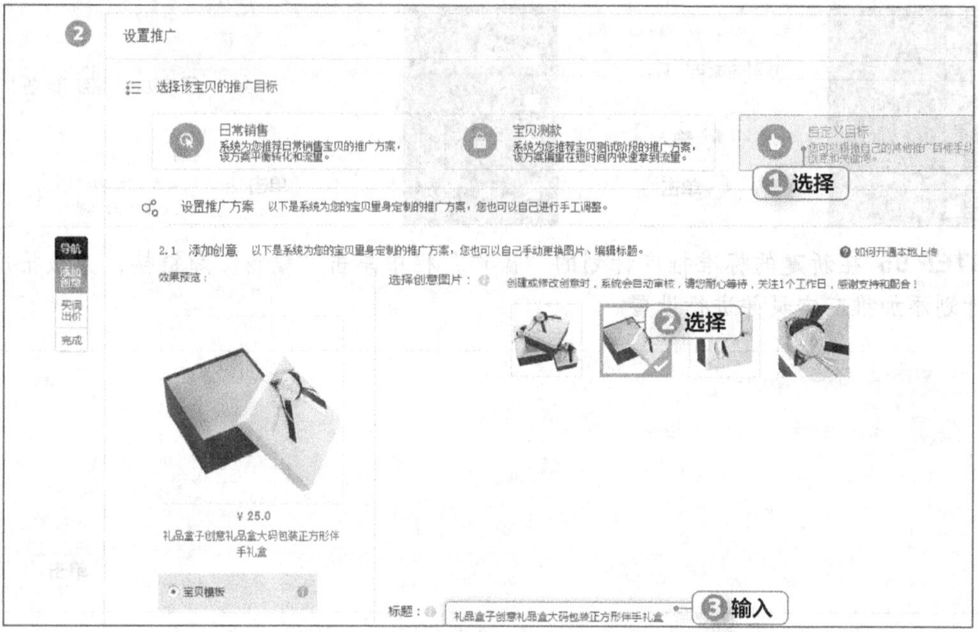

STEP 09 在"买词及出价"栏中单击 按钮，打开搜索和添加关键词页面，在右侧的关键词列表框中选择所需的关键词，将其添加到左侧列表框中。在"推荐理由"栏中单击"更多"按钮，可以添加更多的推荐词，也可以在"搜索关键词"文本框中搜索相关关键词。添加完成后，单击 按钮。

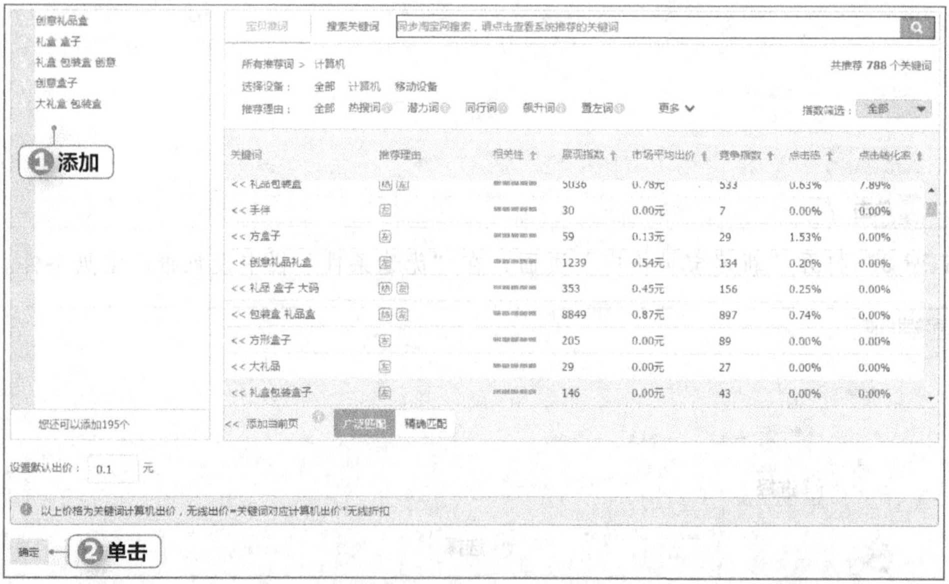

高手支招

在选择关键词时，可以查看该关键词的数据信息，包括相关性、展现指数、市场平均出价、竞争指数、点击率、点击转化率等，卖家应该根据自己店铺的实际经营情况选择合适的关键词，着重分析展现、竞争、点击和转化数据。在添加关键词时，可以选择一次添加多个关键词，也可以选择每次添加一个关键词。建议每次添加一个关键词，然后根据该关键词的竞争情况、市场平均出价进行出价，在“设置默认出价”文本框中输入相关出价即可。

STEP 10 返回宝贝推广设置界面，在“计算机出价”和“移动出价”栏中单击“编辑”按钮，可以更改关键词的出价。单击“匹配”方案栏的按钮，可以更改关键词的匹配方式，如广泛匹配和精确匹配。

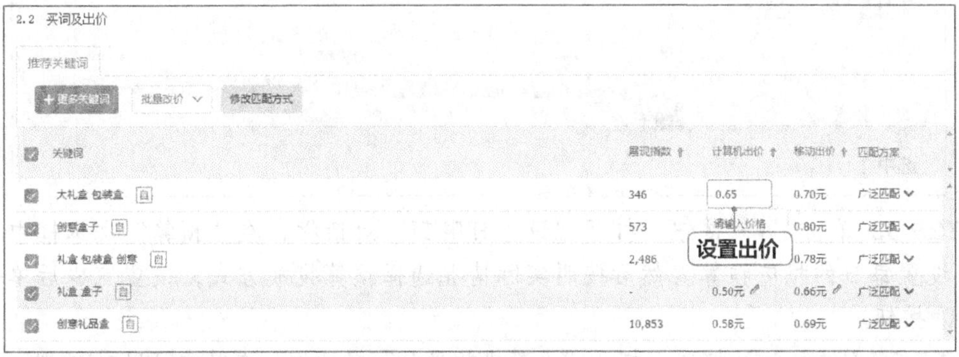

STEP 11 设置完成后，单击页面下方的“完成推广”按钮，完成宝贝推广方案的设置。

6.1.4 编辑直通车投放计划

扫一扫

编辑直通车投放计划

在完成了推广计划的创建后，根据宝贝的实际推广需要，卖家还可以对推广的投放内容进行设置，如日限额、投放平台、投放时间、投放地域等。下面介绍编辑投放计划的方法，其具体操作如下。

STEP 01 在直通车首页需要编辑的推广计划的“操作”栏中单击“编辑”超链接。

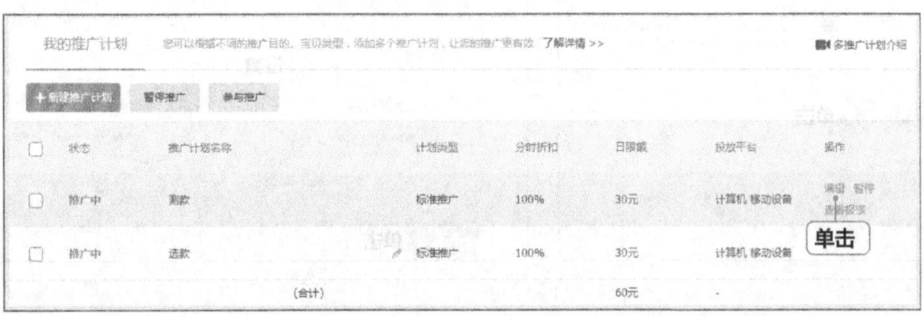

STEP 02 打开推广计划编辑页面，在其中可以查看正在推广的单元。单击选中需要编辑的推广单元前的复选框。

STEP 03 单击设置日限额按钮，打开“设置日限额”对话框，在“预算”文本框中可以设置每日的推广预算。然后按照实际情况选择预算投放方式，设置完成后单击保存设置按钮。

STEP 04 单击设置投放平台按钮，打开“设置投放平台”对话框，在其中可以对PC端、移动端、淘宝站内和淘宝站外等投放平台进行设置，设置完成后单击保存设置按钮。如果不需要在某平台进行投放，可单击按钮，使其变为状态，表示不投放。

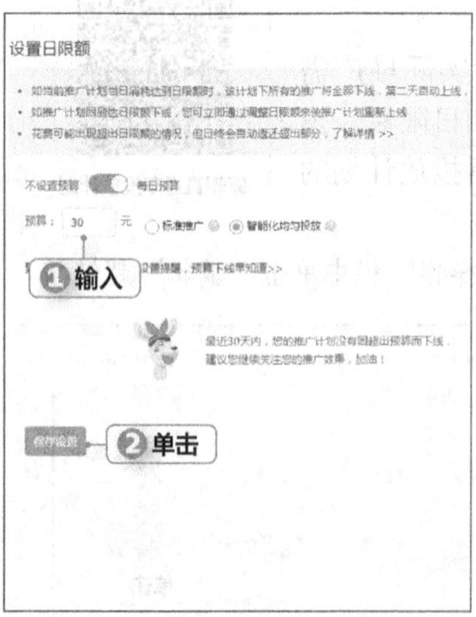

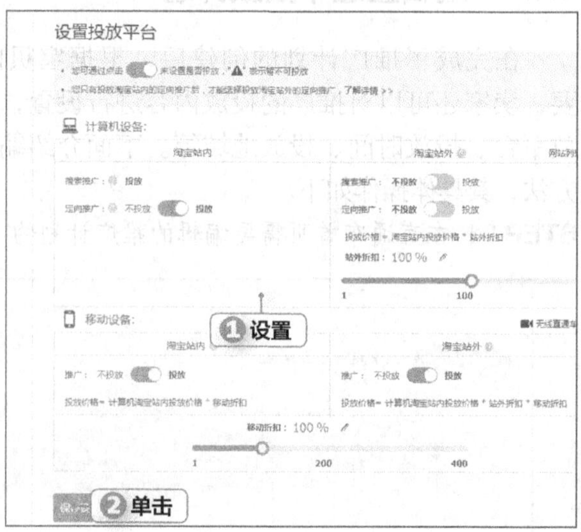

高手支招

在“预算”栏中包括“标准推广”和“智能化均匀投放”两个单选项。“标准推广”是指系统根据卖家的投放设置正常展现推广。如果是预算不高的卖家选择标准化推广方式，可能出现预算提前用完，当天后期缺乏展示的情况。“智能化均匀投放”是指系统根据流量变化和日限额度，在卖家设置的投放时间内均匀展示推广，这种推广方式不会出现日限额提前用完的情况，比较适合预算不足的小卖家。

STEP 05 单击 设置投放时间 按钮，打开“设置投放时间”对话框，在其中设置直通推广的投放时间，这里选择“饰品/流行首饰/时尚饰品新”行业模板，再设置产品在不同时段的折扣，设置完成后单击 保存设置 按钮。

STEP 06 单击 设置投放地域 按钮，打开“设置投放地域”对话框，在其中可以设置投放地域。如果需要取消某个地区的投放，可取消选中该地区前的复选框。地域投放默认以省为单位进行显示，单击省份右侧的 ▾ 按钮，在打开的下拉列表中可设置市的投放。设置完成后单击 保存设置 按钮。

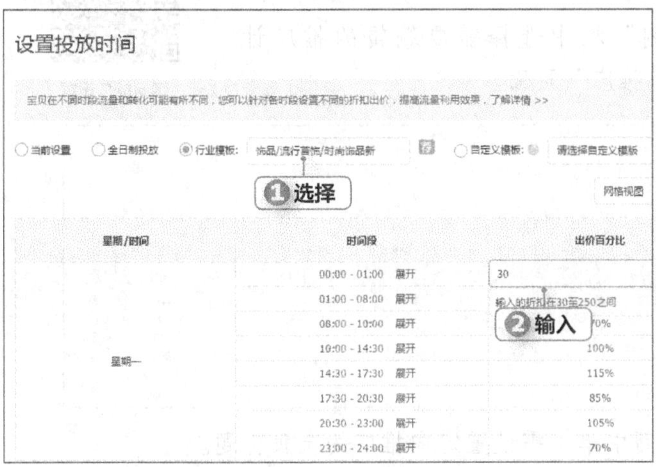

6.1.5 直通车定向推广

定向推广是直通车推广中非常常用且有效的一种投放方式，直通车的定向推广可以根据卖家的实际需求，设置不同的投放维度，如展示位置、投放人群等。其中还可对投放人群进行细分，按照购买意图、访客定向等分别进行投放。

1. 定向推广的类型

定向推广是一种非常精准的投放方式，卖家可以在买家分析的基础上，结合商品实际情况，将宝贝准确投放给某个维度的买家。自定义投放的维度比较多，包括投放人群、展示位置等，卖家可以根据需要将宝贝投放到所需的维度，也可进行多维度组合投放。

● 投放人群：投放人群是指对宝贝投放人群的属性进行设置，包括访客定向和购物意图定向。访客定向是指喜欢我店铺的访客和喜欢同类店铺的访客。喜欢我店铺的访客包括在自己店铺购买过的访客、收藏过店铺的访客、将宝贝放入购物车的访客和浏览过店铺宝贝的访客。这种投放方式主要面向老客户，精准度比较高，效果比较好，可以有效提升店铺的回购率和好评率，甚至拉动店铺新品的数据，对宝贝优化十分有利。喜欢同类店铺的访客是指与自己店铺类似的店铺访客，偏重于对竞争对手的客户进行定向，主要用于竞争和发展新客户。购物意图定向主要是单品兴趣定向，根据买家搜索关键词的历史记录为买家主动推荐商品。

● 展示位置：展示位置分为无线端的展示位置和PC端的展示位置。无线端有手机淘宝首页、猜你喜欢、手机淘宝消息中心、淘宝活动。PC端有我的购物车、掌柜热卖、淘宝收藏夹、热卖单品、我的淘宝首页、猜我喜欢、我的淘宝物流详情页、我的淘宝、已买到的宝贝等。选择一个好的展示位置可以为宝贝带来非常好的推广效果，比如手机淘宝的猜你喜欢，淘宝会根据顾客的浏览记录将宝贝推荐到该位置，流量非常大。

2. 定向推广设置

在设置了标准推广计划后，可以对相关推荐单位进行定向推广设置，其具体操作如下。

扫一扫

定向推广设置

STEP 01 在“我的推广计划”栏中选择需要编辑的推广计划，打开该推广计划的“宝贝推广”页面。

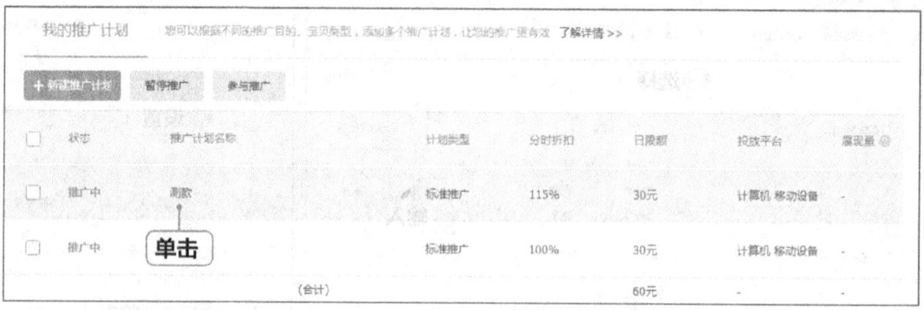

STEP 02 在“宝贝推广”页面中单击需设置定向推广的宝贝标题。

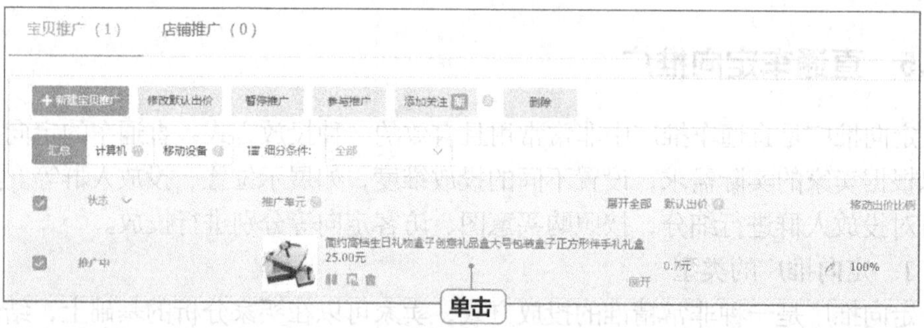

STEP 03 在打开的页面中选择“定向推广”选项，单击“投放人群”选项卡，单击 +访客定向 按钮。

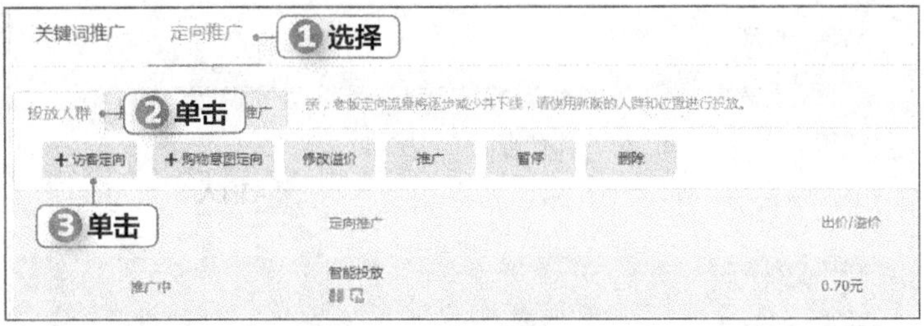

STEP 04 打开“访客定向”对话框，在其中选择定向人群，并设置“溢价”，设置完成后单击确定按钮。溢价是指在原本出价上进行加价，出价超出原定价。

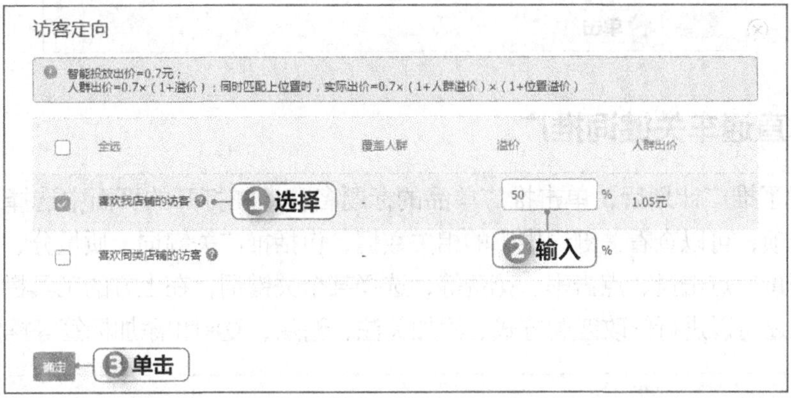

STEP 05 单击+购物意图定向按钮，打开“购物意图定向”对话框，在其中选择单品兴趣定向的关键词，并设置溢价，设置完成后单击确定按钮。

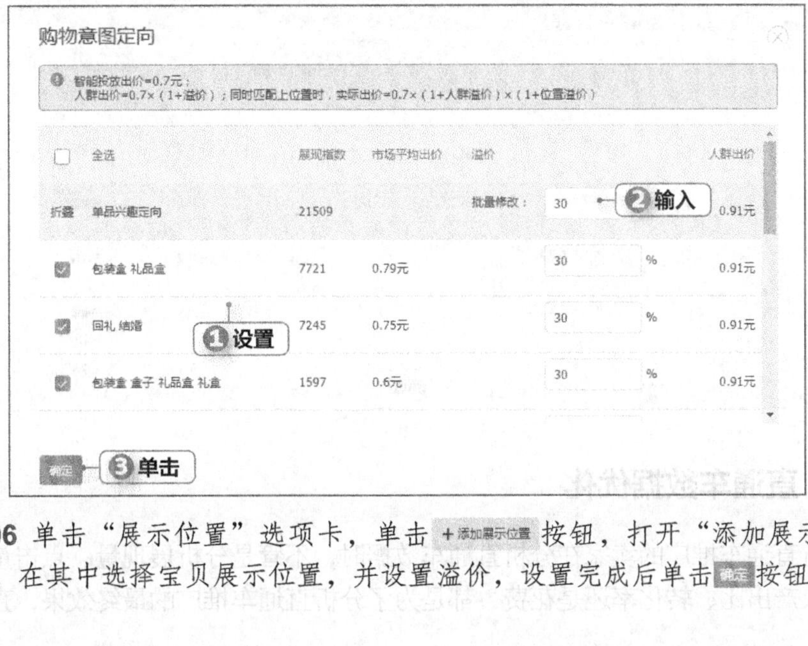

STEP 06 单击“展示位置”选项卡，单击+添加展示位置按钮，打开“添加展示位置”对话框，在其中选择宝贝展示位置，并设置溢价，设置完成后单击确定按钮。

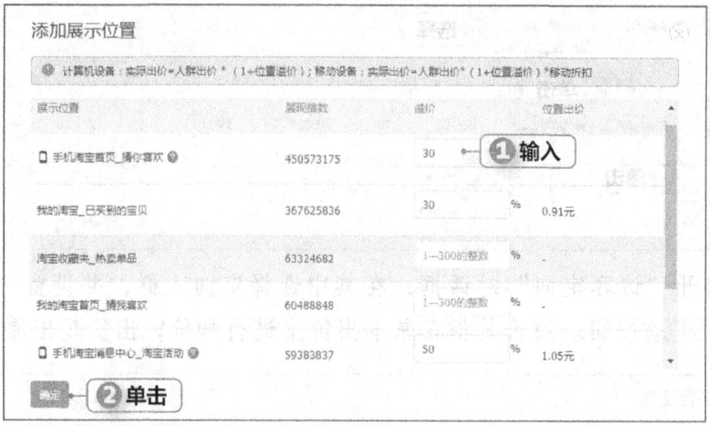

6.1.6 直通车关键词推广

设置了推广计划后，单击推广单品的标题名称，在打开的页面中选择“关键词推广”选项，可以查看关键词推广的相关数据，包括推广关键词、质量分、出价、排名、展现量、点击量、点击率、花费等，选择某个关键词，在上方的工具栏中单击相应的按钮还可以进行修改匹配方式、添加关注、删除、复制和添加标签等操作。

6.1.7 直通车数据优化

进行直通车推广的卖家在分析直通车数据时，不管是分析展现量、点击量、点击率、投入产出比、转化率还是花费，都是为了分析直通车推广的最终效果，直通车数据直接体现了直通车的推广效果。下面讲解直通车最重要的3个数据的优化。

1. 展现量

展现量指宝贝被展示的次数。大部分卖家在加入直通车推广的前期，都是为了获得流量，也就是点击量，而展现量是点击量的前提，没有展现量的宝贝，自然没办法获得点击量。宝贝能否获得展现，与关键词的选择和优化关系密切，如关键词的排名、关键词的搜索量等都是影响宝贝展现量的重要因素。

2. 点击率

点击率是很多卖家加入直通车的主要目的，有点击就等于有流量，有了流量，才会有后续的转化成交。说到点击率，首先需要明确影响点击率的主要因素——排名和宝贝图片。

- 直通车关键词排名：直通车关键词排名主要受质量分和出价两个方面的综合影响，出价越高，可能排名会越靠前，但相应的，推广费用越高。质量分是根据推广创意的效果、关键词与宝贝的相关性、买家体验等因素综合评定的分数。质量分是直通车卖家必须关注的重要因素，一个好的质量分可以让卖家花费更少的推广费用，获得更靠前的排名。直通车推广按照点击进行扣费，单次点击扣费公式为：单次点击扣费=（下一名出价×下一名质量分）/本人质量分+0.01元。直通车的扣费最高额度为卖家设置的关键词出价，当公式计算得出的金额大于出价时，将按照实际出价进行扣费。而且卖家的质量分越高，需要付出的单次点击扣费就越少。因此质量分越高，不仅直通车排名靠前，而且需要付出的推广费用也将更少。

- 图片优化：网店营销就是视觉营销，好图片不仅影响点击量，还直接影响最终转化率。所以直通车推广，图片优化非常重要。那么图片究竟如何优化呢？直通车图片优化需要依靠测试，也就是说选择效果好的多张图片，并依次对每一张图片进行测试。在一定的数据基础上，展现量高、点击量高、点击率高的图片即是适合作为直通车推广的图片。

3. 转化率

从本质上说，直通车是一款精准的引流工具，主要作用是为宝贝或店铺带来流量。而卖家进行直通车推广，除了获取流量之外，最终的目的是获得转化。造成没有转化或转化比较低的因素很多，可能是因为流量少，可能是关键词不精准，也可能是受宝贝详情页、宝贝质量、宝贝评价、宝贝销量等因素的影响。所以说，要想获得转化率，首先必须做好店铺优化。

6.2 参加钻石展位

钻石展位是淘宝网提供的一种营销工具，主要依靠图片创意吸引买家点击，从而获取巨大流量。钻石展位为卖家提供了数量众多的网内优质展位，包括淘宝首页、内页频道页、门户、画报等多个淘宝站内广告位，以及搜索引擎、视频网站和门户网等多个站外媒体展位。

6.2.1 钻石展位的类型

钻石展位分为展示广告、移动广告、视频广告、明星店铺4种类型。下面分别从展示位置、创意形式、收费方式、投放方式等方面对这4种类型进行介绍。

1. 展示广告

展示网络推广是以图片展示为基础，精准定向为核心，面向全网精准流量实时竞价的展示推广平台。钻石展位展示网络推广支持按展示付费（CPM）和按点击付费（CPC），为客户提供精准定向、创意策略、效果监测、数据分析、诊断优化等一站式全网推广投放解决方案，帮助客户实现高效、精准的全网数字营销。

- 展示位置：包含淘宝网、天猫、新浪微博、网易、优酷土豆等几十家淘内淘外优质媒体的上百个大流量优质展位，下图为淘宝首页的钻石展位。
- 创意形式：支持图片、Flash等动态创意，支持使用钻石展位提供的创意模板制作。
- 收费方式：在按展示付费（CPM）的基础上，增加按点击付费（CPC）的结算模式。
- 投放方式：选择资源位，设定定向人群，竞价投放，价高者得。

2. 移动广告

移动广告是通过移动设备（手机、平板电脑等）访问App或网页时显示的广告，其主要形式包括图片、文字链、音频等。随着移动电子商品的发展，移动广告在受众人数上有了非常大地提升，可以根据用户的属性和访问环境，将广告直接推送至用户的手机上，传播更加精准。

- 展示位置：网络视频节目（电视剧、综艺等）播放前/后插播视频贴片。
- 展示形式：视频格式展示，时长15秒以内。
- 定向支持：除钻展常规定向外，还可支持视频主题定向，筛选热门动漫、影视、演员相关视频节目，精准投放。
- 创意形式：可自主上传视频，也可在创意实验室中制作视频贴片。

3. 视频广告

视频广告商品介绍是钻石展位为获取高端流量打造的品牌宣传类商业商品，可以通过视频广告在视频播放开始或结束时展现品牌宣传类视频，具有曝光环境一流，广告展现力一流等优势，配合钻石展位提供的视频主题定向，能够获取更精准的视频流量。

- 展示位置：主要展现在国内主流视频网站，如PPS、爱奇艺、优酷、腾讯等大型视频媒体。广告主要展现在视频开始前和视频播放暂停时。
- 展现形式：以视频格式进行广告内容的展示，展现形式更新颖。
- 定向支持：针对视频网站提供视频主题定向，根据目前热播剧集的名称，主题进行定向。
- 创意形式：视频支持FLA，MPEG等主流视频格式。

4. 明星店铺

明星店铺是钻石展位的增值营销服务，按千次展现计费，仅向部分钻石展位用户开放。开通明星店铺服务之后，卖家可以对推广信息设置关键词和出价，当有用户在淘宝网宝贝搜索框中输入特定关键词时，卖家的推广信息将有机会在搜索结果页最上方的位置获得展现，进行品牌曝光的同时赢得转化。

- 展示位置：在淘宝PC端、手淘以及UC浏览器搜索结果页面最上方。
- 展示形式：当搜索关键字触达投放广告词时，即可在搜索结果页最上方位置得到展示，确保获得流量的精确性。
- 创意形式：提供多样式创意模板，PC模板和无线模板独立，模板由图片和多条文案构成，满足各类消费者的需求。
- 收费方式：按CPM收费，即以千次展现的方式进行收费。

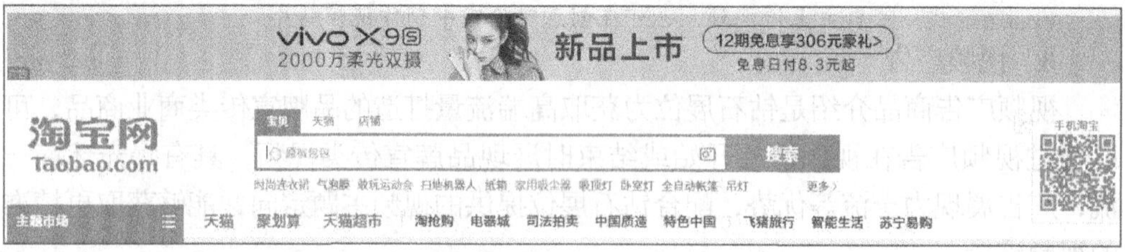

6.2.2 钻石展位的准入要求

钻石展位对淘宝和天猫卖家的准入资格有较高的要求，只有满足要求的卖家才可申请钻石展位推广服务。

1. 淘宝卖家准入要求

钻石展位资质管理对淘宝店铺的要求如下。

- 商家店铺信用等级一钻及以上。
- 店铺每项DSR在4.4及以上（特殊类目无DSR要求或者可相应放宽，由阿里妈妈根据特殊类目的具体情况另行确定）。
- 店铺如因违反《淘宝规则》中相关规定而被处罚扣分的，还需符合以下条件。

违规类型	当前累计扣分分值	距离最近一次处罚扣分的时间
出售假冒商品	6分及以上	满365天
严重违规行为（出售假冒商品除外）	大于等于6分，小于12分	满30天
	12分	满90天
	大于12分，小于48分	满365天
虚假交易（严重违规虚假交易除外）	大于等于48分	满365天

- 在使用阿里妈妈其他营销商品或淘宝服务时未因违规而被暂停或终止服务（阿里妈妈其他营销商品包括淘宝直通车、天猫直通车和淘宝客等业务）。

2. 天猫卖家准入要求

钻石展位资质管理对天猫店铺的要求如下。

- 店铺每项DSR在4.4及以上（特殊类目无DSR要求或者可相应放宽，由阿里妈妈根据特殊类目的具体情况另行确定）。
- 店铺如因违反天猫规则中相关规定而被处罚扣分的，还需符合以下条件。

违规类型	当前累计扣分分值	距离最近一次处罚扣分的时间
出售假冒商品	6分及以上	满365天
严重违规行为（出售假冒商品除外）	大于等于6分，小于12分	满30天
	12分	满90天
	大于12分，小于48分	满365天
虚假交易（严重违规虚假交易除外）	大于等于48分	满90天

- 在使用阿里妈妈其他营销商品或天猫服务时未因违规被暂停或终止服务（同上）。

6.2.3 新建钻石展位推广计划

钻石展位计划与直通车计划一样，需要卖家根据实际情况进行新建和设置，钻石展位计划的新建过程主要包括选择营销目标、设置计划、设置单元、添加创意4个步骤，然后按照钻石展位的操作向导依次进行操作即可。

1. 设置营销目标与计划

扫一扫

设置营销目标与计划

设置营销目标与计划是新建钻石展位推广计划的第一步，其具体操作如下。

STEP 01 在“营销中心”栏中单击“我要推广”超链接，打开淘宝推广页面，在其中选择“钻石展位”选项，在打开的页面中单击 进入钻展 按钮，进入钻石展位推广页面。

STEP 02 在顶部导航栏中单击“计划”选项卡，单击 + 新建推广计划 按钮。需要注意的是

钻石展位的最低充值额度为1000元，一般需要卖家提前在账户中进行充值，才可以制定推广计划，在页面的右侧可看见充值栏。

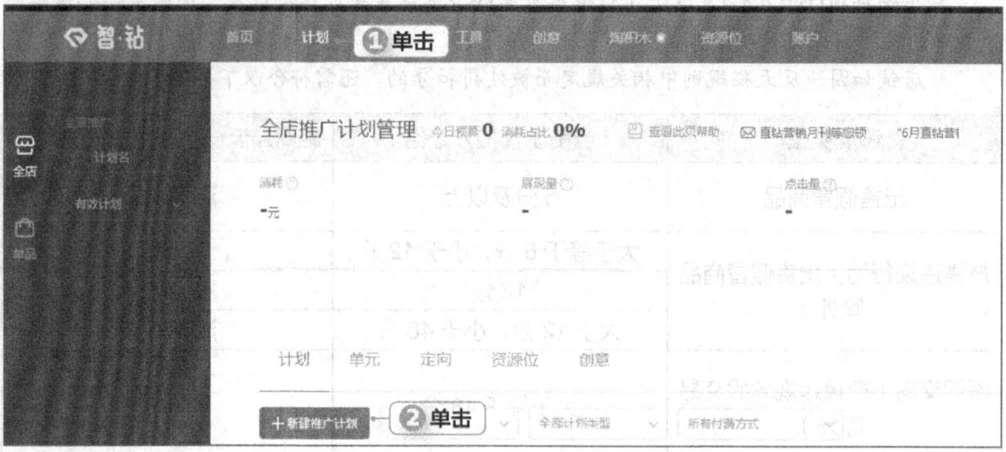

STEP 03 在打开的页面中设置营销目标，如选择“全店自定义方式”选项，单击 +自定义计划 按钮。

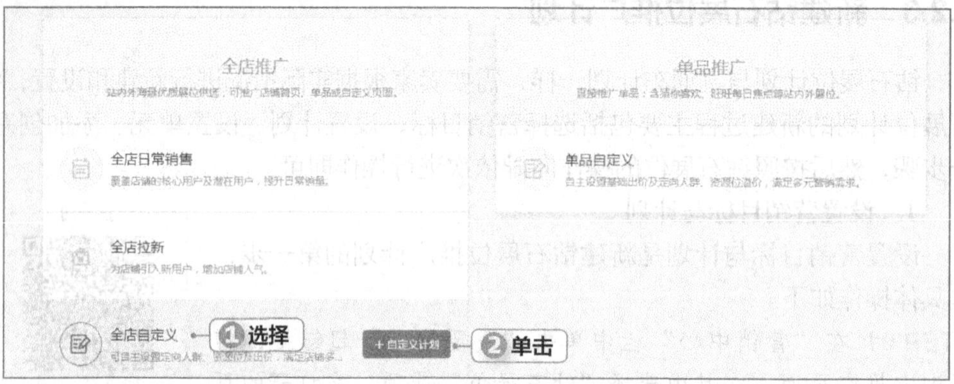

STEP 04 在打开的页面中设置投放的计划，包括对计划名称、付费方式、每日预算、投放日期、投放方式、投放地域和投放时间段等进行设置。

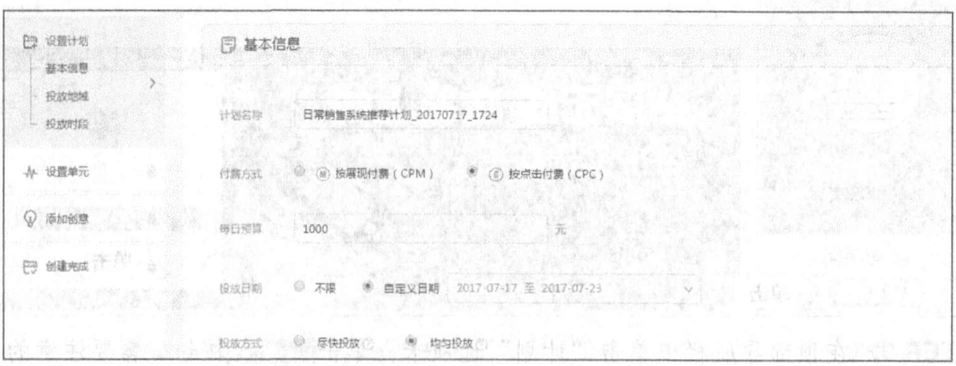

高手支招

投放方式分为尽快投放和均匀投放两种。尽快投放指合适流量集中投放，即就算设置了几个小时的投放时间段，也可能在 1 个小时内就消耗完投放预算；均匀投放指全天预算平衡投放，即将预算均匀分布到所设置的投放时段中。

2. 设置单元

完成推广目标与计划的设置后，单击“下一步，设置推广单元”按钮即可进入单元设置页面。推广单元信息主要是针对定向和出价进行的操作，通过合理定向，将推广广告展现给更精准的目标消费人群，从而获得更精准的定向流量。目前钻石展位有通投、群体定向、访客定向和兴趣点定向等多种定向方式。下面对常用的几种方式进行介绍。

- **通投：**相对来说人群量非常大，花费快，流量不精准，前期如果要做通投，建议拿多个商品进行测试，如果是针对特定的二级页面、集合页面、就不建议通投。
- **群体定向：**综合消费者历史浏览、搜索、收藏、购买行为，确定消费者当前最可能点击的商品类型和价格偏向，提炼出21种主流商品类型；每种商品类型有高、中、低3种价格倾向。群体定向的优点是较广泛，但精准度较低，适用于需要大流量的情况。
- **访客定向：**综合消费者历史浏览、收藏、购买等行为，确定消费者与店铺的关联关系。广告主选定店铺ID，系统可以向与选定的店铺有关联的访客投放广告。访客定向的优点是可以一次定向较精准的目标人群，适用于维护老客户，同时共享竞争对手的客户和潜在客户。
- **兴趣点定向：**兴趣点定向和群体定向的原理基本类似，但兴趣点定向更精准，可精确到叶子类目和部分二级类目，其可选择的兴趣点个数高达1500个。兴趣点定向的优点是可以一次定向较精准的目标人群，定向直达细分类目。

在填写推广单元名称和选择定向时，新手卖家建议先关闭通投和群体，优先考虑设置更精准的访客定向。在设置访客定向时，可选择种子店铺或自主添加店铺，其中种子店铺指通过输入的种子店铺，系统推荐与该店铺相似风格的相关店铺的访客进行定向；自主添加店铺指输入若干个店铺的旺旺ID，系统直接定向这些店铺的访客。自主店铺一般比种子店铺更精准，设置自主添加店铺时建议多选择几个店铺，并圈定合适的人数，其人数在10万~20万为佳。在设置兴趣点定向时，可以输入某店铺旺旺来获取相应兴趣点，一般输入自己的店铺旺旺即可，也可以直接搜索关键词，添加相应兴趣点。

设置好定向后，即可添加资源位，在添加时首先选择站内的资源位，即名称带有“网上购物”的资源位，少而精。选择资源位最主要的两个数据是日均可竞流量和点击率（CTR），如下图所示。分析和选择出较好的展位后，可以加入收藏并进行投放测试，测试效果良好则可长期投放。

出价一般参考各个定向上每个资源位的建议出价即可，在投放过程中可以按照获取流量多少来调整。由于兴趣点定向流量相对较大，建议不要将系统推荐的所有兴趣点都添加，一般来说添加与所推广商品最相关的2~3个兴趣点即可。

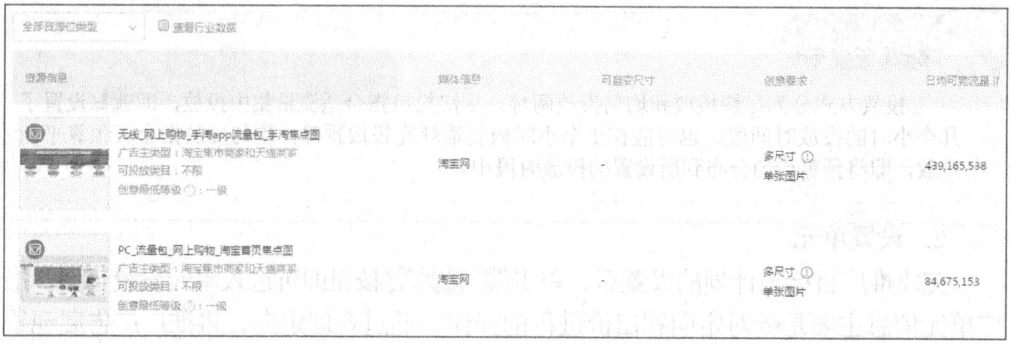

3. 添加创意

在添加创意之前，首先需要根据所选择的资源位的相应尺寸制作创意图片，因此在制作创意前，应该仔细查看资源位对应的创意要求，不符合的创意即使审核通过，也无法投放到所选资源位。在钻展后台“创意”页面中选择左侧导航栏中的“创意快捷制作”选项，系统会自动为店铺推广的商品应用快捷模板，选择“创意模板库”选项，可查看和自己行业商品相关的模板。创意制作完成后在创意管理中上传，等待审核。审核通过后，即可从创意库中选择该创意进行添加，保存推广单元。

在进行钻展创意设计时，需要注意文案、图片的设计要求，具体介绍如下。

- 限制时长的文案使用：钻展的广告图片中一律禁止使用“最后一天，仅此一天，限时1小时”等限制时长的文案。文案不允许太多（不超过30字），文案字体大小不能超过3个大小幅度，字体颜色最好只有两种，不能出现“外贸，日单，尾单，仿货”等敏感和品牌模糊字眼，也不能出现“最低价，最佳，独家，领衔，第一”等最高级别的描述，无法判定真伪的表达用词严格禁止使用。
- 图片限制：创意中禁止使用任何的图片拼接，避免图片模糊、不够美观。

6.2.4 钻石展位数据优化

在投放钻石展位的过程中，往往会遇到各种问题，如流量少、成本高、投入产出差等，此时就需要进行优化。

● 流量少：钻展之所以可以引入足够多的流量，不仅仅是因为其推广位置和扣费标准不同，而是它能以大图或横屏的方式将商品展示到消费者面前，更能引起买家的注意，所以在选择广告位置时，可以选择较大的广告位置。此外，图片的创意程度也是影响买家点击的重要因素。

● 成本高：造成成本高的原因有素材单一、定向不精准、出价过高等。此外，开启钻展新计划的时候要尽量避免在每个小时快结束时开启，系统是按小时平均分配预算的，如该计划设定投放10个小时，预算600元，每小时大概消耗60元，如果在55分开启，就等于系统要在接下来的5分钟消耗掉这60元。

● 投入产出差：一般有3个方面的原因，如宝贝竞争力不足，此时应挑选有竞争力的宝贝进行推广；如店铺装修不好，服务质量不好等，此时应美化装修，参考同行排名靠前的店铺和反馈较好的店铺，参考其装修风格与营销方案；如定向不精准，此时可多维度测试定向，测试出转化较高的定向方案进行重点投放。

6.3 使用淘宝客

淘宝客，简称CPS，属于效果类营销推广人员。区别于淘宝直通车的按点击付费，淘宝客是按照实际的交易完成额作为计费依据，帮助卖家推广商品并获取佣金。淘宝客支持按单个商品和店铺的形式进行推广，卖家可以针对某个商品或是整个店铺设定推广佣金。淘宝客佣金的范围很大，佣金越高越容易得到淘宝客的关注。当交易完成后，即根据佣金设置情况从交易额中扣除佣金。如下图所示分别为卖家、买家与淘宝客的关系图与淘宝客推广的优势。

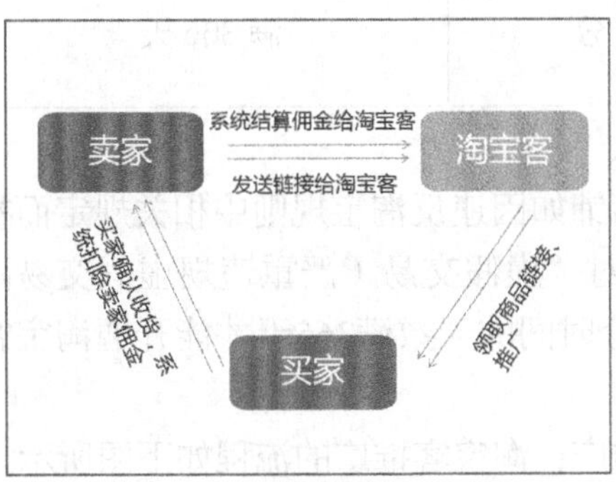

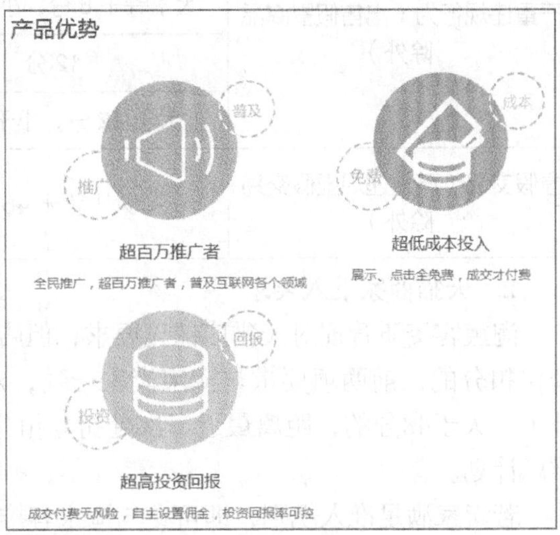

6.3.1 淘宝客准入规则

淘宝客与智钻、直通车的计费方式不同，只有产生成交量才会付费，推广的风险较低，因此是低成本运营店铺的必备策略，需要加入淘宝客的买家，必须符合以下标准。

- 卖家店铺动态评分各项分值均不低于4.5。
- 店铺状态正常且出售中的商品数≥10件（同一商品库存有多件的，仅计为1件商品）。
- 签署支付宝代扣款协议。
- 未在使用阿里妈妈或其关联公司其他营销商品（包括但不限于钻石展位、淘宝直通车、天猫直通车等）服务时因违规被中止或终止服务。

1. 淘宝卖家准入要求

淘宝客资质管理对淘宝店铺的要求如下。

- 淘宝个人店铺信用等级在一心及以上或参加了消费者保障计划，企业店铺信用度等级>0。
- 店铺如因违反淘宝规则中相关规定而被处罚扣分的，还需符合以下条件。

违规类型	当前累计扣分分值	距离最近一次处罚扣分的时间
出售假冒商品	经淘宝网排查认定，该账户实际控制人的其他淘宝账户被淘宝网处以出售假冒商品处罚，且该账户当前出售假冒商品累计分数达到 4 分及以上	满 90 天
严重违规行为（出售假冒商品除外）	6 分及以上	满 365 天
	大于等于 6 分，小于 12 分	满 30 天
	12 分	满 90 天
	大于 12 分，小于 48 分	满 365 天
虚假交易（严重违规虚假交易除外）	大于等于 48 分	满 365 天

2. 天猫商家准入要求

淘宝客资质管理对天猫店铺无要求，但店铺如因违反淘宝规则中相关规定而被处罚扣分的，前两项要求与淘宝卖家一致，对“虚假交易（严重违规虚假交易除外）”大于48分的，距离最近一次处罚与扣分时间的天数满365天才能开通淘宝客推广计划。

若卖家满足准入规则，即可参与淘宝客推广，淘宝客推广的流程如下图所示。

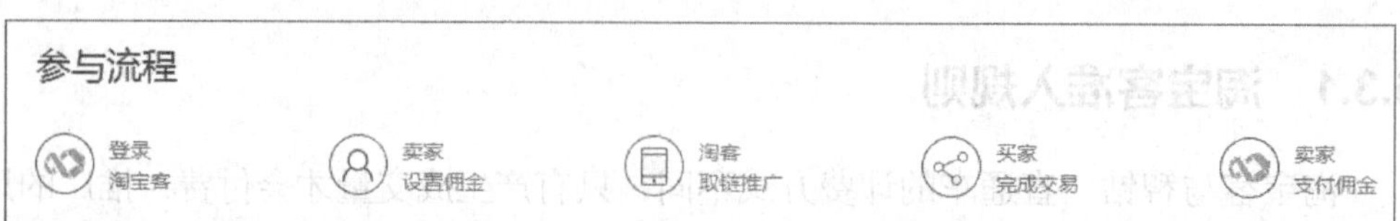

6.3.2 淘宝客推广计划

为了满足不同类型的店铺的需求，淘宝客提供了多种推广方式，如营销计划、定向计划、淘宝客活动和如意投等，卖家可根据实际需求设置推广计划。

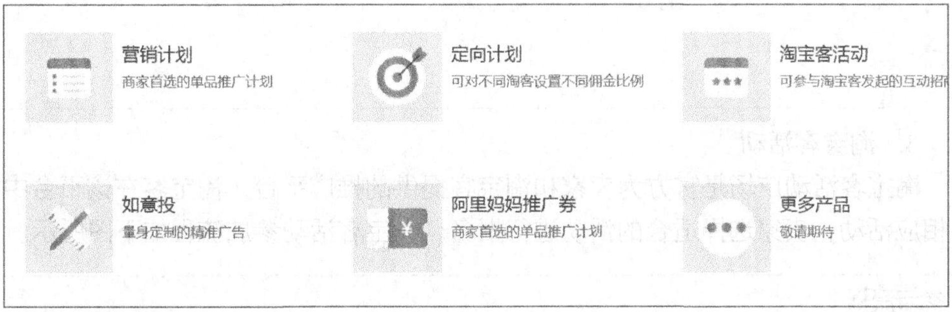

1. 营销计划

营销计划是商家在联盟后台进行单品推广的新计划。该计划支持推广单品管理、优惠券设置管理、佣金管理、营销库存管理、推广时限管理等商家推广所需的基本功能，并可支持查看实时数据及各项数据报表。让淘宝客的推广更便捷，获得更多流量，了解商品实时推广效果，淘宝客流量将优先推广加入营销计划的商品库，淘宝客营销计划参加流程如下图所示。

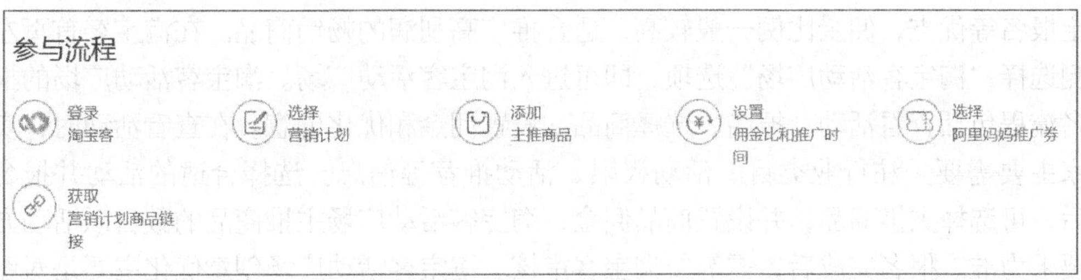

2. 定向推广计划

定向推广计划是卖家为淘宝客中某一个细分群体设置的推广计划，是一种自选淘宝客的计划，可以自动或手动筛选通过申请的淘宝客，佣金设置最高70%，属于主动选择的合作形式。定向计划的流量相对较低，但精准度和转化率相对较高，可以让卖家获取较大的有效流量。在淘宝客首页单击 +新建定向计划 按钮，即可创建定向计划。定向计划最多可添加10个，其设置流程包括设置活动标题、设置计划类型和审核方式、设置计划时间、设置类目佣金、设置计划描述。在设置计划名称时，可以直接将佣金加入标题中，吸引更多优质淘宝客关注。在设置审核方式时，可选择淘宝客的等级，如果佣金较低，可自动审核，如果佣金较高，可手动审核。对于手动审核的计划，可在“计划详情”的“淘宝客管理”中进行查看和审核，同时还可查看淘宝客近期推广情况。在设置完计划的整体佣金后，也可设置单品佣金，其设置方法与通用计划类似，淘宝客营销计划参加流程如下图所示。

3. 淘宝客活动

淘宝客活动广场是官方为卖家和淘宝客提供的推广平台，淘宝客在该平台中推出相应活动，卖家选择适合的活动进行报名，淘宝客活动参加流程如下图所示。

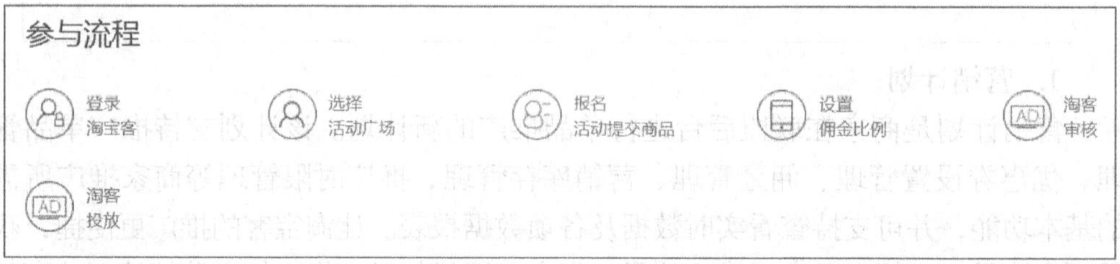

淘宝客活动广场中每个活动的要求不一样，只有符合活动要求才可进行报名。淘宝客活动广场具有官方优选淘宝客资源、报名简单、效果数据可查询和可长期稳定报名等优点，佣金比例一般较高，适合推广高利润的畅销商品。在淘宝客首页左侧选择“淘宝客活动广场”选项，即可进入淘宝客活动广场。淘宝客活动广场的报名流程包括查看活动、报名、选择商品、设置佣金和优化创意。在查看活动时，卖家主要需要关注行业类目、活动权限、活动推荐等信息。选择合适的活动并报名后，可选择主推商品，并设置商品佣金，淘宝客活动广场主推商品的数目以活动方要求为准。报名完成后，需等待淘宝客审核。淘宝客活动广场创意优化主要是对图片进行的优化，对于未设置创意优化的商品，则默认选择商品主图的第一张图片。

4. 如意投

如意投是系统根据卖家的如意投设置将商品展现给站外买家的一种推广方式，按成交计费，卖家推广风险较低。参加如意投的商品，系统会根据综合评分进行排名，由阿里妈妈平台为卖家寻找淘宝客进行推广，而不需商家自己寻找淘宝客。如意投具有系统智能、精准投放、管理省心、渠道互补、流量可控等优点，主要展示位置包括中小网站的站外橱窗推广位和爱淘宝搜索页面，如意投参加流程如下图所示。

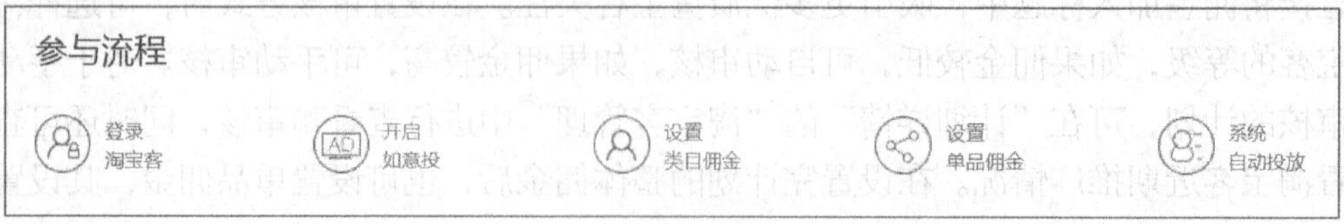

如意投的展现排名规则以综合得分为主，综合得分等于宝贝综合质量分乘以佣金比例，而宝贝综合质量分主要受商品标题属性的相关性、如意投内点击率和转化率、店铺质量等因素的影响。

如意投计划的设置方法与其他计划的设置方法类似，进入淘宝客首页之后，在“如意投”选项的“操作”栏中单击“查看”超链接，即可对计划进行设置。设置完计划整体的佣金后，也可对单品佣金进行设置，最多可设置100个商品。设置好如意投计划后，在淘宝客首页的“计划管理”页面中单击 自定义字段 按钮，在打开的页面中选择相关选项，可查询当前设置佣金的情况、质量评分、行业对比等。

5. 阿里妈妈推广券

阿里妈妈推广券是阿里妈妈官方唯一指定的淘宝客推广优惠券（即优惠券），可支持淘宝客通过优惠券+商品的模式进行推广，在站外推广中引入新购买人群，提高单品转化率，阿里妈妈推广券参加流程如下图所示。

6.3.3 打造爆款佣金设置技巧

打造爆款最常用的推广方式是直通车或者钻展，但使用直通车或者钻展推广的费用高，风险也较高，因此卖家可以适当考虑多渠道推广商品。淘宝客活跃在各个推广领域，推广渠道十分丰富，也可作为爆款打造的一种推广手段。此外，淘宝客推广是个双赢的选择，卖家能将推广风险降到最低。

并不是所有的商品都适合淘宝客推广。适合淘宝客推广的商品应具有点击率高、转化率高、款式新颖、性价比高、购买人数多、用户评价高、收藏人气高的特点。在使用淘宝客推广打造爆款之前，可考虑使用直通车或者钻展测款，然后再通过淘宝客来推广。在淘宝客推广中，佣金是吸引淘宝客推广的关键，作为卖家怎样设置佣金才合理呢。

根据所选商品的不同，所设置的佣金也有所不同，设置佣金时可参考同类商品的竞争情况，通常淘宝客佣金设置的一个基本范围为5%~50%，卖家可以在这个范围内任意调整。

1. 分阶段设置佣金

一般淘宝客佣金可以分阶段进行设置。

● 推广初期：刚上架不久的商品，有基础的销量与好评，作为吸引淘宝客的主推商品，在定制佣金比例时，可考虑最大程度地让利淘宝客，以获得更多的推广，此时应适当以高佣金回报淘宝客，如50%佣金。由于淘宝客是按成交支付佣金，所以利润风险小、回报率高。此外，淘宝客佣金设置得越高，当淘宝客按30天佣金支出搜索推广计划时，店铺商品排名也越靠前，主动展示到淘宝客眼前。

● 推广中期：随着销量的逐渐上升，此时商品有较大的市场占有率，卖家可适当降低佣金比例，逐步实现利润。

● 推广后期：当市场销量比较稳定后，该商品的推广佣金也要稳定下来，不要轻易进行更改，以免流失淘宝客。

2. 按客单价设置佣金

低客单价商品与高客单价商品所参加的淘宝客推广方案是有所不同的，淘宝客佣金可以根据客单价进行设置。

● 低客单价商品：若商品单价较低，可以参加开心赚宝、卷皮网等第三方的淘宝客活动，这些淘宝客活动具有流量大、佣金较低的特点，一般为10%左右。

● 高客单价商品：由于高客单价商品不能上低价淘宝客活动，因此加大推广力度，获取精确的流量是其关键，此时可尝试找商品相关的一些垂直媒体或者达人做推广分享。如家居类店铺，可以找些家居类的网站投放广告，或者是专门分享家居商品的淘宝客。此类淘宝客的流量定位精准，佣金较高最高，可设置到50%。

3. 额外奖励

淘宝客在挑选商品时往往会比较关注佣金比例，相同的推广成本，佣金越高，收益当然越好。对于一些优质的淘宝客，卖家除了为其提供高佣金之外，往往还会为其设置额外奖励，以保持淘宝客和店铺之间的黏性，提高淘宝客的忠诚度，长久的维护合作关系，同时激励淘宝客之间的良性竞争，激发淘宝客的积极性，如成交10笔额外奖励5元。

6.4 疑难破解

1. 可以在其他店铺推广商品吗？

友情链接可以将其他店铺的流量引入自家店铺，是非常实用的一种店铺商品推广方式。友情链接实际上是相互带入流量的一种合作模式，与交易量大、信誉度较高的店铺交换友情链接效果比较明显。卖家之间交换友情链接，可以形成一个互助网络圈，其相互推广的模式也可以增加双方店铺的影响力。在店铺交换友情链接的方式与装修店铺其他版块类似，在店铺装修页面中添加“友情链接”模块，打开“友情链接”对话框，在其中添加合作店铺的链接地址即可。

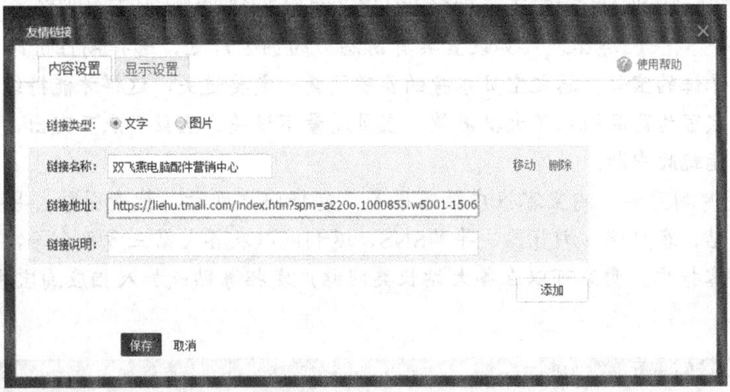

2. 投放钻石展位有哪些注意事项?

投放主要需对资源位、创意、定向和出价等因素进行分析。在选择资源位时，可以首先选择站内的资源位，即名称带有“网上购物”的资源位，预算不大时数量控制在5个以内，下图所示为一些流量充足、点击率相对较高、投放性价比较高的资源位。智钻创意的制作可参考创意后台的一些模板。关于定向的选择，建议新手设置访客定向时选择自主添加店铺。出价则可直接参考系统建议，再根据投放情况适当调整。

广告位名称	尺寸(像素)	推荐理由
无线_网上购物_app_淘宝首页焦点图2	640x200	流量充足、效果好、钻展最黄金的资源位
无线_网上购物_app_淘宝首页焦点图2	640x200	
PC_网上购物_淘宝首页焦点图2	520x280	
PC_网上购物_淘宝首页焦点图3	520x280	
PC_网上购物_淘宝首页焦点图4	520x280	
PC_网上购物_淘宝首页焦点图右侧banner	170x200	流量充足、价格相对较低、性价比高
PC_网上购物_淘宝首页3屏通栏大banner	375x130	
PC_网上购物_阿里旺旺_弹窗焦点图2	168x175	

3. 直通车竞价有哪些技巧?

直通车竞价是一个需要不断总结和分析的过程，盲目竞价不仅无法带给店铺足够的流量，还会花费大量的金钱。

- 关注转化数据，有技巧地调整关键词出价。在商品推广初期，可以适当限制直通车的花费。
- 删除上一月展现量大于100，点击量非常低或为0的关键词。
- 分析转化数据，找到排名靠前的关键词，提高关键词出价。
- 分析转化数据，从高到低对关键词的竞价进行整理和排序，降低转化低于2%的关键词出价。

4. 如何招募优质的淘宝客？

卖家要进行淘宝客推广，必须掌握一定的淘宝客资源，没有足够的淘宝客资源，淘宝客推广也就寸步难行，那么该如何招募到优质的淘宝客呢？

- **从淘宝客的关注点出发**：如设置具有诱惑力的佣金计划，选择高性价比、高转化率、质量、评分有保证的宝贝。总之宝贝本身的各项因素一定要过关，这样才能持续长久地进行推广。否则当淘宝客为商品引入了大批流量，宝贝质量不过关、宝贝卖点不突出，导致转化率很低，合作很可能就此中断。
- **主动挖掘淘宝客**：淘宝客推广渠道很多，包括门户网站、搜索引擎、导航网站、影音娱乐、社交网站、客户端、浏览器、导购SNS、返利网以及各大第三方平台等，下图所示为凤凰网上的淘宝客推广。卖家可以在各大站长类网站广发招募贴或加入相应淘宝客QQ、微信群寻找淘宝客。

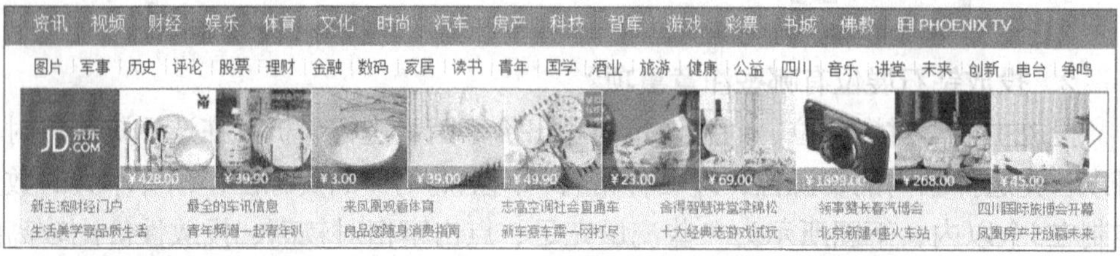

5. 如何维护淘宝客？

维护淘宝客与维护店铺的老客户一样都是相当重要的，卖家可以从以下3个方面进行维护。

- **取得淘宝客的联系方式**：获得淘宝客的联系方式，同时筹备并建立属于自己店铺的淘客群。
- **了解淘宝客需求**：多和淘宝客交流，了解淘宝客需要什么，及时在店铺淘宝客群更新店铺的优惠信息和佣金变动情况，主动提供店铺推广所需素材，包含图片、软文等，方便淘宝客推广，同时还可以和他们交朋友，聊点生活趣事等。
- **让淘宝客更愿意推广你的店铺**：不定期举办淘宝客奖励计划或淘宝客大赛，增加淘宝客的积极性，提高与店铺的互动，这样做不仅可以维护老淘宝客，还可以吸引新淘宝客，促进店铺长远发展。

6.5 边学边练

1. 选择店铺中销量较好的一款商品，利用直通车对其进行推广。
2. 新建钻石展位推广计划，对店铺商品进行推广。
3. 联系淘宝客，设置佣金计划，让其推广自己店铺的商品，并给予一定的奖金，维护与淘宝客之间的关系。

第 7 章

站外推广挖掘潜力客户

本章导读

店铺流量即店铺的访问量，而店铺访问量直接关系着店铺的销量，因此要想取得不错的销量，必须对店铺进行推广。对于淘宝卖家而言，除了抢占自然流量、积极参加淘宝官方提供的活动以及使用淘宝官方的推广工具来获取流量外，还可以尝试一些站外推广方式，如淘宝论坛、微淘达人、微博、返利网、折800等，尽可能多地挖掘潜力客户。

知识技能

※ 掌握利用营销工具推广商品的方法

※ 掌握利用网站推广商品的方法

视频讲解

（视频讲解：8 分钟）

7.1 利用营销工具推广商品

现在的网络用户越开越多，充分借助社交工具，依托网友，可以借机推广自己的商品，如在淘宝论坛中推广商品，或使用QQ、微信或微博推广商品。

7.1.1 在淘宝论坛中推广商品

淘宝论坛是一个淘宝店铺推广论坛，在论坛中不仅可以查看与经营店铺相关的新闻和技巧，还可与其他淘友发帖交流、发表见解、寻找潜在客户、宣传店铺等。淘宝论坛是淘宝网的官方论坛，可与淘宝网共用账户，不需另外注册。只需登录到淘宝论坛后，在个人信息中加入一些营销信息，进行自我营销和宣传。在淘宝论坛中，一般通过发帖的方式宣传店铺，也可以以回帖的方式与其他淘友进行讨论，下面介绍在淘宝网中发布淘宝女装帖子与回复帖子的方法，其具体操作如下。

扫一扫

在淘宝论坛中推广商品

STEP 01 进入淘宝论坛，将鼠标指针移动到“行业板块”选项卡上，在打开的下拉列表中单击“淘宝女装”超链接，进入淘宝女装页面，在其中可以查看与淘宝女装相关的帖子。

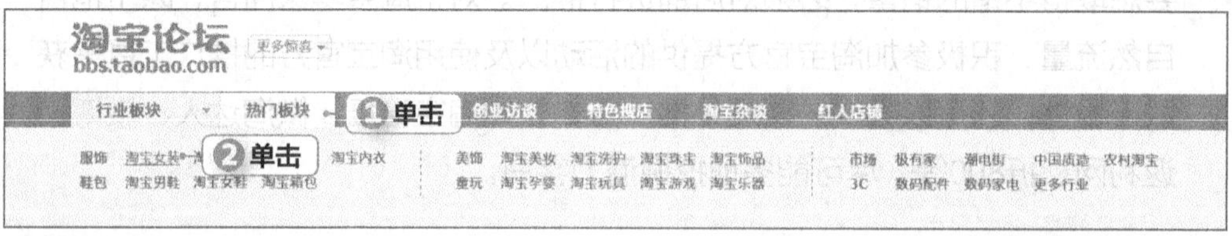

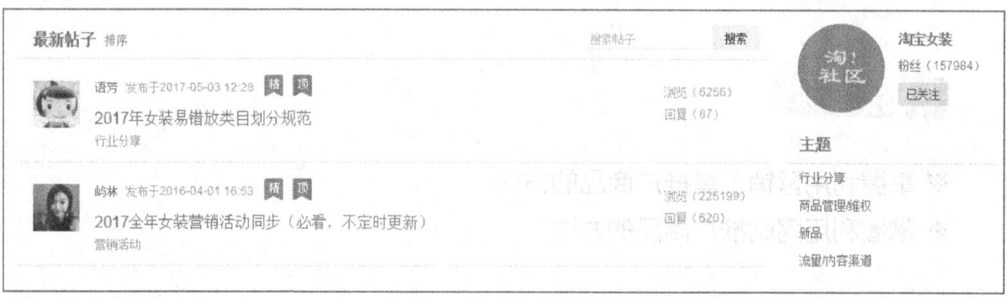

STEP 02 单击打开交流的帖子，通过帖子下方的按钮进行助威、点赞、收藏和回复操作，如在帖子下方单击“回复本帖”按钮，在打开的对话框中输入回复内容，输入完成后单击“立即回复”按钮即可。在回复帖子时，通过回复框上方的工具栏可以设置文本格式，也可以插入图片和链接。

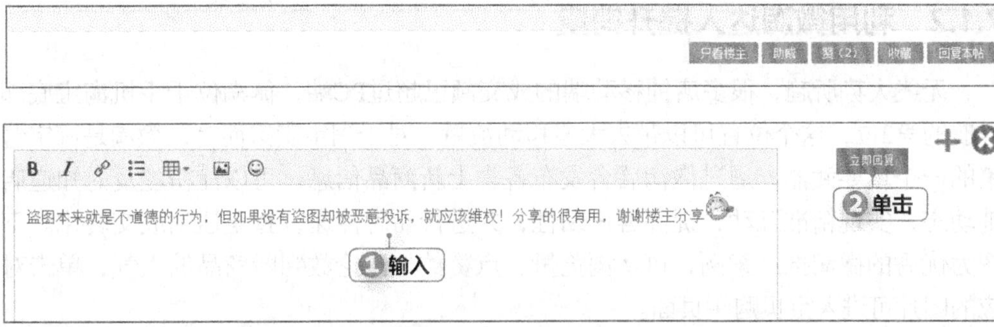

STEP 03 在页面右上角单击发表帖子按钮，打开帖子编辑页面，在其中分别输入标题和正文内容，再在“版面”下拉列表中设置帖子的分类，如“营销渠道”。

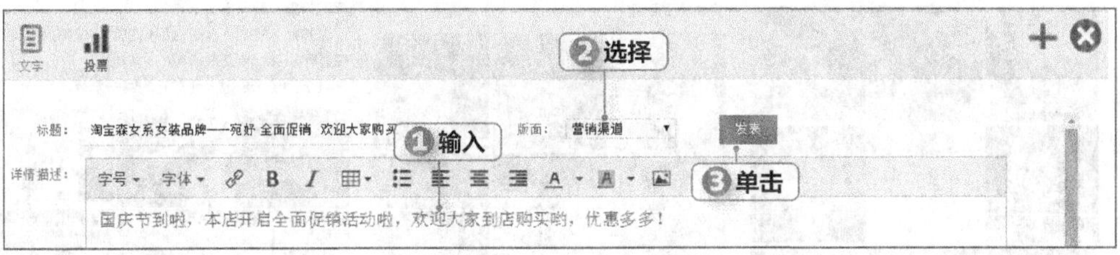

STEP 04 单击“插入/编辑图片”按钮，打开“插入图片”对话框，单击本地上传按钮，打开“打开”对话框，在其中选择需插入帖子中的图片，然后单击打开(O)按钮。

STEP 05 返回“插入图片”对话框查看图片上传进度，上传成功后单击确定按钮完成上传。单击“插入/编辑链接”按钮，打开“插入链接”对话框，在其中可输入地址和显示文字。设置完成后单击确定按钮完成链接的插入。

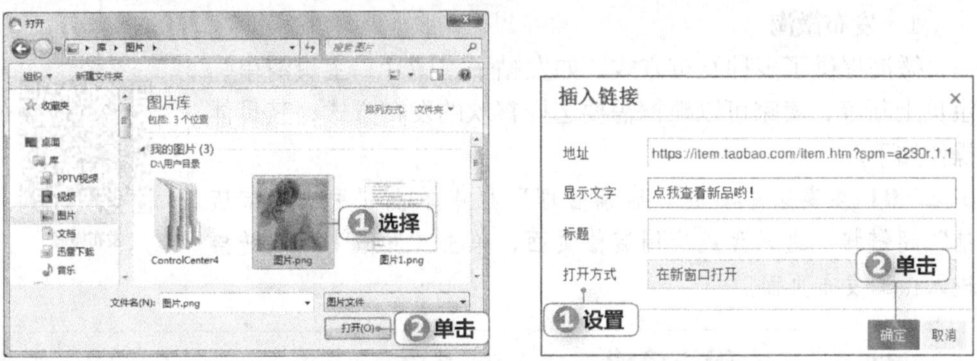

STEP 06 返回编辑页面，在其中单击发表按钮，即可完成帖子的发布。

高手支招

在论坛上发布帖子时，可以提前查看一下当前板块的版规，根据版规发布帖子，以防帖子被管理员删除。帖子内容言之有物，内容充实，排版规范整齐，才能博得阅读者的好感。

7.1.2 利用微淘达人提升销量

无线大势所趋，很多店铺移动端的成交额已超过PC端，微淘位于手机淘宝底部导航的第2位，这个位置可以带去大量移动流量。对于淘宝卖家而言，微淘是淘宝营销的一个重要武器，通过微淘后台发布各类上新商品信息，可以让粉丝及时知道店铺动态，实现精准互动，提高客户黏性，并进行品牌传递，直至达到成交转化。下图为优秀的微淘推广案例，可从浏览量、点赞数与评论数判断商品的人气，单击对应的图片可进入宝贝购买页面。

1. 发布微淘

微淘提供了多种发布方式，如发帖子、图片、宝贝清单、宝贝上新等，卖家可以根据需要选择喜欢的发布方式，其具体操作如下。

扫一扫

发布微淘

STEP 01 在卖家中心的“店铺管理”栏中单击“手机淘宝店铺”超链接，进入无线店铺装修页面，单击“发微淘”超链接进入微淘发布页面。

STEP 02 选择需要发布的微淘方式，如单击“发帖子”超链接，将打开“发帖子”页面。

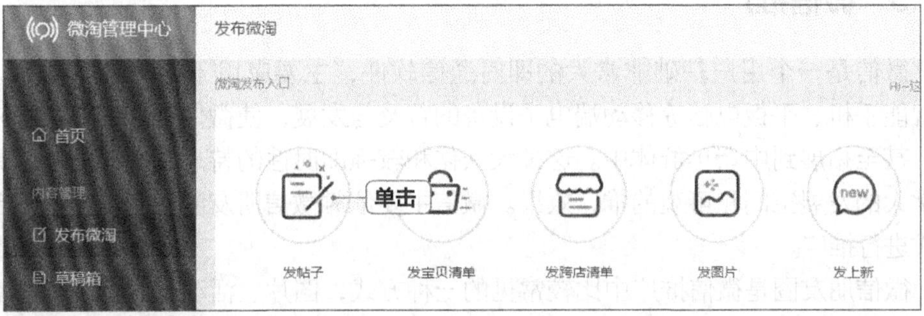

STEP 03 设置宝贝的标题、封面、宝贝的链接地址、用户标签等相关信息，完成后单击 发布(今日还可发布：1篇) 按钮即可发布。

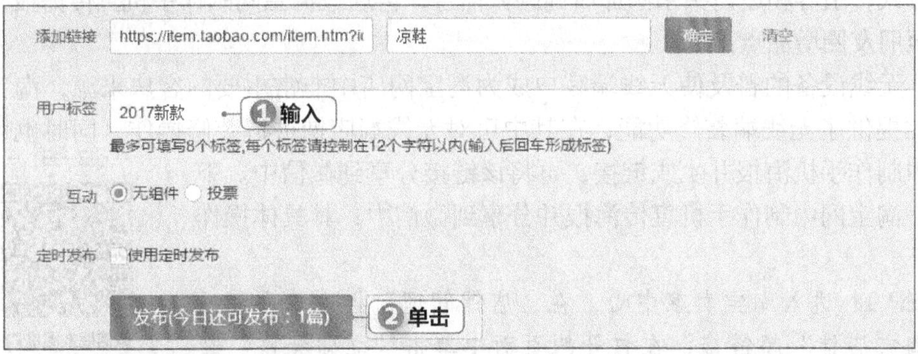

2. 微淘推广要素

微淘是无线端引流的常用工具，很多大型网站都在做微淘营销，那么中小型买家如何通过微淘来提升销量呢？一是自己成长为具有影响力的淘宝达人；二是寻找粉丝多、发帖内容优质的淘宝达人合作，来提高微淘帖子的曝光量，增加店铺的流量。下面讲解微淘运营的方法。

- 熟悉微淘运营规则：要充分了解和熟悉微淘的运营规则，及时关注微淘的新闻和活动，如关注不同等级的账号每天所能发布的微淘的条数。
- 如何吸粉：首先对老顾客群发信息进行召回，对于粉丝，如何留住粉丝才是重点。此时可发表具有吸引力的内容，针对内容收藏数量或互动分析粉丝的喜好，重点发布粉丝想要看到的题材内容。在设计题材内容时，可加入一些热门话题、事件等，增加内容的吸引力。同时适当利用节日活动与粉丝互动，并回馈粉丝。
- 熟悉店铺的运营推广计划：结合店铺的促销活动、店铺上新日、节日活动等运营推广计划，可提前两天发布预告广播，提醒粉丝收藏，以及到时间提醒粉丝购买。如柚子美衣“双11”活动是在11月10~12日共发了10条相关微淘。
- 发布微淘的时间安排：分析微淘用户访问的高峰时段，0:00－1:00、8:00－10:00、13:00－14:00、16:00－17:00、18:30－19:30、22:00－23:00，一般都是根据淘宝官方的大盘数

据结合店铺的销售成交额，找出适合店铺的高峰时间段。

7.1.3 微信推广

微信是一个用户基础非常大的即时通信软件，主要应用于移动端设备上。随着智能手机、平板电脑等移动端电子设备的普及与发展，使微信受众的数量越来越大，甚至拓展到中老年群体中。这种大众化和较强即时性的特点，使微信推广具有非常大的发展空间和可观的推广效果。微信主要依靠微信朋友圈和微信公众平台等方式进行推广。

微信朋友圈是微信推广中比较常见的一种方式，图片、活动、店铺宣传等都可以发送到朋友圈中进行推广，但是朋友圈中的内容一般只能由微信好友查看，因此局限较大。为了扩大商品在朋友圈的影响范围，店铺可以通过策划活动、会员管理等方式，引导和邀请买家添加店铺的微信号，再通过淘宝网制作手机宣传海报，发送至朋友圈增加点击量。

无线设备的普及使无线端客户成为淘宝网店中非常重要的客户来源，淘宝网为此提供了无线端装修功能，在其中可对无线端店铺进行装修操作，同时也可在其中制作手机海报并生成链接，再将该链接分享到微信中。下面在淘宝网中制作手机宣传海报并分享到微信中，其具体操作如下。

扫一扫

微信朋友圈推广

STEP 01 进入淘宝卖家中心，在“店铺管理”栏中单击“手机淘宝店铺”超链接，在打开的页面中单击“立即装修”超链接。

STEP 02 在打开的页面左侧选择“手机海报”选项，打开“手机海报”页面，在该页面中提供了很多淘宝预设的手机海报模板，选择自己所需的模板。

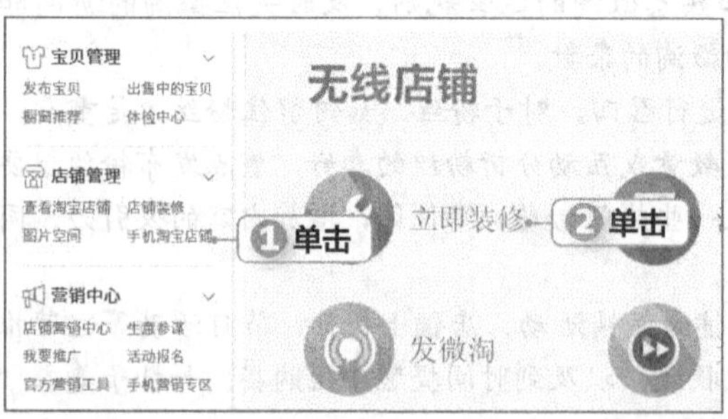

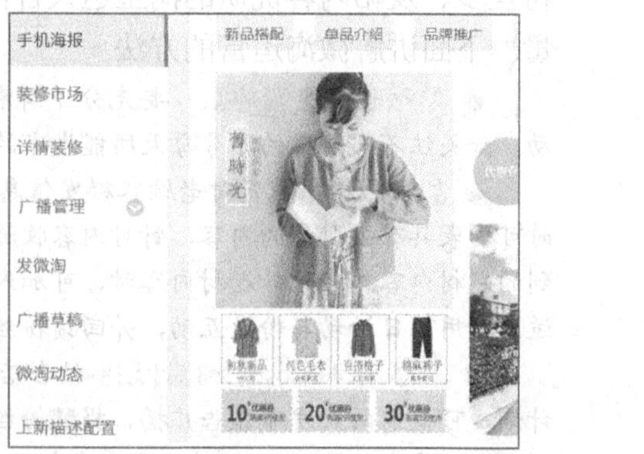

STEP 03 打开手机海报制作页面，在其中可以对海报中各个板块进行更换，如选择下图所示的图片模块，在页面右侧可查看图片大小，单击 更换图片 按钮，打开

“选择图片”对话框，在其中选择与模板图片相同大小的图片，对原海报模块的图片进行更换。

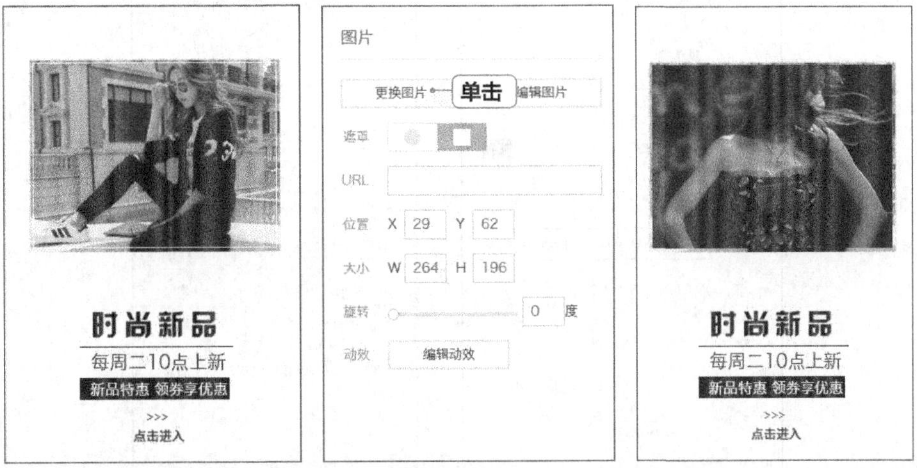

STEP 04 选择海报中的文字模块，在右侧的页面中可以修改该文字模块中原本的内容，也可设置文本的大小、字体、颜色、位置等，下图所示为设置“新品特惠领券享优惠”的底纹与字体的效果。

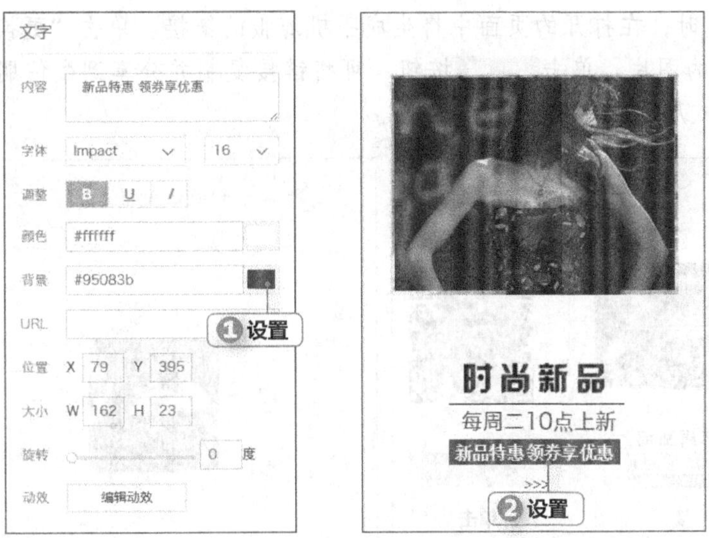

STEP 05 按照该方法对其他模块进行更换和设置，选择需要添加手机宝贝或手机店铺链接的模块，在右侧页面的“URL”文本框中可设置相应的手机宝贝或手机店铺的链接地址，下图左图所示为给“点击进入”文本添加链接地址。

STEP 06 依次设置其他需要添加超链接的模块，设置完成后，选择需要添加播放动画效果的模块，在右侧页面中单击 编辑动效 按钮，可为其设置动画效果和动画时间。

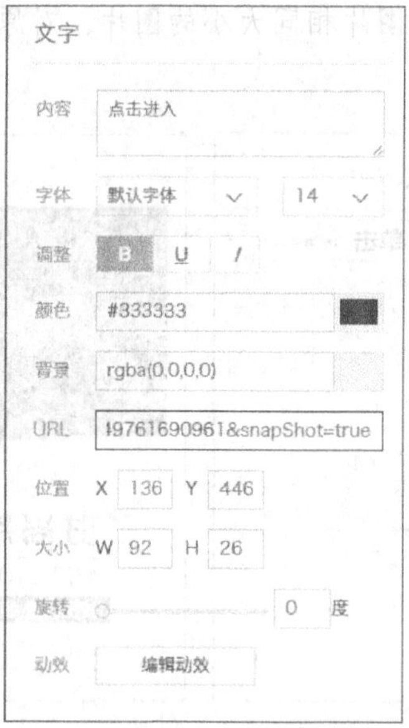

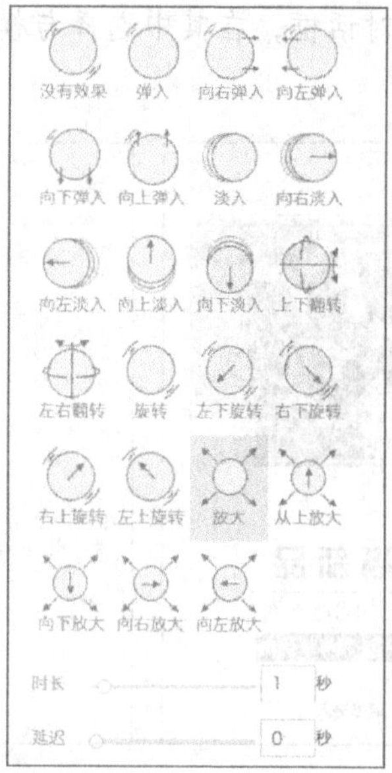

STEP 07 按照该方法依次在左侧选择手机海报的其他页，对其内容进行修改。制作完成后，在页面上方单击“发布”按钮，在打开的页面中可预览海报效果，单击发布按钮，对手机海报进行发布。

STEP 08 此时，在打开的页面中将生成手机海报的链接。单击“更换图片”超链接更换预览的图片，单击复制链接按钮，可将链接复制并分享到微信朋友圈，即可以链接的形式展示自己的店铺。

7.1.4 微信公众账号推广

微信公众平台是一种通过公众账号推广媒体信息的平台，商家通过申请公众微信服务号，在该平台进行自媒体活动，如通过二次开发展示商家微官网、微会员、微推送、微支付、微活动、微报名、微分享、微名片等，微信公众平台已经发展成一种主流的线上线下互动营销方式。下图为通过微信公众号进入妖精的口袋店铺。

按照微信公众账号性质的不同，可将其分为订阅号、服务号、小程序和企业号等，但不管是哪一种类型的公众号，其目的都是为店铺创造价值，而创造价值的前提则是做好推广内容。

1. 账号注册

在微信平台注册公众账号时，首先需要明确该公众号是作为个人账号还是企业账号来运营，一般建议将账号规划成一个品牌来进行运营，即在微信、微博等媒体中都使用相同的账号名称，从而更好地发挥品牌优势。

2. 内容编写

微信推广的内容一般为图文结合的形式，文字要求排版整齐，图片要求精致美观，内容要具有可读性，可以吸引用户进行阅读，如以趣味软文的形式做推广，可引起用户的兴趣，拉近与用户间的距离。同时策划的店铺活动也可通过微信公众号进行宣传，并且内容编写完成后，还可以同时发布到其他的自媒体上。

3. 用户互动

在微信公众号中，可以设置“购买商品”“我的服务”“活动推荐”等菜单，并可在菜单中分别设置相关的子菜单，为用户提供相关查询服务等。此外，发布内容后会收到部分用户的回复，此时需要多与粉丝进行互动，对粉丝的问题进行选择性地回复，维护用户关系。对于部分类似的问题，可以设置自动回复或关键词回复。在回复中将相关文章信息添加进去，读者阅读时可直接回复关键字，这样不仅可以查看对应的文章，还可查看历史文章。

7.1.5 运用微博推广引流

微博是一个公开的社交平台，通过微博可以起到实时发布和显示消息的目的，微博的用户数量非常大，因此很多人选择将微博作为推广平台。

1. 注册和关注店铺

使用微博进行推广时，首先需要注册一个微博账号，然后引导买家关注店铺微博，通过微博不时为买家推送各种活动信息，吸引其前来购买。

- 微博名称：在注册微博时，微博名称最好设置为店铺名称，也可在其中添加店铺的类目和品牌等，此外，微博的个性域名最好与店铺有联系，如店铺的全拼等。这样设置一方面能使微博粉丝一目了然地看到微博品牌，记住店铺名称；另一方面关键词对搜索引擎友好，搜索品牌的关键词排名将更靠前。
- 设置个性标签：在注册微博的过程中，微博会引导用户进行个人标签设置，作为一个网店推广微博，在设置个性标签时，可选择与自己的商品、行业相关的标签，在设置好标签后，微博通常会主动推荐标签相同的用户，通过该推荐可拓展社交圈，与性质相同的微博进行友好互动。

微博设置是微博注册中非常重要的一个环节，特别是对于需要推广品牌的官方微博而言。一般来说，微博设置中都包括个人资料、个性设置等内容，在个人资料中可以对店铺进行简单描述，展示网店的属性和文化，为店铺建立起良好的形象；还可添加店铺的链接，方便粉丝直接进入，下图所示为一个推广微博的主页内容。

高手支招

新浪、腾讯、搜狐等都是现在主流的微博平台，这些平台都提供了微博认证功能，可以针对个人、企业、媒体、网站等进行认证，通过认证的微博名称，其后会有一个“V”标志，认证微博不仅可以提升微博的权威性和知名度，同时也更容易赢得粉丝的信任。

2. 转发抽奖

转发抽奖是指通过店铺的官方微博与粉丝进行互动，从转发当前微博的粉丝中抽取一名或几名用户赠送奖品。转发抽奖是一种非常常见的推广方式，通过转发抽奖不仅可以将店铺或活动推广至粉丝的粉丝，扩大影响范围，还可累积更多的粉丝，吸引更多的关注量。转发抽奖一般都是以关注+转发的形式进行实现。

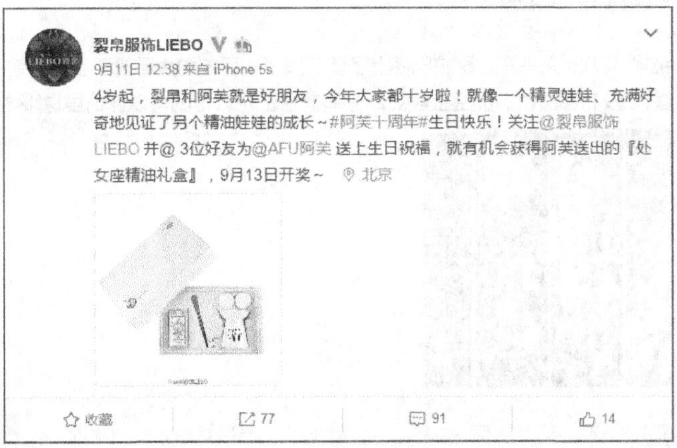

3. 晒图有奖

晒图有奖是指通过店铺官方微博策划和组织的一种活动形式，通过邀请买家上传商品图片并@官方微博的方式参与到活动中来，官方再对参加活动的买家图片进行评比或投票，选出人气最高的商品图片，并颁发相应的奖品。晒图有奖可以使买家体会到购买商品后的参与感。晒图有奖既可以宣传商品，又能培养买家忠诚度，是非常有效的一种微博推广方式。下图所示即为官方微博策划的晒图抽奖活动。

4. 发布话题

发布话题是指在微博上发布的特指某个描述对象的主题，如“2017年××上新”等，通过微博平台发布话题后，话题将以超链接的形式进行显示，单击该话题即可打开相关话题页面，当然微博用户在搜索相关关键词时也可搜索到该话题信息。一般来说，活动、品牌名等都可以设置为专门的话题，官方微博要有意识地引导粉丝针对话题进行讨论，这样不仅能起到醒目显示话题的作用，当话题的发送量达到一定数量时，微博官方还将对话题进行推送，展示给更多的微博用户查看，建议店铺官方微博在发布微博时尽量可以带上相关话题，下图所示即为“妖精的口袋”关于“秋装上新”话题发布的微博内容。

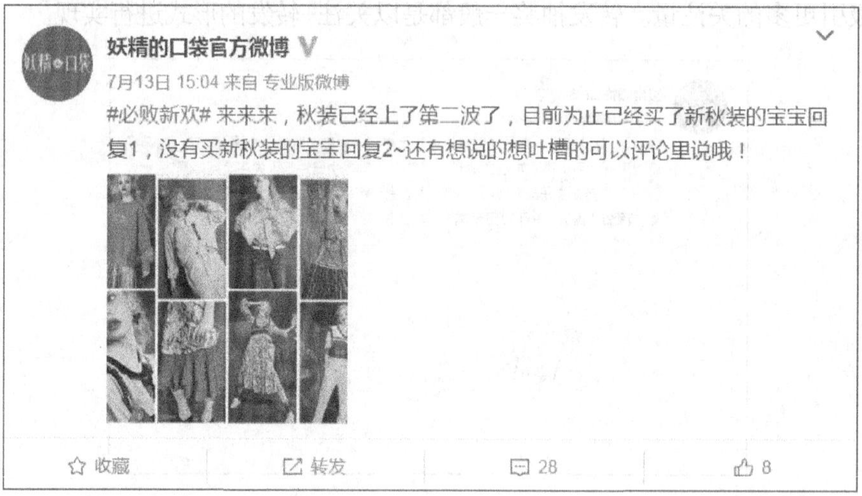

7.1.6 电子邮件推广

电子邮件推广是指通过发送电子邮件的方式进行推广，其推广内容的编写方法与其他推广类似。在推广时以图文结合的方式为主，也可在推广内容中添加活动信息或商品链接。电子邮件内容要真实可靠，突出重点、迎合邮件接收者的喜好和需求。电子邮件推广宜精不宜多，否则容易有广告骚扰之嫌，反而引起用户的反感。下图所示为网易邮箱收到的拖鞋推广邮件。

高手支招

现在注册很多网站时，均需要提供邮箱地址，通过这些邮箱地址，即可订阅和发送推广信息。以 QQ 邮箱为例，在收件箱中有专门的广告邮件分类，该分类中存放着所有已订阅的广告邮件，用户进入该分类即可查看相应的推广信息。

7.1.7 BBS论坛推广

BBS论坛属于社区分享类推广网站，与淘宝论坛的推广方法类似，主要通过用户（网购达人、超级用户）编辑和发布与店铺有关的帖子或链接地址，以及通过分享、评价、讨论等行为，创造大量优质内容，帮助社区其他用户发现喜欢的商品，社区用户之间通过收藏、回应、推荐等行为分享自己的生活方式，进行网购社交。利用BBS论坛进行推广的优势与劣势如下。

- **优势**：论坛铺覆盖面广，曝光力度强，论坛资源和论坛受众非常多，各行各业都有论坛，各类人群都是论坛的用户，因此论坛用户忠诚度与活跃度高，论坛品牌影响力大。在论坛氛围下，用户可直接创造内容，也可以完成用户需求与商品信息的匹配，从而提供购物信息精选服务。
- **劣势**：适合类目有限，多适用于非标准化、价格敏感度低的商品，并且推广商品的软文多而杂，部分用户对商品的质量与价格存有质疑。

需要注意的是，BBS论坛推广主要是对潜在用户的推广，因此要有针对性地为不同的客户类型选择相应的论坛进行推广，如推广食品类，可选择食品天下；推广服装搭配、彩妆类商品可选择一些时尚论坛。下图所示即为某用户在VOGUE论坛上推广的美发商品。

高手支招

在论坛进行推广时，注意设置推广账号的头像和签名档，不管是发帖和回帖都要注重帖子的质量，帖子内容尽量图文结合，排版精美，将店铺活动和商品以积极的方式推荐给论坛的用户。

7.2 利用网站推广商品

淘宝网站内推广的很多项目都对店铺的资质有所要求，且部分项目还需花费一定的推广资金，因此网店经营者也可通过站外平台来推广自己的店铺，从而累积和提升自己的资质和人气，常见的推广网站有折800、返利网、卷皮网等。

7.2.1 折扣网站——折800

折扣网站通过各种打折优惠，以超低的价格出售商品，因此赢得较多追求实惠的客户的青睐，常见的包括淘折网、优折网、九块邮、折800、米折网、今日特价网等，如右图所示。这些折扣网站都涵盖了数量非常多的类目和商品。

卖家参加这些平台的相关折扣活动，需要先申请入驻这些平台，此时就需要按照这些平台的合作要求和准则进行申请，填写相关信息后，提交相关材料，并等待网站审核通过后才可参与活动。不同的网站，其合作方式和合作要求一般也不一样，下图为淘宝天猫卖家入驻折800的流程图。

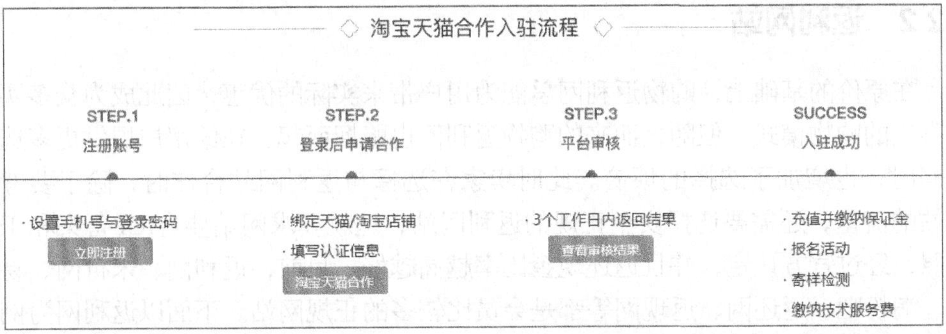

折800成立于2011年，是一家专注商品超低折扣特卖的网站，与淘宝网中的店铺合作良好。很多淘宝网店的经营者都选择通过参加折800的活动来推广和宣传自己的商品。折800的官方首页如下图所示。

入驻折800后，店铺经营者即可申请参加其策划的活动，如单品报名、单品PK、限量抢购，参与活动的商品即可获得在网站中进行展示和出售的机会，下图所示为折800网站的活动页面。店铺经营者需要实时关注折800网站的活动方案，根据活动参与条件对比自己的商品，然后选择具有良好竞争力的商品参与活动。

7.2.2 返利网站

在原价的基础上，购物返利网总能为用户带来实际的优惠，因此成为众多买家所喜欢的购物模式。但随之而来的购物返利网也蜂拥而起，在给用户提供更多选择的同时，也增加了选择的烦恼。此时卖家在选择与返利网站合作时，除了要考虑网站的流量，还需要选择安全正规的返利网站，这就要求网站要有ICP备案和工商执照，经过官方认定，并且返还现金比率越高越好。目前，返利网、米折网、易购网、淘粉吧、返还网、返现网等都是会员比较多的正规网站。下面以返利网为例进行介绍。

返利网成立于2006年11月，是一个市场规模和用户活跃度都比较领先的返利导购平台，拥有数量庞大的注册会员基础，合作电商网站超过400家，覆盖了国内主流的B2C电子商务平台，包括天猫、淘宝、京东、苏宁易购、1号店、亚马逊、聚美优品等，其合作模式主要分为超级返合作、B2C独立网站CPS合作、9块9合作等。下图所示即为返利网首页及活动分类。

返利网的合作模式主要有以下几种。

- 超级返合作：超级返是返利网针对品牌商户提供的一项保证ROI的效果营销服务，主要合作对象为知名品牌商、运营知名品牌的TP公司、品牌经销商等，如天猫、京东、1号店等都是知名B2C网站。
- B2C独立网站CPS合作：返利网为B2C独立网站提供了单独的合作模式，合作网站与返利网签订合作协议并交纳相关费用后，返利网将协助合作网站完成技术接口，并提供专属页面引导会员去合作网站下订单、完成交易，同时返利网会根据销售效果收取佣金，并将部分佣金返还给会员。

- 9块9合作：9块9合作是一种致力于给客户提供平价精品百货服务的合作模式，主要合作对象为知名淘宝商家及优质天猫商家等。

7.2.3 其他导购平台

这类网站就像淘宝平台一样对商品进行了分类，买家可以以优惠的价格购买需要的商品，如美丽说、蘑菇街、淘宝U站、卷皮网等，一些导购网站的商品可能只是针对一部分消费群，如美丽说与蘑菇街更侧重于销售女性商品。下面对常见的购物平台进行介绍。

1. 美丽说

美丽说是一个以女性为主要服务对象的女性时尚类电商网站，为用户提供女装、女鞋、女包、配饰、美妆等不同种类的优质时尚商品，并在其中提供了商家推广和商家入驻功能。优质的品牌卖家、专营店、专卖店、旗舰店等都可申请入驻美丽说平台。下图所示为美丽说网站的入驻流程。

美丽说对入驻商家的要求较高，与天猫类似，入驻不同的类目需要交纳不同数目的保证金，一般为1万元，小家电以及非品牌授权为2万元；同时还需按销售额的百分比支付佣金给美丽说网站，不同类目其佣金收取的百分比也不相同，一般为2%~5%，因此比较适合具有一定人气和资质的品牌店铺。

2. 蘑菇街

蘑菇街也是专注于时尚女性消费者的电子商务网站，专注于为姑娘们提供衣服、鞋子、箱包、配饰和美妆等领域适合年轻女性的商品。入驻蘑菇街的卖家需要符合相应类目的入驻规则。在其首页中单击“客服服务”超链接，可在规则中心查看店铺是否符合规则。符合规则的卖家即可申请入驻蘑菇街，其申请方法是：单击右上角的“我的小店”超链接，在弹出的下拉列表中单击“市场入驻”超链接，在打开的页面中即可根据提示进行入驻申请，如下图所示。

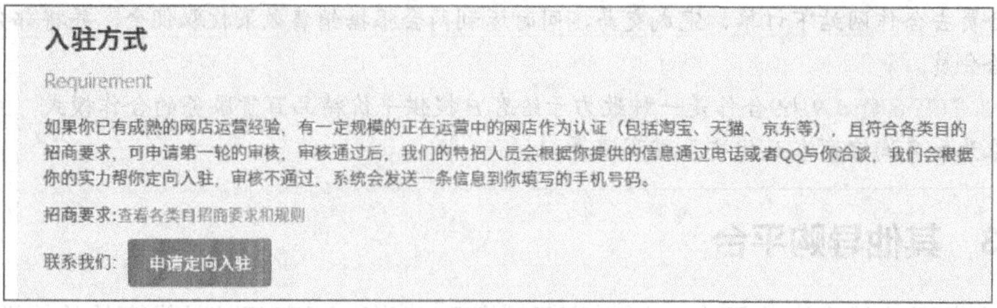

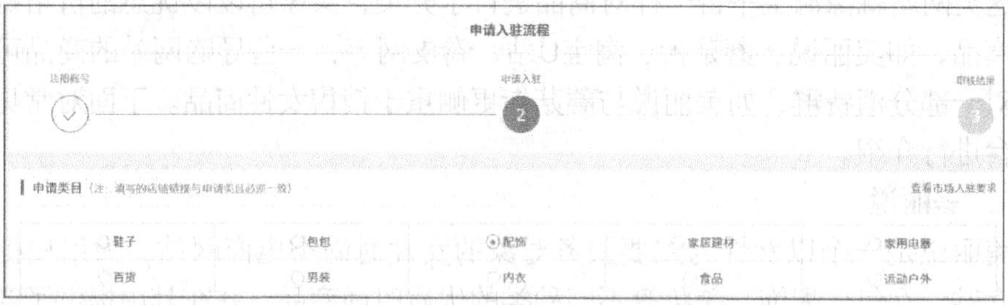

3. 淘宝U站

U站与美丽说类似，主要是将资讯和分享导购汇聚集成一个社会化的网络导购平台，其目的是为用户提供一个可以跳转到淘宝商铺的链接，网店经营者可以借助这种平台级的服务自行创建导购小站，分享导购内容，从而获得盈利收入。下图所示为U站中心首页。需要加入U站的买家可以在U站首页中单击“商家报名”超链接，与在线客服进行交流，了解U站申请和建站的相关信息。

4. 卷皮网

卷皮网是一家为消费者提供日常生活所需品服务的平价电子商务平台。卷皮网倡导价格与品质的平衡，主打平价、品质、生活，以创新“平价零售”模式为消费者提供服饰、居家、母婴等平价优质商品。卷皮网的活动类型主要包括卷皮特卖（POP）、卷皮折扣、品牌折扣、九块邮等模式。淘宝网店经营者可以入驻卷皮网，报名参加其提供的活动，从而为自己的店铺引进更多的流量和销量。下图所示为卷皮网的入驻流程。

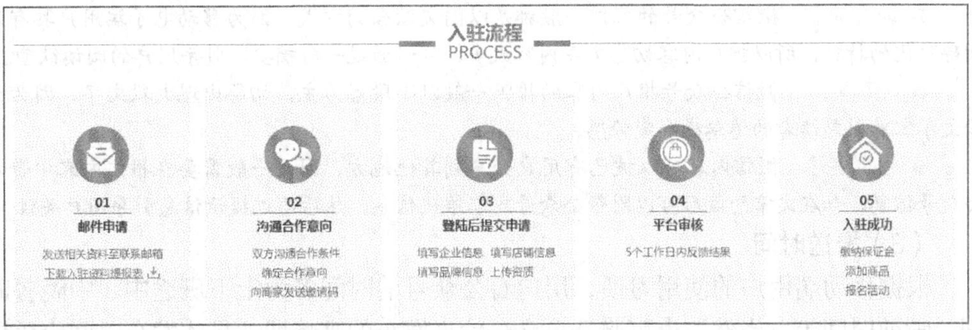

高手支招

不管是什么推广平台或合作网站，都会对店铺或商品有一定的要求，优质商品或是已具有相当人气的商品更容易申请成功，网店在经营初期的时候应该选择适合的方式进行推广，前期注意积累商品人气，提高店铺的资质和形象。

7.3 疑难解答

1. 微信公众号的推广技巧有哪些？

为了更好地进行微信公众号的推广，需要对用户喜好、内容编写、推广渠道等有一定程度的了解，下面对微信公众号的常用推广技巧进行简单分析。

（1）分析用户喜好

微信公众账号的推广内容若是没有迎合用户的喜好，则很难引起足够的关注量，难以达到预期的推广效果，因此在做推广内容之前，首先需要根据推广所面向的用户群体进行喜好分析，并对具有某种特点的内容进行掌握，如文章主题要是积极的、实用的、方便记忆的、有价值的、有趣味性的、有创意的等。

（2）内容安排

微信公众号推广是基于移动端电子设备进行的推广方式，用户花费在移动电子设备的时间多为碎片时间，每次浏览信息的时间不长，但是次数较多，且内容的多少要受移动电子设备屏幕大小所限，因此微信公众号推广内容的编写不同于PC端。

- 内容的定位：在微信公众号中发布的内容和数量都不能太多，推送内容以3~4个栏目最佳。根据推送主题来整理内容，如操作类内容需提供具有实操指导性的图文；资讯类内容则需提供最新且最具实用性和趣味性的动态；活动类内容需提供具有参与性活动流程等。

- 确定标题：现在很多用户都订阅了很多公众账号，要想从众多公众账号中脱颖而出，标题就一定要新颖，具有创意，从而提高吸引用户阅读的兴趣。
- 内容摘要：微信公众号的推广一般都是以图文结合的方式。因为移动电子端用户具有时间碎片化的特征，所以推广内容切忌文字内容太多，可以通过一句摘要，引导用户的阅读欲望。
- 排版要求：微信公众号推广内容的排版一般以小段落为主，切忌出现大段文字，因为大段文字容易引起读者的倦怠感和疲劳感。
- 引导关注：微信内容可以被已有用户分享到其他地方，因此一般需要在推广内容中带入公众号信息，如在文章的最后可以附带公众号或二维码信息，然后通过提示信息引导用户关注。

（3）推送时间

根据移动端用户的使用习惯，用户看公众号的时间多为上下班途中、中晚餐时间、睡前时间等，当然，也可避开公众号信息发布的高峰期，具体发布时间应该根据运营人员的分析总结而定。

2. 有什么可以供淘宝卖家自主维护和发展的推广渠道呢？

淘宝达人是活跃于淘宝网上的达人，在服装挑选、搭配等某些领域比较出众，拥有众多粉丝，因此淘宝达人平台也成为很多商家推销商品的一个渠道。一般来说，店铺可以以支付佣金的形式和淘宝达人合作，让其为自己推广商品，也可自己申请淘宝达人，对自己的账户进行维护和发展，发布一些用户比较关注和感兴趣的内容，积累粉丝基础再进行商品推广。开通淘宝达人的方法为：在淘宝首页的“我的淘宝”下拉列表中单击“淘宝达人”超链接，在该页面中查看是否满足达人申请资格，满足注册条件后即可申请开通。

7.4 边学边练

1. 在淘宝论坛中编辑并发布自己的商品推广帖。

2. 以品牌名或店铺名来命名新浪微博，在微博中发布话题，并与粉丝互动，策划一条转发抽奖活动。

3. 以品牌名或店铺名申请微信公众号，编辑推广信息并将其发布到公众号中，再在推广内容最后添加公众号的二维码关注信息。

4. 制作淘宝手机海报，将手机海报链接地址分享到微信朋友圈和新浪微博。

5. 查看折800网站的活动信息，了解活动参与条件，分析自己的商品信息，并选择一个适合的活动进行报名。

第8章 网店数据分析

本章导读

淘宝数据是卖家掌控店铺经营动态最直观的参考数据。通过一系列的统计分析，可以快速掌握店铺销售情况，以及一定销售与推广策略对宝贝销售所起到的影响，从而有助于在销售后期优化商品结构、改变店铺营销策略，以便于进一步提升店铺的销量。淘宝店铺的数据分析一般有流量分析、商品分析、交易分析、客户数据分析等，合理分析数据是卖家提升销量必须掌握的技能。

知识技能

※ 了解流量分析的相关内容
※ 掌握商品分析的相关知识
※ 掌握交易分析的具体内容
※ 掌握客户数据分析的基础知识

8.1 流量分析

流量是店铺的生命线，是所有的淘宝卖家每天都要关注的数据，但是具体应该如何去看店铺的流量数据呢？此时可以借助一些数据分析工具。生意参谋就是淘宝网中功能非常强大的一款数据分析工具，它可以全面展示店铺经营的各项核心数据。利用生意参谋可以有效地对导致店铺流量变化的数据进行分析，包括店铺基本流量数据、流量概况、流量地图、访客分析、装修分析等。

8.1.1 基本流量数据

电子商务网站的基本流量数据大致相同，主要包括UV统计、PV统计、用户来源、关键词分析、用户地区分析、浏览路径、着陆页分析和不同时段流量统计等，各数据的含义介绍如下。

- UV统计：UV即网站的独立访客数，只对唯一IP访问数量进行统计，一天内同一访客多次访问网站只计算为1个访客，UV统计等同于访问网站的用户数量。
- PV统计：PV即页面浏览量。用户每打开网站上的一个页面就会被统计工具记录1次PV。用户多次打开同一页面，则对页面浏览量值进行累计，就算刷新页面，该页面的页面浏览量也会增加1次。
- 用户来源：指用户进入网站的路径，如来自百度、搜狐等搜索引擎，来自其他网站或直接访问等。
- 关键词分析：指对用户访问关键词进行的统计，即用户是通过哪些关键词进入网站的。
- 用户地区分析：主要统计用户地区、地区用户数量及不同地区的用户比例等。
- 浏览路径：指用户在网站的浏览路径，如浏览了什么网页、在某网页停留的时间以及从什么网页离开等。
- 着陆页分析：记录用户进入网站的第一个页面，在其中可统计出用户进入数量和比例。
- 不同时段流量统计：指在日、周等时间范围内分析不同时段的网站流量变化。

8.1.2 流量概况

通过查看流量概况，可以了解流量总览、流量趋势、流量排行、访客行为、访客特征等数据。在生意参谋工具首页的“流量看板”栏中可对流量概况进行查看，或在生意参谋首页的导航栏中单击“流量”选项卡，在打开的页面中即可查看流量概况，下图所示为某店铺的流量趋势，其中无线端访客数和浏览量在大部分时段均高于PC端。

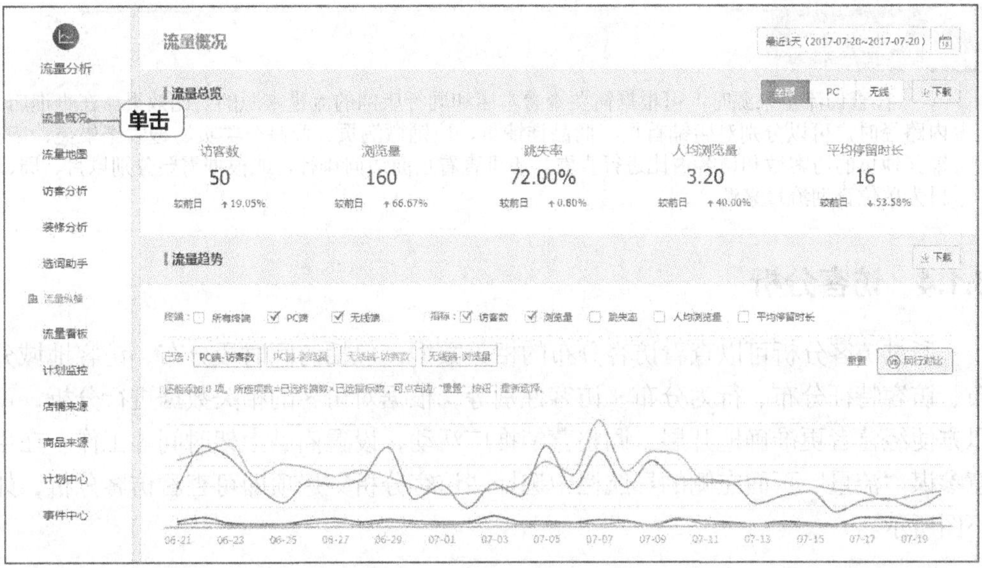

8.1.3 流量地图

通过流量地图可以查询店铺流量来源、店内路径、流量去向等数据，通过对这些数据的查询，可以使经营者了解当前店铺的流量结构。对于流量不足的情况，需要以推广的方式提高店铺流量；对于转化率不高的情况，需对商品详情页、价格、店铺装修、商品展示技巧、商品形象包装、促销活动搭配等因素进行分析，找到转化率不高的原因。在生意参谋“流量”页面左侧的导航栏中选择“流量地图”选项，单击相应的选项卡即可。下图所示即为单击“店内路径”选项卡，查看店铺无线端访客的店内浏览路径情况。

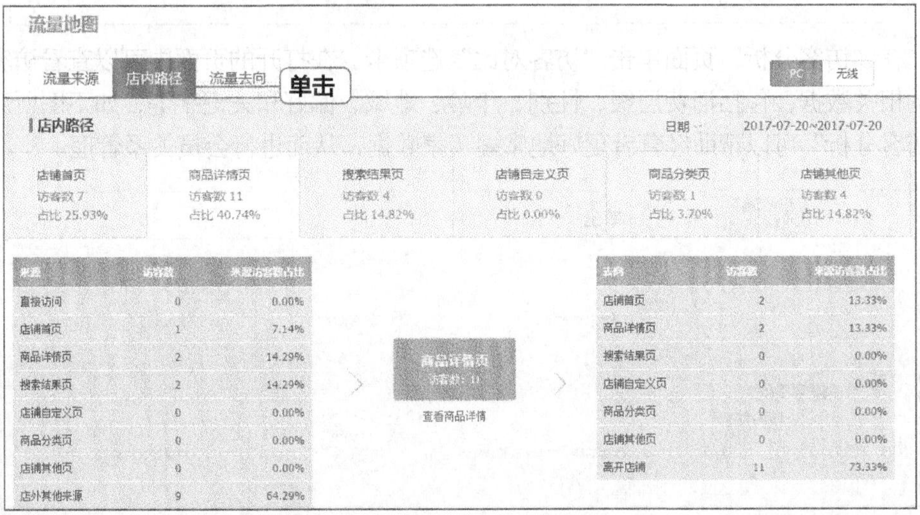

高手支招

在查询流量来源时，可根据需要查看本店和同行店铺的流量来源的对比效果。在查询店内路径时，可以分别对店铺首页、商品详情页、店铺微淘页、商品分类页、搜索结果类、店铺其他页的访客数和访客占比进行查看，还可查看页面访问排行，或根据需要分别以月、周、日为单位查询流量来源。

8.1.4 访客分析

通过访客分析可以查看访客分布的相关数据，包括访问时段分布、访客地域分布、访客特征分布、行为分布、访客性别等，根据对访客的相关数据进行分析，可以方便经营者更准确地开展、调整营销推广活动，设置商品上架时间等工作。在生意参谋“流量”页面左侧的导航栏中选择“访客分析”选项即可查看访客分析，如下图所示。

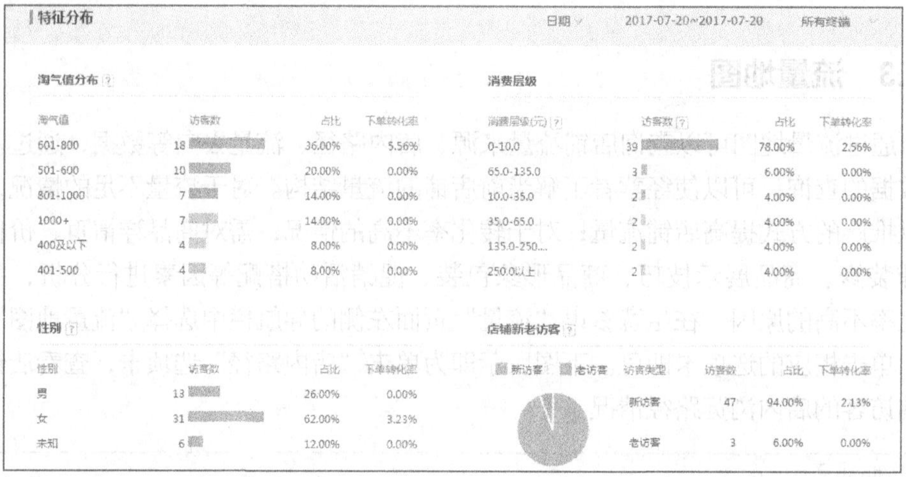

在“访客分析”页面单击“访客对比”选项卡，在打开的页面中可以查看访客对比的相关数据，包括消费层级、性别、年龄、地域、偏好和关键字等，如下图所示。“访客分析”可以帮助经营者更好地掌握买家数据，从而进行会员关系管理。

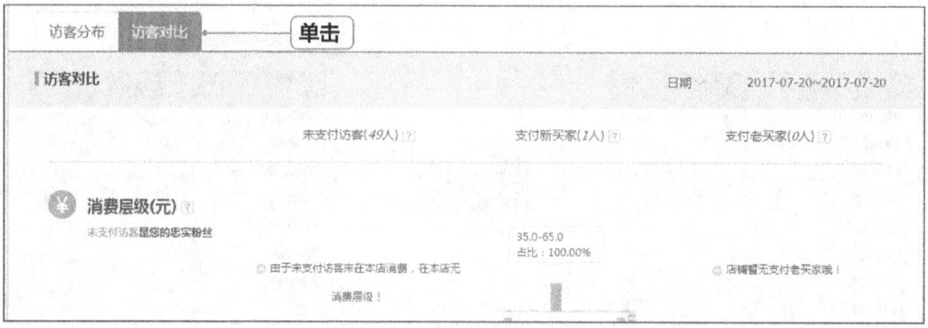

8.1.5 装修分析

在生意参谋“流量”页面左侧的导航栏中选择“装修分析”选项，在打开的页面中可查看首页、详情页等页面的数据。单击页面名称后的“页面数据”超链接可查看浏览量、点击率、跳失率等数据，如下图所示。默认只能查看首页的数据，若需要查看其他页面的数据，首先需要订购“装修分析”服务，然后单击添加定制按钮添加页面定制。

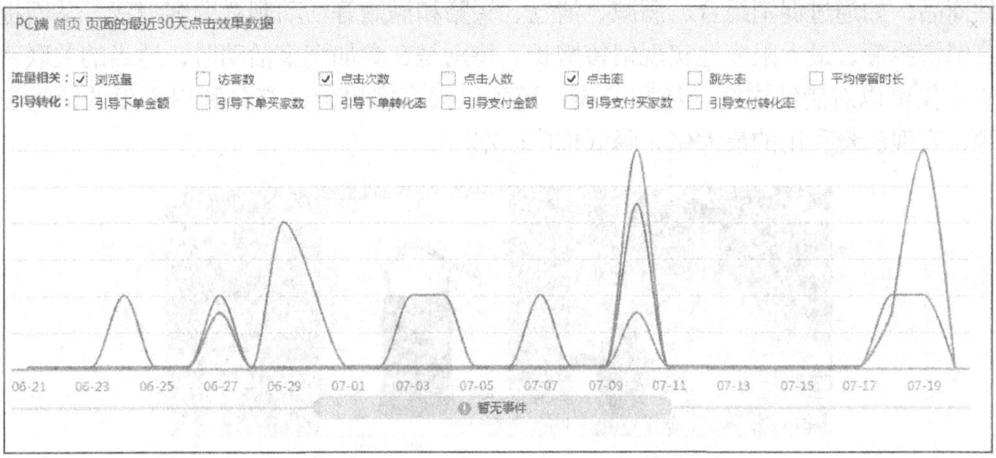

8.2 商品分析

商品变化直接影响网店销售情况，因此，对商品进行分析是非常有必要的。对商品情况产生影响的因素非常多，下面将从不同角度进行分析，并利用生意参谋对商品概况、商品效果、异常商品、商品分类进行分析，以帮助卖家掌握商品分析的方法。

8.2.1 商品分析的角度

在进行商品分析时，经营者除了可通过基本营销数据对商品情况进行分析外，还可从商品销量和商品关联性等角度对商品进行分析。

1. 商品销量分析

商品销售是一个需要不断完善和优化的过程，商品在不同时期、不同位置、不同价格阶段，其销售量都会有所不同，经营者需要根据不同情况进行实时调整。

一般来说，网店商品销量主要与拍下件数、拍下笔数、拍下金额、成交件数、成交笔数、成交金额、成交用户数、客单价、客单价均值、回头率、支付率、成交转化率等因素有关，经营者和客服人员需要针对不同的数据做出相应的对策，如拍下件数高，但支付率低，说明顾客可能对商品存在质疑，需要客服人员与顾客进行沟通以提高支付率；回头率低，则需要进行一些必要的会员关系管理，做好老客户营销。作为网店经营者，需要对每个商品的销售情况进行了解和跟踪，这样不仅可以持续完善销售计划，促进销量的增长，还可以优化库存和供应链体系，提高供应周转效率，降低成本。

2. 商品关联分析

商品的关联销售多体现为搭配销售，即让顾客从只购买一件商品发展为购买多件商品，如通过促销组合、满减、清仓、买赠和满赠等活动刺激顾客消费，从而提高销售金额，最大限度地实现销售增长。特别是在参加淘宝活动时，适当的关联营销不仅可以对店铺进行导流和分流，还可以提高客单价，充分利用有限的流量资源，实现流量利用的最大化，降低推广成本。

在监测商品销售情况的基础上对商品进行组合和关联，可以有效提高网店的整体销售额。商品的关联分析一般需要建立在一定的数据基础上，基本数据量越大，分析准确率就越高，做出的决策也更有力。下面分别对商品关联分析的注意事项进行介绍。

- 进行商品梳理，区分商品等级和层次：商品关联并不是盲目和随意的，必须选择合适的商品梳理规范，以提高关联分析结果的精准程度。商品梳理一般包括名称、品牌、价格、规格、档次、等级、属性等内容。一般来说，关联推荐主要应用于重购、升级和交叉销售3个方面，重购是指继续购买原来的商品，升级是指购买规格和档次更高的商品，交叉销售指购买相关商品。应用于不同方面的关联推荐，应该有不同的推荐方式，如推荐同类型商品交叉购买时，建议推荐规格、价格等相似的商品，否则若是为顾客推荐了低档次的商品，将降低销售额。
- 合理搭配商品：商品的搭配和位置对商品关联销售会产生很大的影响，关联分析可以为用户推荐合适的搭配商品，方便买家快速找到所需商品，购买更多关联商品。需要注意的是，对关联性比较大和关联性比较好的商品进行关联，才有不错的效果，在进行关联分析时，还应该学会发现和寻找更多的关联销售机会，搭配出新颖且更受客户欢迎的商品。

8.2.2 商品概况

商品概况包括商品信息总况、商品销售趋势、商品排行预览等信息。在生意参谋首页的导航栏中单击“商品”选项卡，在打开的页面左侧的导航栏中选择“商品概况”选项，在打开的页面中即可查看商品概况，如下图所示。

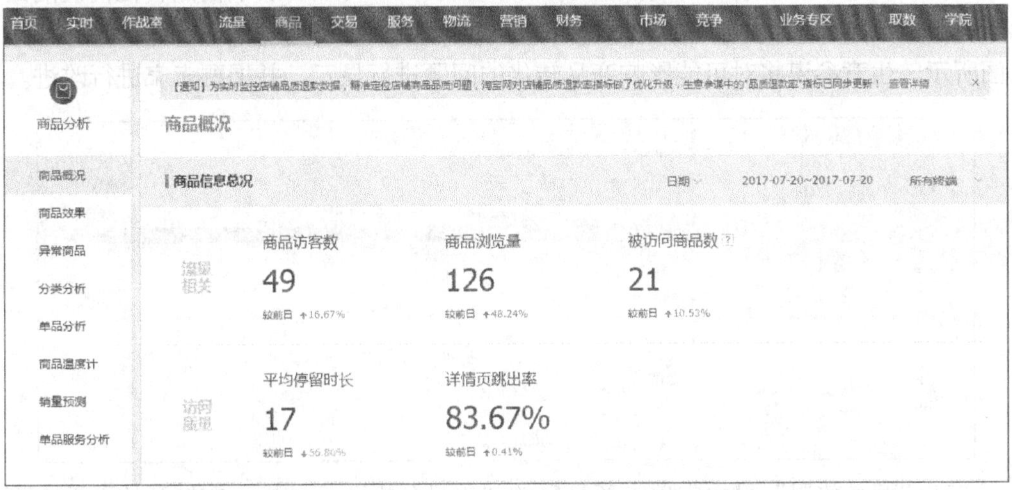

8.2.3 商品效果

在生意参谋“商品”页面左侧的导航栏中选择“商品效果”选项，在打开的页面中可以查看商品效果明细的相关数据。此外，单击商品后的“商品温度计”超链接，在打开的页面中可以查看当前商品的转化情况，如下图所示。如果当前商品存在问题，生意参谋将给出建议为经营者提供参考。

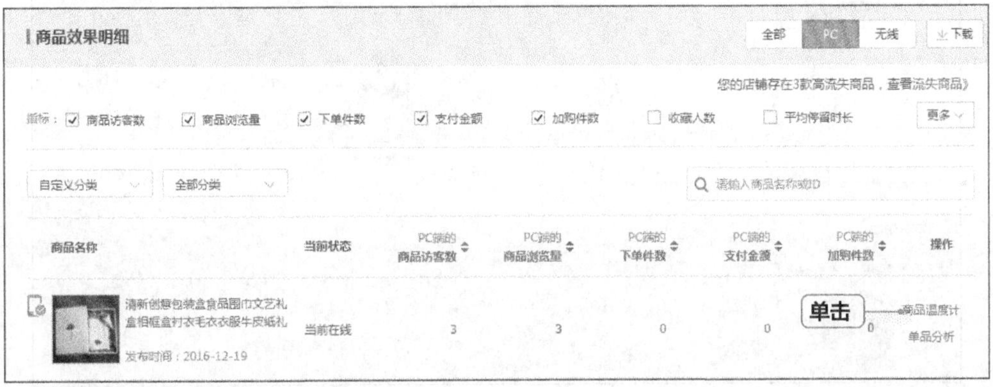

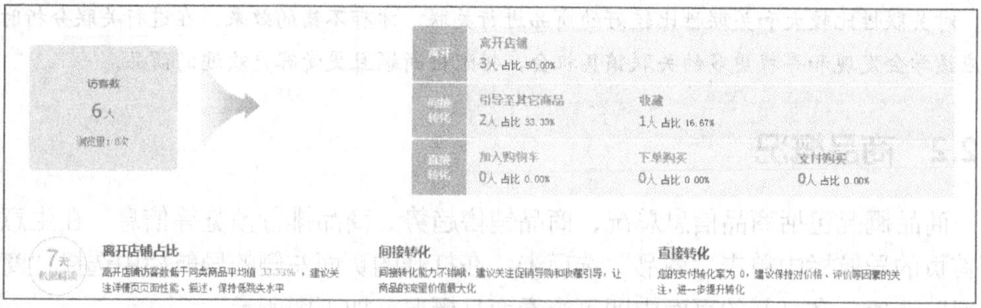

在该页面下方的“影响商品转化因素检测”栏中可以对影响商品转化情况的因素进行检测，包括页面性能、标题、价格、属性、促销导购、描述、评价等，如下图所示。生意参谋将对可能影响商品转化的问题进行显示，并提醒卖家进行改进。

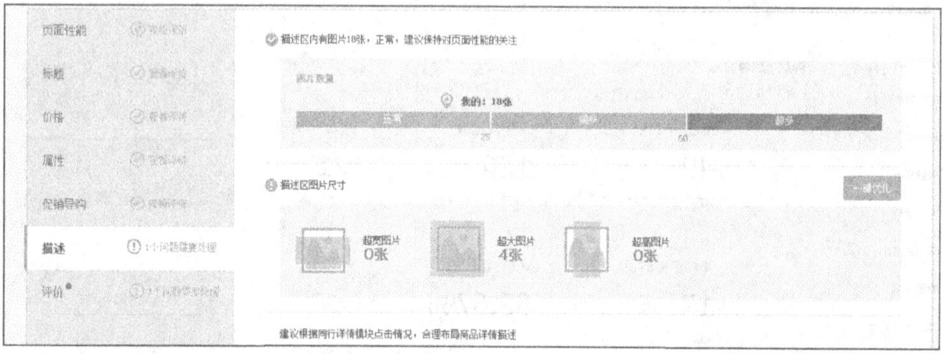

在“商品效果”页面中单击商品后的“单品分析”超链接，在打开的页面中可以对当前商品的来源去向、销售分析、访客分析、促销分析等信息进行分析处理。下图所示即为对当前商品的无线端访客数据进行分析的页面，包括来访24小时趋势图、地域TOP5、店铺新老访客、性别等内容。

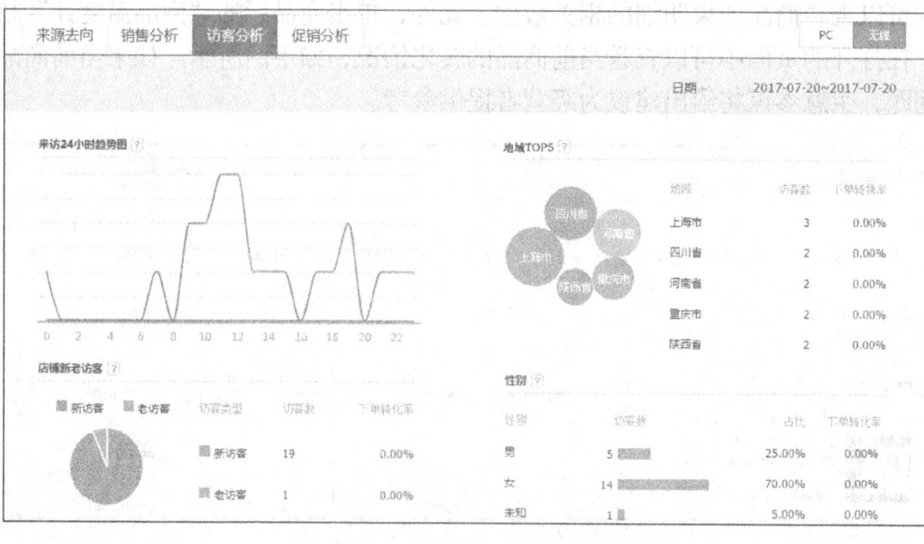

8.2.4 异常商品

生意参谋会针对商品的异常情况给卖家提出大致的建议，帮助卖家优化商品。在生意参谋“商品”页面左侧的导航栏中选择“异常商品”选项，在打开的页面中可以查看当前表现异常的商品，包括流量异常、支付转化率异常、跳出率异常、支付异常、库存异常等，如下图所示。

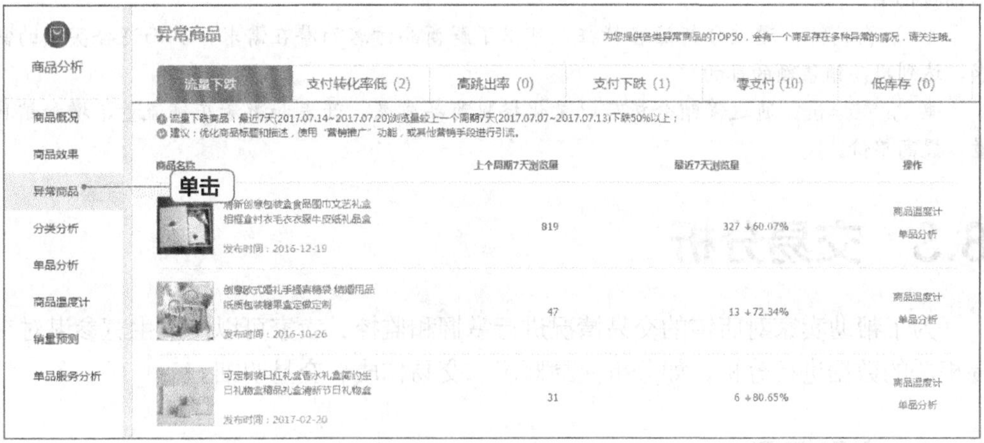

8.2.5 商品分类分析

分类分析可以帮助卖家更快捷地分析出同类型商品的销售情况，更精准地找出同类商品的共同问题，从而进行统一管理。在生意参谋“商品”页面左侧的导航栏中选择“分类分析”选项，可以按照分类查看商品销售情况，如下图所示。

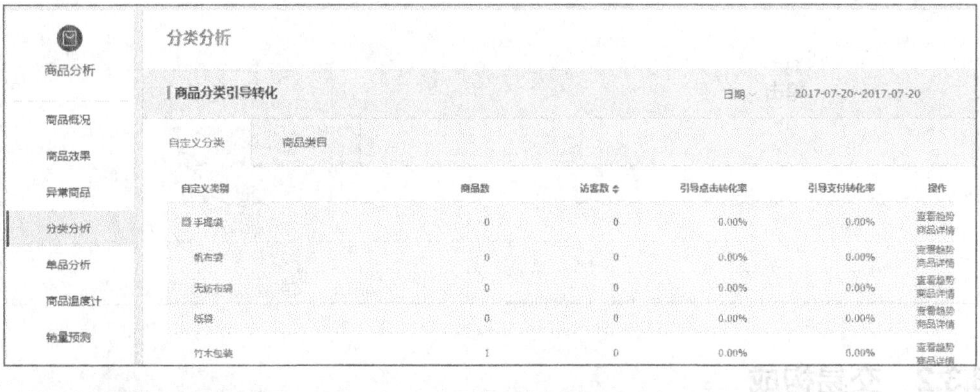

8.2.6 单品分析

分析网店数据可以实时对店铺经营现状进行调整。在策划营销活动时，分析单品质量也可以起到非常重要的作用，通过大量的数据信息可以获取更精准的单品引流效果，打造出更适合市场的爆款。在生意参谋“商品”页面左侧的导航栏中选择“单品分析”选项，可对单品进行来源去向、销售、访问特征、促销等分析。

- 来源去向：通过来源去向可以分析引流来源的访客质量、关键词的转化效果、来源商品贡献等，让经营者可以清楚看到引流的来源效果。
- 销售分析：通过销售分析可以清楚商品的变化趋势，从而掌握规律、迎合变化，提高店铺转化率。
- 访客特征：通过分析访客特征，可以了解商品访客的潜在需求，从而迎合买家的需求，达到提高销售额的目的。
- 促销分析：通过促销分析可以量化搭配商品效果，开发和激活店铺流量，增加销售量，提高单价。

8.3 交易分析

为了帮助卖家对店铺的交易情况进行掌握和监控，卖家可以使用生意参谋对交易相关的数据进行分析，如分析交易概况、交易构成、交易明细。

8.3.1 交易概况

通过交易总览，经营者可以了解任意天数的访问量、下单买家数、客单价、转化率等数据，还可在“交易趋势”栏中查看与同行的对比。在生意参谋“交易”页面左侧的导航栏中选择“交易概况”选项，在打开的页面中可以对交易总览和交易趋势的数据进行查看和分析，如下图所示。

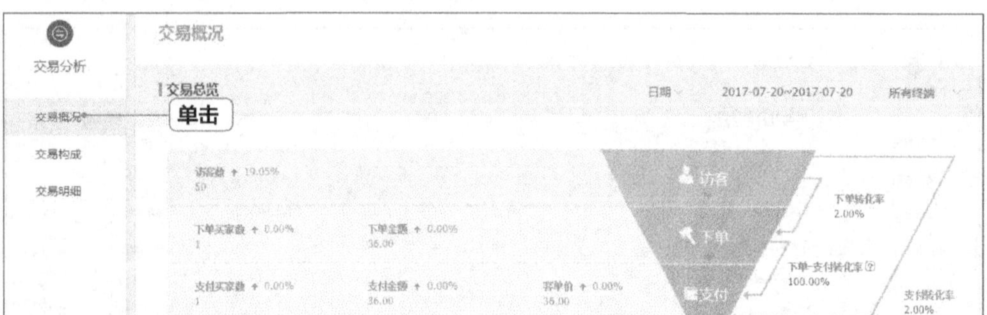

8.3.2 交易构成

生意参谋主要从终端构成、类目构成、品牌构成、价格带构成、资金回流构成5个方面对交易构成数据进行了分析，可以帮助经营者了解终端、类目、品牌等各方面的交易数据，以便有针对性地进行完善和优化。在生意参谋“交易”页面左侧的导航栏中选择“交易构成”选项，在打开的页面中即可查看交易构成数据。下图所示为一个月交易构成。

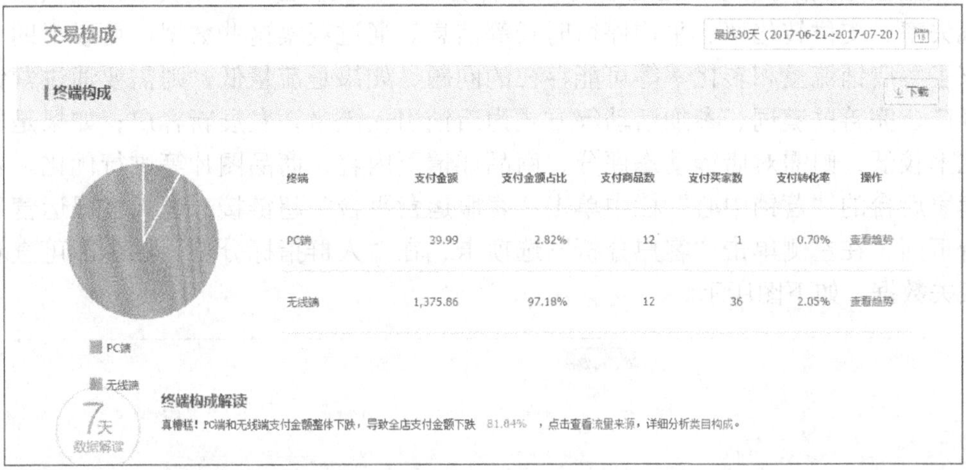

8.3.3 交易明细

交易明细可以帮助经营者全面掌控店铺财务数据，了解店铺财务健康指数和资金流动情况。在生意参谋“交易”页面左侧的导航栏中选择“交易明细”选项，在打开的页面中可以查询不同日期的订单情况，卖家可以根据需要单击“配置”超链接，对商品的成本、运费等进行配置，如下图所示。单击订单后的“详情”超链接可以分析商品的财务状况，包括店铺的营业利润、资产负债、资金流动等数据。

8.4 客户数据分析

客户是网店销售额的来源，客户数据也是销售数据的一种直接体现。利用淘宝运营中心的“客户分析”功能可以从访客、粉丝、会员、成交客户的角度分别分析网店客户数据，以帮助卖家根据分析结果制定不同的营销策略。

8.4.1 人群指标分解

通过人群指标分解，经营者可以了解访客、粉丝、会员与成交客户的人数、跳失率、支付转化率、平均停留时长等信息。通过观察这些数据，可以帮助卖家了解店铺流量和转化率等可能存在的问题，如果是流量低，则需要通过营销推广、完善关键词、参加活动等方式为店铺引入流量，发展新客户；如果是转化率较低，则需对店铺动态评分、商品详情页内容、商品图片等进行优化。在卖家后台的“营销中心”栏中单击“客服运营平台”超链接，进入客服运营平台页面，在左侧单击“客户分析”选项卡，在“人群指标分群”栏中即可查看相关数据，如下图所示。

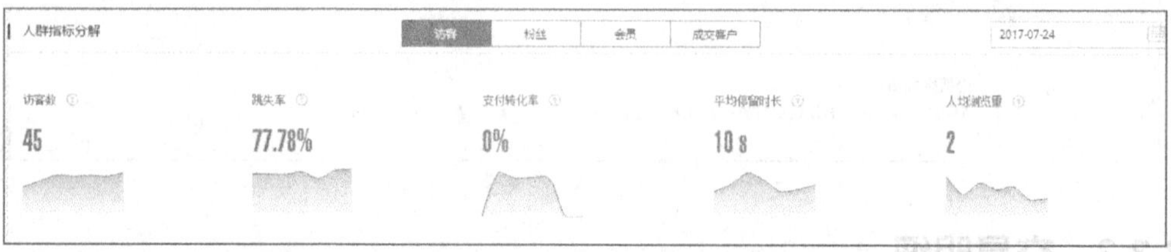

8.4.2 人群分析

在客服运营平台中，选择不同的人群，其分析的数据也不相同，若单击“访客”选项卡，可分析访客的性别、年龄、分布地域、访客行为和折扣敏感度等信息；若单击“成交客户”选项卡，可分析粉丝与会员的销售占比、老顾客最近一次的购买时间、客户的购买次数、交易总金额与客单价等信息。下图所示为某店铺成交客户的交易总金额与客单价在5个月内的变动情况。

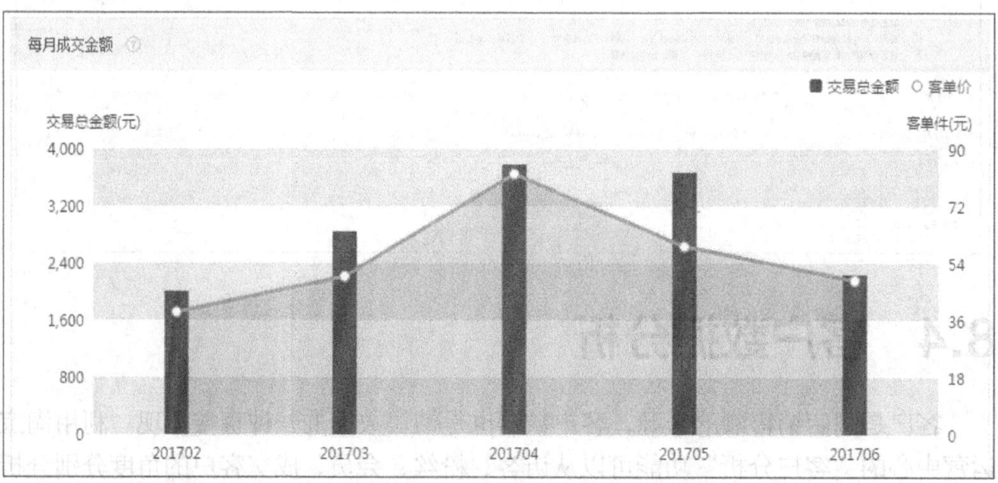

在分析销售额与老客户比率时，如果老客户在销售额中所占比重较低，说明客

户关系管理效果不明显，需对老客户营销推广方案的合理性进行分析。一般来说，相比于新客户在商品图片和质量、信用保障、售后服务等方面的需求，老客户更关注商品的深层信息，如商品规格、参数、功能等。

8.5 疑难破解

1. 为什么要进行访客地域分析？

访客地域分析是指对不同地域的买家数量、回购率、销售额、客单价、市场规模等进行分析，然后根据分析结果制定不同的营销策略。针对分析结果，经营者需制定不同的营销方案，如对于销售额、回购率、市场规模均高的地域，可以加大推广力度，继续投资，保持市场活跃度；对于市场规模大，但回购率不高的地域，应该找出低回购率的原因，可根据该部分买家的特殊情况或需求进行适当改进；对于市场规模小，但是回购率高的地域，应该仔细评估，维护这部分老客户的关系，在成本允许的情况下，也可适当加大推广力度；对于市场规模和回购率均低的地域，建议减小推广力度或放弃推广。

2. 购买转化率低是什么原因？

销量=流量×购买转化率，由此可见，流量和转换率都是影响销量的因素。所以，当需要提高转化率时，可以从流量的质量角度分析。分析店铺的流量宝贝的意向性，意向性越强，转换率就高。影响宝贝意向性的因素很多，除了获得较为优质的流量，还需要从店铺的装修、宝贝的描述等角度出发。如果店铺转化率下降，可从以下5个方面分析。

- 中差评：查看店铺近期是否有中差评，中差评是导致转化率下降的重要因素，若出现中差评，可以了解中差评出现原因，并进行合理的中差评处理。
- 动态评分：动态评分不仅会影响店铺商品排名权重，还是卖家申报活动的硬性指标，若店铺动态评分过低，会对店铺的很多方面产生不良影响，因此需要查看动态评分是否降低。
- 竞争对手：查看竞争对手是否参加了活动、促销等，若竞争对手抢占了店铺的流量，可调整店铺的营销策略，争取更多的流量。
- 客服：对客服的聊天记录进行分析，查看客服是否提供热情良好的服务，是否熟练应用一些话术与销售推荐技巧。
- 流量渠道：一个店铺的流量可能来自多个渠道，如分析单品每个流量渠道的转化率，找出是由哪个渠道的流量转化率过低导致。

3. 如何快速发现自己店铺的问题？

利用生意参谋中的“实时”数据，卖家可以第一时间发现自己店铺的问题，进而解决问题。实时数据包含实时概况、实时来源、实时榜单、实时访客、实时催付宝5个板块，各板块的功能如下。

- 实时概况：可以查看访客数、浏览量、支付金额、支付子订单、支付买家数，以及类目、支付金额、访客数、支付买家数、行业排名，以此了解这个类目的市场容量及和TOP10卖家的差距。

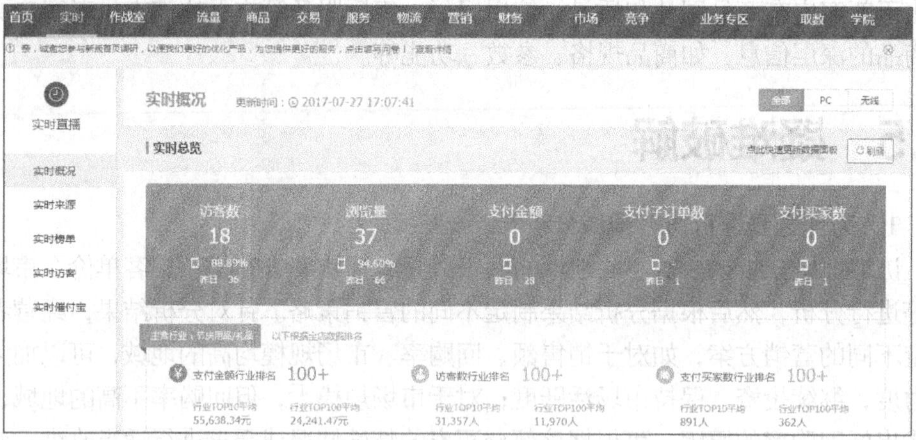

● 实时来源：从PC端来源分布、无线端来源分布可以很直观地看到每个渠道的流量占比及实际的访客数，分析流量构成是否合理，进而优化流量来源，通过地域分布分析可以得到店铺重点推广的区域。

● 实时榜单：包括访客数TOP50及支付金额TOP50，相关指标有浏览量、访客数、支付金额、支付买家数、支付转化率等数据。

● 实时访客：包括访客时间、入店来源及关键词、访问页面、访客位置等数据，通过实时访客针对来源找到客户的信息并分析客户浏览习惯。

● 实时催付宝：实时催付宝的要求较为严苛，包括在本店下单且未支付、未在其他店铺购买同类商品、每天最多提供潜力指数TOP50的买家。当店铺有促销活动时，做好这块数据的监督与处理可以很好地提高销量及转化率。

8.6 边学边练

1. 使用生意参谋查看并分析淘宝店铺的流量数据，包括PC端访客、无线端访客的流量趋势、流量排行、流量来源、访客行为、访客特征等数据。

2. 使用生意参谋分析店铺的商品数据，并对成交笔数、成交金额、成交用户数、客单价、客单价均值、回头率、支付率、成交转化率、异常商品等进行分析。

3. 使用生意参谋分析店铺的客户数据，查看访客地域、访问时间段、新客户比例、老客户比例和新老客户对比等信息。

第9章 淘宝SEO搜索引擎优化

本章导读

随着平台卖家越来越多，卖家竞争也越来越激烈，造成流量日渐匮乏，每一个流量都显得弥足珍贵，而且付费推广费用越高，商品利润空间越小，使得店家实现盈利的难度系数越来越大。做好淘宝SEO搜索引擎优化，可以最大限度地吸取淘宝站内的免费流量，从而销售宝贝获得可观利润。那么对于店家而言，该如何做好淘宝SEO搜索引擎优化呢？本章主要从淘宝SEO的宝贝排名和关键词的角度进行优化。

知识技能

※ 熟悉淘宝SEO含义、思维模式、趋势、误区

※ 熟悉淘宝SEO的处罚重点

※ 熟悉从不同角度研究淘宝SEO

※ 分析淘宝SEO搜索排名的影响因素

※ 掌握宝贝标题优化技巧

视频讲解

（视频讲解：4 分钟）

9.1 熟悉淘宝SEO

什么是淘宝SEO？简单来说，淘宝SEO就是在了解淘宝搜索引擎工作原理的前提下，研究淘宝站内的排名规律，通过有针对性地优化，使排名在淘宝站内搜索的结果中比较靠前，以此来提高用户的点击率。而淘宝SEO优化并非只进行搜索引擎优化，还需要从多个方面进行分析。下面从淘宝SEO含义、淘宝搜索思维模式、淘宝SEO趋势、淘宝SEO搜索的误区等多个方面对淘宝SEO进行介绍。

9.1.1 SEO与淘宝SEO

SEO是Search Engine Optimization的缩写，即“搜索引擎优化”，指通过站内优化和站外优化等方式对网站进行优化，从而提高网站的关键词排名和网站整体排名，继而达到提高网站商品曝光度并促成交易的目的。

SEO是目前十分流行的一种网络营销方式，在国外已经发展或非常正规成熟的搜索引擎优化服务。淘宝SEO是SEO的分支之一，除此之外，谷歌、百度等搜索引擎巨头也是SEO的主要研究对象。

淘宝SEO的概念与SEO的概念十分类似，指通过各种优化技术和手段，获取更多淘宝站内的自然流量，提高店铺或商品的展示率，达到提高销售量的目的。淘宝SEO包含的内容较多，其中，综合排名SEO、移动端淘宝SEO、人气排名SEO等都属于淘宝SEO的范畴，而综合排名SEO是淘宝SEO优化的重点。综合排名页面是淘宝搜索的默认展示页面，在买家的搜索过程中，几乎90%以上的搜索结果都是以综合排名的形式进行展现。

淘宝卖家为了将宝贝排名做到淘宝默认搜索的前列，必须做好淘宝SEO优化。影响淘宝SEO优化的因素主要包括标题、类目和属性3类，其中标题优化是淘宝SEO优化的重点。在做好宝贝标题优化的基础上，还需进一步完善和优化其他各项指标，这才是真正的淘宝SEO优化。

9.1.2 淘宝搜索思维模式

很多新手卖家都有一个问题——淘宝流量是怎么来的？大部分买家在淘宝搜索商品时，一般都有一个既定流程。首先输入关键词进行搜索，接着在搜索结果中查看商品，然后根据商品主图、配色、文案等效果，选择感兴趣的商品，最后点击该商品产生流量。所以淘宝搜索思维模式主要包括搜索—展现—点击—流量4个步骤。

买家搜索关键词的过程，就是淘宝搜索的过程，店铺或商品的大部分自然流量都产生于这个过程。由于淘宝网中卖家众多，买家在搜索商品时有成千上万种不同的选择，他们不可能浏览所有的商品，通常只关注淘宝搜索前几页中的宝贝。所以卖家要想获得更多流量，就必须让自己的商品脱颖而出，这也是淘宝SEO优化的主要原因。

9.1.3 了解淘宝SEO趋势

卖家要想获得更多流量，就必须先了解淘宝SEO趋势。了解淘宝SEO趋势有助于理解淘宝搜索的权重体系，从而对店铺进行合理的规划，以获取更多的流量。就目前而言，淘宝自然搜索主要趋势有以下3个方面。

- **PC端流量倾向于品牌商家和KA商家：** KA商家是指与淘宝天猫达成战略合作关系的商家。目前，淘宝的商家大致划分为7个层级，平台会根据不同商家的不同店铺销售额层级，而进行流量划分与流量匹配，层级越高，获得的流量权重越高。生意参谋平台可以帮助卖家轻松查看店铺运营数据，在生意参谋首页的“行业行情”栏中即可了解店铺的层级，以及不同层级需要达到的销售金额。如右图所示，以淘宝女鞋为例，销售金额2753元以下为第一层，销售金额达到2753元为第二层，销售金额达到2.9万元为第三层。

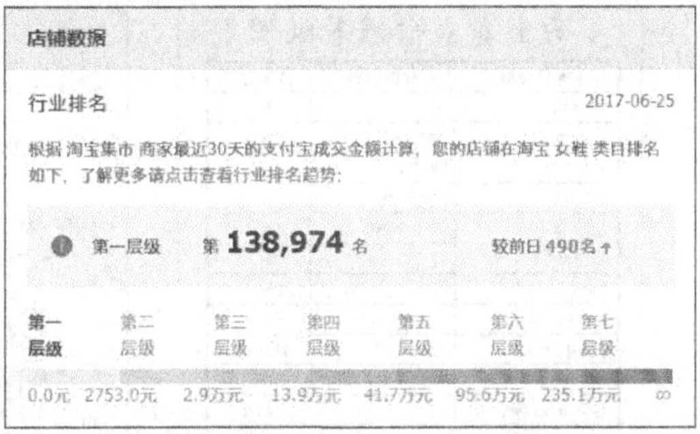

- **无线端的搜索越来越个性化：** 之前的手机端搜索权重主要以销量为主，随着手机端流量的逐步增多，无线端的搜索也开始变得个性化。影响手淘搜索权重的因素有很多，如商品的搜索转化率、手机端成交量、商品价格的上限和下限、页面加载速度、用户在页面的停留时间、搜索的点击率（主图质量）、宝贝创建时间、宝贝名称设置、手机专享价、淘金币折扣、个性化推荐等。
- **广告流量与买家体验权重增加：** 目前大多数店家都需要付费流量，而付费流量带来的成交量，以及买家对该部分商品的评价，是淘宝判断宝贝搜索权重的重要依据，评分越高，宝贝的搜索权重越高，排名越靠前。

9.1.4 淘宝SEO搜索的误区

随着电子商务的不断发展和商家的不断增多，过去一些经营思维已不再适用于当今的淘宝需求。下面对一些卖家容易产生的误区进行剖析。

- **价格越低，买家越容易找到自己的商品：** 确实有部分买家是为了便宜而上淘宝，但随着生活水平的提高，注重品质的人越来越多，用户网络购物，不再仅仅是图便宜，而是追求方便快捷，以及享受淘宝天猫卖家的售后服务与质保承诺，如7天无条件退货、货到付款等模式深受买家喜爱。因此，价格越便宜的商品未必销量越好，卖家需根据商品做出合理调整。如某个用户最近想买一个连衣裙，浏览的连衣裙价格一般都在300元左右，那么淘宝就会在直通车位置和自然搜索位置，尽可能地多展示价格区间差别不大的商品，若商家的售价为19.8元，那么它能得到展示的概率将减少。

● **信誉越高，卖得越好：**店铺信誉等级是很多新手卖家开店后的“第一大心事”，信誉越高，宝贝就越好卖。信誉度越高的店铺往往积累的老客户较多，自然比信誉度低的店铺的销售要好。据统计，3钻到5黄冠之间的店铺占了淘宝的绝大部分，而金冠店铺数量较小，如下左图所示为2017年淘宝卖家的信誉等级表。

● **销量越高，排名越靠前：**不可否认，销量对排名确实有非常高的影响。销量越高，说明这个商品越受欢迎，质量越经得住考验，淘宝给予高的排名权重无可厚非。随着淘宝规则的完善，淘宝更加注重付款人数，多人购买100件商品比一人购买100件商品的权重值高，而对应的转化率低、评分低和价格太低，权重则会下降。店铺流量分为很多路径，如自然搜索流量、直通车流量、淘宝客流量等。一般自然搜索流量销量的权重高于付费流量，付费流量销量的权重高于第三方U站流量。下右图为输入关键词“女包”默认的搜索结果，可以看出，103人成交的排名比8205人成交的宝贝还要靠前，因此销量和人气并不是唯一决定排名的因素。

淘宝卖家信用等级图

所积分数	等级图标	信誉等级
4分-10分		一星
11分-40分		二星
41分-90分		三星
91分-150分		四星
151分-250分		五星
251分-500分		一钻
500分-1000分		二钻
1001分-2000分		三钻
2001分-5000分		四钻
5001分-10000分		五钻
10001分-20000分		一皇冠
20001分-50000分		二皇冠
50001分-100000分		三皇冠
100001分-200000分		四皇冠
200001分-500000分		五皇冠
500001分-1000000分		一金冠
1000001分-2000000分		二金冠
2000001分-5000000分		三金冠
500001分-10000000分		四金冠
10000001分以上		五金冠

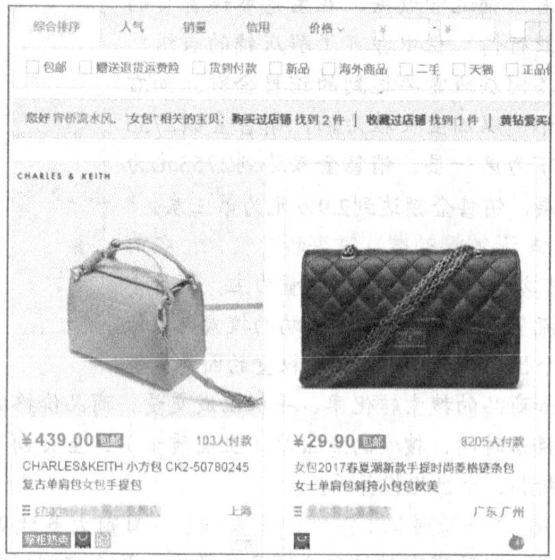

提个醒

一些卖家喜欢将店铺链接群发给QQ、微信好友，或将链接留在微博、空间上，这样会获得更多的点击率，但意向用户较少，容易造成转化率低，从而导致店铺权重值下降，得不偿失。

9.2 熟悉淘宝SEO的处罚重点

淘宝网作为一个大型的网络交易平台，为了完善交易机制，保障买卖双方的权益，必须通过严格的制度和规则对交易环境进行控制和约束，让买家可以放心购物。所以，在这种交易环境下，淘宝卖家必须了解淘宝规则，避开规则雷区，避免淘宝处罚。

9.2.1 虚假交易

虚假交易是指用户通过虚构或隐瞒交易事实，规避或恶意利用信用记录规则，干扰或妨害信用记录秩序等不正当方式获取虚假的商品销量、店铺评分、信用积分、商品评论或成交金额等不当利益的行为。

卖家进行虚假交易，淘宝将对卖家的违规行为进行纠正，包括删除虚假交易产生的商品销量、店铺评分、信用积分或商品评论等不正当利益；情节严重者，淘宝还将下架卖家店铺内所有商品。在纠正违规行为的同时，淘宝将对卖家进行违规扣分处罚。对涉嫌虚假交易的商品，给予卖家30天的单个商品淘宝网搜索降权的处理。如果卖家某商品多次进行虚假交易，搜索降权时间将滚动计算。

常见的虚假交易方式如下。

1. 发布无实质交易内容的商品

（1）发布纯信息，包含但不仅限于减肥秘方、赚钱方法、会员招募、商品知识介绍、免费信息以及购物体验介绍等无实物的信息。

（2）发布免费获取或价格奇低的商品，包含但不仅限于无偿从发行方获得的优惠券或资格权、免费商品、软件下载、电子刊物（凡是通过网络传输的一切电子商品）、电子邮件地址邀请等；1元以下虚拟类商品。

（3）在搭配套餐等打包销售形式的宝贝描述中有明确表示仅部分商品会发货的文字内容。

2. 采用以下形式进行虚假交易

（1）将一件商品拆分为多个不同形式并进行发布。包含但不仅限于以下情况：商品和商品的运费分开发布；一个宝贝拆分不同价格打包出售。

（2）将赠品打包出售或利用赠品提升信誉等。

（3）使用虚假的发货单号或一个单号重复多次使用。

（4）以直接或是间接的方式，变更商品页面信息、大幅度修改商品价格或商品成交价格等。

（5）卖家限制买家购买虚拟物品的数量。包含但不仅限于：限制某件商品一个ID只能购买1件；特殊市场另有规定，需要按照特殊规定执行。

（6）在移动/联通/电信充值中心，网络游戏点卡，腾讯QQ专区3个类目中发布虚拟类商品时使用限时折扣工具。

（7）其他进行虚假交易的形式。

3. 通过以下手段进行虚假交易

（1）卖家自己注册或操纵其他账号（如炒作团伙账号、亲朋好友账号、公司同事账号等），购买自己发布的商品。

（2）卖家利用第三方（包括其他卖家）提供的工具、服务或便利条件进行虚假交易。

（3）其他非正常交易手段。

高手支招

为了保证交易环境的公平公正，淘宝网会对弄虚作假的行为做出十分严厉的处罚。此外，建议不要频繁修改宝贝价格，否则会影响系统对店铺宝贝的判断。

9.2.2 规避信息

规避信息是滥发信息违规中的一项重要违规行为，指通过各种方式刻意规避淘宝商品发布规则的要求发布商品，规避信息行为包括但不限于以下内容。

1. 利用SKU低价引流

淘宝SKU是指保障库存控制的最小可用单位，实际上就是淘宝宝贝的销售属性集合，宝贝颜色属性、尺码属性等都属于SKU。以一款女装为例，粉红色的S码、M码、L码都是一个SKU。利用SKU低价引流是指通过刻意规避淘宝商品SKU设置规则，滥用SKU设置，涉嫌低价引流的行为。利用SKU低价引流的情形包括但不限于以下5种情况。

- 不同品类的商品放在一个SKU中售卖，如在床上四件套商品的SKU里出现枕套，并且枕套对应的价格远远低于正常四件套的价格区间。
- 不同材质、规格等属性值对应价格不同的商品放在一个SKU中售卖，如将防水无纺布和类布纹等放在一个商品的SKU中出售，且价格差距较大。
- 将常规商品和商品配件放在一个SKU中售卖，如将手机充电器和手机放在一个SKU里售卖，并且价格差距比较大。
- 将不存在的SKU（指这个SKU的商品实际并不存在）与常规的SKU放在一起售卖，如商品为手机贴膜，卖家设置“价格为0.1元拍错不发货”的SKU，为了低价吸引流量。
- 将常规商品和非常规商品放在一个SKU中售卖。非常规商品如二手、样机、模型、瑕疵品、一只鞋等。

2. 以非常规的数量单位发布商品

指将商品的正常规格进行拆分后发布，如窗帘的正常规格是以“米”为单位，但卖家拆分后以“毫米”为单位进行销售。

3. 商品邮费偏离实际价格

发布实物商品时商品的邮费价格远远超过其商品价格，并且不符合邮费行业标准；或虚拟物品有邮费。如一件啤酒商品价格设置为10元，上海到成都的邮费价格设置为50元，邮费明显不符合行业标准。

4. 以非常规的形式更换宝贝

通过编辑商品类目、品牌、型号等关键属性使其成为另一款商品的商品要素的变更，也称为换宝贝。

- 将商品A修改成为完全不同品类的商品B，如原出售商品为袜子，现出售的商品为T恤。
- 将商品A修改成为完全不同品牌的商品B，如原出售商品为耐克的运动鞋，现出售商品为鬼冢虎的运动鞋。
- 对于手机类目的商品，将商品A修改为完全不同型号的商品B，或将翻新机换成全新机。如原出售商品为iPhone 6，现出售商品为iPhone 6s，或原出售商品为苹果官方翻新机，现出售商品为苹果全新机。

9.2.3 信息重复

信息重复是滥发信息违规中的一项重要违规行为，指发布的商品信息存在重复。信息重复主要包含以下两种情况。

- 重复铺货，即店铺中同时出售同款商品两件以上的。
- 重复铺货式开店，即开设两家以上店铺且出售同样商品的。

重复铺货中的同款商品是指完全相同以及商品的重要属性完全相同或高度相似的商品。对于不同的商品，必须在商品的标题、描述、图片、重要属性等方面体现商品的不同，否则将被判定为重复铺货。

同款商品不允许发布的情况有以下7点。

- 同款商品不同颜色分别发布（男装、女装、运动服、箱包、鞋类、内衣配件类目除外），如在男装、女装、运动服、箱包、鞋类、内衣配件类目同款颜色分别发布是可以的，但如果一件宝贝主图中已包含了各种颜色或者各种颜色的销售属性，然后又以不同颜色分别发布展示，即属于重复铺货。在男装、女装、运动服、箱包、鞋类、内衣配件类目以外的其他类目下，同款商品不同颜色分别发布就属于重复铺货。如下左图所示将同款的不同颜色的耳机同时展示售卖，即为重复铺货的表现。

● 同款商品不同规格分别发布（服饰配件、箱包类目除外），在服饰配件、箱包类目以外，以大、中、小或者是其他不同的规格分别发布属于重复铺货，如一件衣服以大、中、小不同的尺码分别发布。

● 通用型商品不同适用车型、不同适用机型分别发布，在汽车、用品、配件、改装类目下的通用型商品不能分不同的车型分别发布，在3C数码配件类目下的通用型商品不能分不同的机型分别发布。

● 同款商品附带不同附赠品或附带品分别发布，如一款雅诗兰黛的化妆品发布了一次，成为商品A。同时，将同样一款雅诗兰黛的商品和一个小样赠品又发布一次，成为商品B。商品A和商品B的标题、图片、详情、价格等信息都十分类似，属于重复铺货。

● 同款商品以不同主图角度等多次发布，如一款商品以主图正面、侧面等不同的角度，在其他商品标题、价格、详情都高度相似的情况下，分别发布在两个不同的商品里，有两个不同的商品ID，属于重复铺货。

● 同款商品不同地区分别发布（移动/联通/电信充值中心、本地化生活服务除外）。如在移动/联通/电信充值中心类目下的手机充值卡商品，浙江地区面值为100元的移动手机充值卡和上海地区面值为100元的移动手机充值卡可以分开发布。

● 手机号码/套餐/增值业务一级类目下的网络电话卡类目商品，每个卖家所发布的相同运营商的不同面值的充值商品不能超过15件。

9.2.4 类目错误

类目错误即品类不一致，包括标题里品类信息不一致，出现多个品类的关键词、商品实际品类与发布品类不符、标题与属性里的品类不一致、标题与图片里的品类不一致等情况。如跑鞋、休闲鞋、球鞋、凉鞋、靴子、高跟鞋等多个完全独立的类同时出现在一个标题中，将毛衣错放到“3C数码配件市场”类目下，标题是连衣裙但图片却是靴子等情况，都属于类目错误。

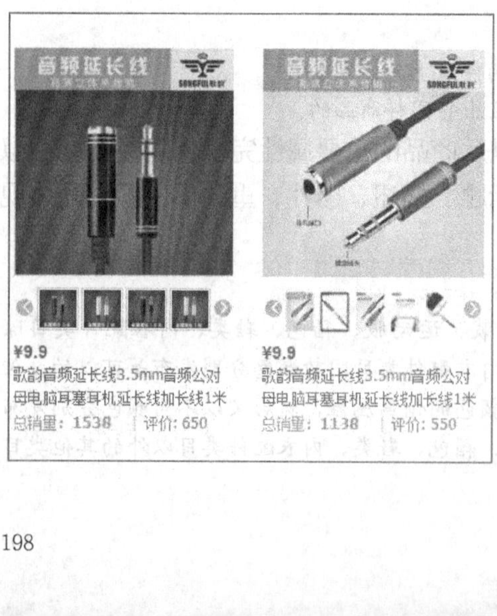

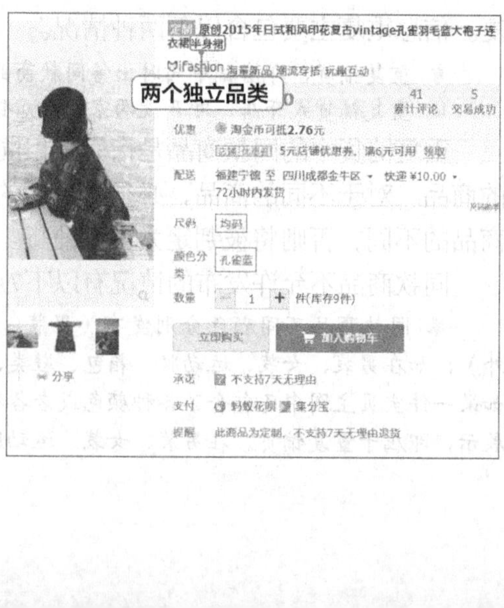

9.2.5 属性不一致

属性不一致即属性错放，如材质、款式、风格、型号、功效等属性信息在标题、图片、属性或者详情中的描述存在相互不一致的情况。下面分别对属性不一致的情况进行介绍。

- 材质属性关键词不一致。如标题中的材质属性是纯棉，而属性中的材质属性是涤棉，这是两种不能在同一件商品材质上共存的材质。
- 标题里有两种或两种以上的同属性值关键词，同时在属性值中选择了其中一种属性值关键词或者选择了其他属性值关键词。如标题里出现了博美犬、贵宾犬、比熊犬3种说明品种的属性值关键词，而品种属性值选择的是贵宾犬。此时标题中的品种属性值和属性中的属性值选择是不一致的。
- 标题里的属性值与描述里的属性信息互斥。如标题里材质属性的属性值是纯羊毛，描述里的羊毛成分却低于95%，未达到纯羊毛标准。

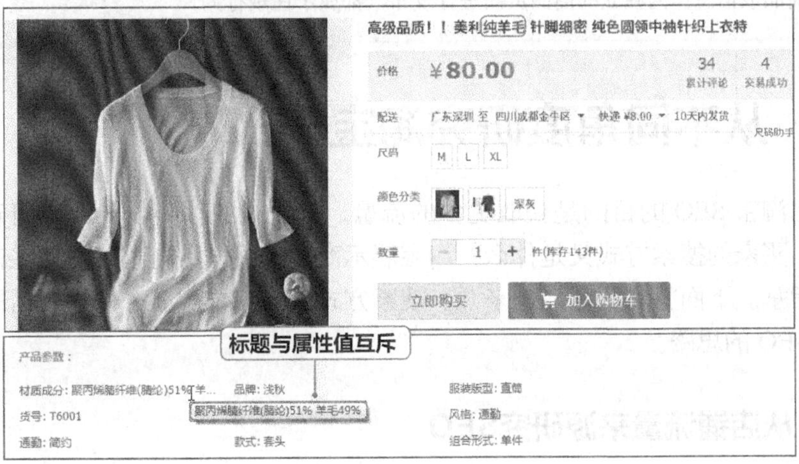

9.2.6 价格不一致

价格不一致指商品的标题、图片或者详情页面中描述的商品价格与标注的商品价格不一致。如一个商品标题或者详情描述、图片描述是11.8元，但标注的商品价格却是25.8元。或者在商品图片、标题或者详情页写“拍下改价”“拍下后价格减××”等都属于商品价格不一致的情况。

9.2.7 邮费不一致

邮费不一致指商品的标题、图片、详情中对于邮费的描述与实际运费模板设置的信息不一致。如商品标题或描述中写明“包邮、包快递、包平邮、包EMS等”，却在运费模板中设定运费价格，让买家承担邮费。若商品属于住宅家具等开通三包服务类目的商品，商品标题中写三包到家（指包物流、包配送、包安装），但实际运费模板设置的却是买家承担运费或者到物流点自提，也属于邮费不一致。

9.2.8 宝贝不一致

宝贝不一致指“宝贝类型”的选项与商品详情页中对宝贝类型的描述出现不一致的情况。如全新商品，宝贝类型错选为“二手”；或宝贝类型选为“全新”，商品为二手。以3C数码类商品举例，如笔记本、手机等二手商品，以全新的方式发布，但是在详情页中写“八成新”。

高手支招

除了上述违规行为之外，将心情故事、店铺介绍、仅供欣赏、仅联系方式等非实际销售的商品或信息作为独立的商品页面进行发布，都属于违规行为。

9.3 从不同角度研究淘宝SEO

优化淘宝 SEO 的目的是获取更多的流量，但流量的种类很多，如何确定目标流量呢？买家的搜索方式又是什么？淘宝展示商品的模式又有哪些？这些都需要卖家了如指掌。下面将从店铺流量来源、搜索方式、排名方式 3 个方面来帮助卖家理清淘宝 SEO 的思路。

9.3.1 从店铺流量来源研究SEO

流量是卖家经营店铺的重中之重，它能提升店铺人气和点击，提高店铺转化率。了解店铺的流量来源，是诊断店铺流量是否正常的重要途径。对于常规的店铺而言，流量进入的渠道是具有多样性的。根据各个渠道的不同性质，可以将店铺流量来源渠道分为以下5种。

- 自主访问：自主访问渠道主要有店铺收藏、宝贝收藏、我的淘宝首页、已买到商品、直接访问、购物车等入口。通过自主访问进入店铺的流量，大部分都是对店铺比较了解并且有明确的购买意向，很容易就能促成交易。
- 付费流量：付费流量是指卖家通过付费推广、活动、营销工具等方式获得较好的展示位置，从而更容易获得买家点击产生的流量，如直通车、钻石展位、“双11”活动等。
- 淘内免费流量：淘内免费流量是指在淘宝（天猫）内免费获得的流量，包括淘宝搜索、天猫搜索、店铺动态、淘宝类目等多种流量入口，其中淘宝搜索、天猫搜索获得的流量占主要地位。淘内免费流量具有成本低、精准度相对较低的特点，要求淘宝卖家引起重视，并充分优化好店铺以及淘内各项活动。

- **淘外流量：**卖家进行站外推广所获得的一切站内流量以外的流量。站外推广的方式很多，如购物返利网、美丽说、米折网；搜索引擎，有百度、搜狗等；社交工具，有微信、新浪微博、雅虎微博；视频网站，如优酷·土豆、爱奇艺等。

在诸多流量来源途径中，淘内免费流量是淘宝SEO需要重点关注的流量。通过生意参谋可以对具体流量进行监控。其方法是：进入生意参谋界面，单击“流量”选项卡，在打开的页面中选择“流量地图”选项，在打开的页面中即可监控各种途径来源的流量的数据大小，若付费流量大于淘内流量，说明卖家的SEO需要优化。

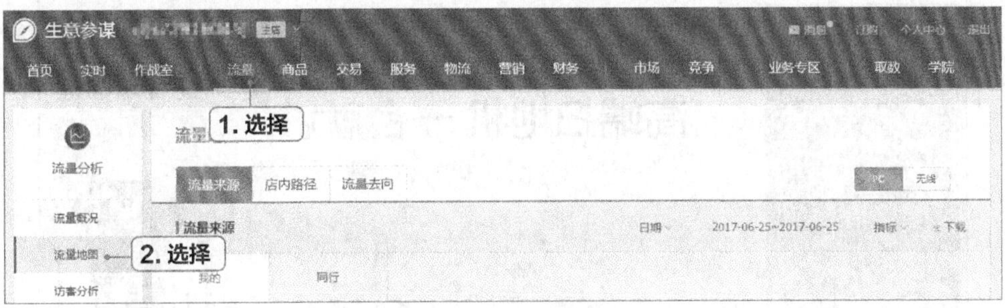

9.3.2 从买家搜索方式研究SEO

不同的买家有不同的搜索习惯，了解这些搜索习惯，有助于卖家有针对性地采取SEO 优化措施。淘宝搜索方式大致分为以下 4 类。

1. 关键词搜索

宝贝关键词搜索是默认的搜索方式，可以搜索到淘宝和天猫上所有的商品。进入淘宝的大部分买家都是在搜索文本框中输入关键词，然后进行搜索，部分买家会按销量好、人气或价格进行搜索结果的排序。如输入“漏背连衣裙”，搜索结果中，所有商品的标题均包含“漏背”“连衣裙”，如下图所示。因此，卖家需要研究自己的宝贝的标题的关键字组成，使其更加贴合买家搜索的需要，使宝贝能够被买家找到。此外，通过计算搜索结果页面的数量与每页宝贝的数量，可得出搜索的商品总数，商品总数决定了商品的竞争激烈程度，是卖家需要重点关注的数据。

2. 类目搜索

宝贝流量除了来自淘宝首页搜索，就是来自淘宝类目搜索。类目搜索是目标不够明确的买家搜索商品的主要方式之一，如女买家在逛淘宝时，化妆品、衣服、包包、鞋子都可能需要，并且对于款式、面料等属性没有明确的要求，此时可能通过主体市场中的类目进行浏览。

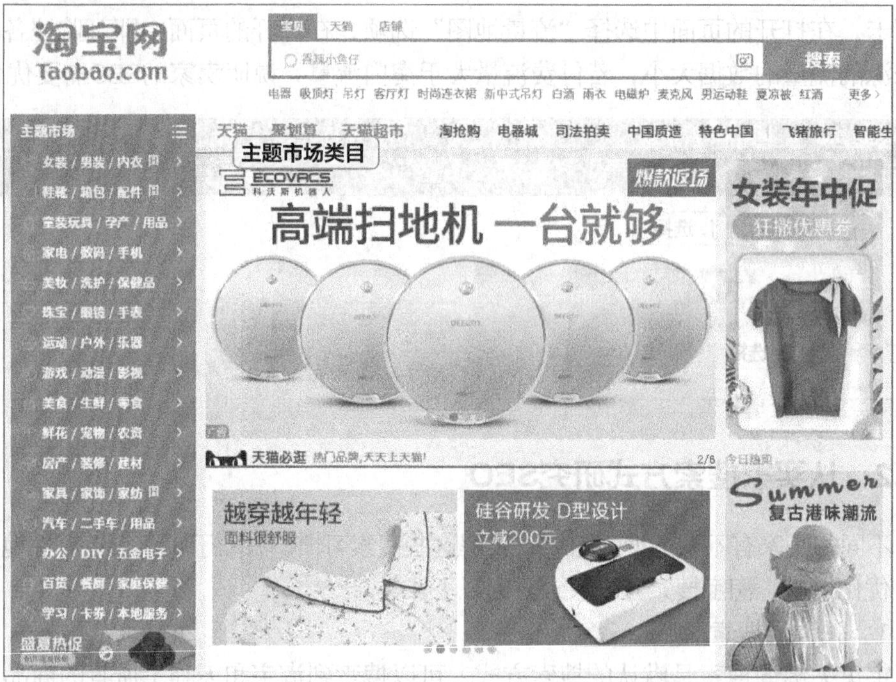

类目搜索获得的流量也是不容小觑的，很多淘宝网店卖家在直通车中优化宝贝时，往往忽略了宝贝类目优化。如果类目放置不正确，不但会涉及类目错放降权，还会导致宝贝搜索排名靠后。通常相同关键词搜索下，类目放置合理的宝贝排名会优先于类目放置不合理的宝贝，此时就需要掌握类目属性规则，以获得排名比别人更多的优势。

3. 个性化搜索

用户可以根据自己的需求进行搜索，使用该方法的买家较少。个性化搜索可以说是淘宝、卖家、买家三方共赢的搜索方式。由于每个类目下的商品数量庞大，要精心挑选满意的商品，将浪费大量宝贵的时间。对买家而言，通过个性化搜索可以对商品的品牌、款式、面料、风格进行筛选，从而节约了大量时间；对卖家而言，个性化搜索的买家定位更加精确，减少了没有转化率的流量，提高了店铺流量的转化率；对淘宝而言，淘宝给予店铺的流量得到了充分利用，减少了流量浪费。如搜索“四件套”后，可限定搜索的范围为所有宝贝，或天猫搜索、二手搜索，若选择“我的搜索”选项，可访问浏览过或收藏过的店铺，在下方列表中可对四件套的品牌、风格、适用床尺寸、床上用品、材质、款式、面料指数等进行筛选。卖家通过分析这些个性化属性，可以为宝贝挖掘并应用热门属性，使自己的商品在个性化搜索中脱颖而出，抢占一席之地。

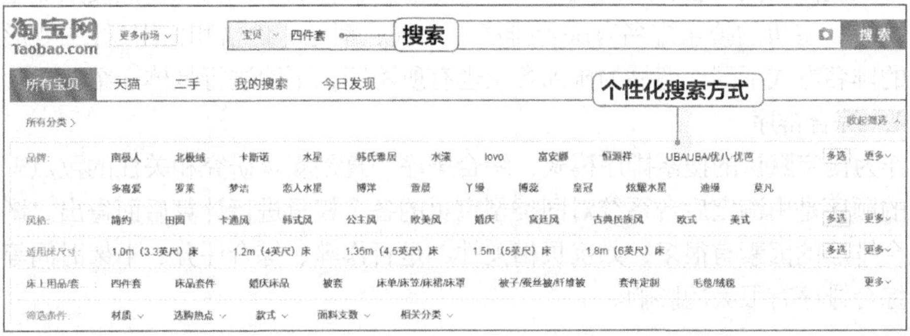

4．店铺搜索

搜索店铺的买家较少，但不代表没有，SEO 优化要将每个角落做到最佳，最大限度地保证店铺的流量。此时选择一个方便、好听、好记并与店铺商品相关的店铺名称变得尤为重要。进行店铺搜索时，可以直接输入店铺名，也可输入商品名，输出商品名时将出现与商品名相关联的主营该商品的店铺。如下图所示，单击“店铺”超链接，输入商品名称“童装”，单击 搜索 按钮将出现主营童装的店铺列表。

提个醒

淘宝会根据店铺销量最大的宝贝的所属类别自动判别店铺主营类目，因此卖家若要更改主营类目，就需要多销售目标类目下的商品。

9.3.3 从搜索排名方式研究SEO

自然流量不论是在转化率还是精准度上，都拥有非常高的质量。每一名淘宝卖家都希望提高宝贝排名，从而提高宝贝展示度，获得更多优质的自然搜索流量。在淘宝网中，宝贝的搜索排名有综合排序、人气、销量、价格和信用5种主要形式。选择的排名方式不同，商品的排列名次也有所不同，下面进行具体介绍。

1. 综合排序

作为淘宝默认的搜索排序模式，综合排序一直是卖家研究和关注的重点。综合排序的顺序是由淘宝后台系统对同类型宝贝的各个权重进行计算后而得出。影响淘宝综合排序的因素有很多，如宝贝相关性、是否作弊、综合评分、下架时间等都对宝贝综合排序有很大的影响。

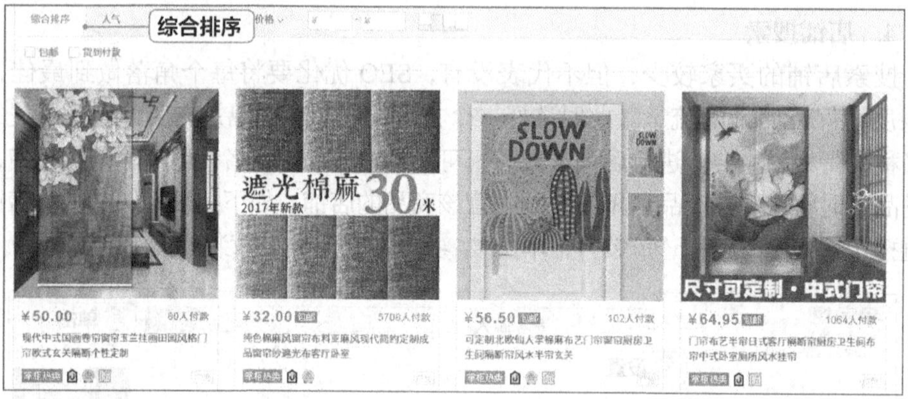

2. 人气排序

人气排序是指按照宝贝的受欢迎程度进行排序，在淘宝搜索结果页面中单击“人气排序”选项卡，即可查看人气排序结果。影响宝贝人气的主要因素包括销量、收藏量、好评率、流量、点击率等，此外，转化率、店铺信誉、橱窗推荐、下架时间等因素也会对人气排序的结果产生影响。

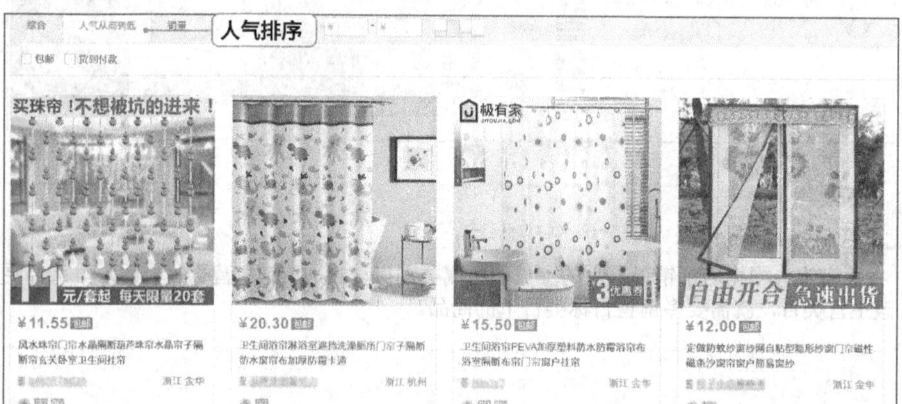

3. 销量排序

销量排序是指按照宝贝的成交人数进行排序，在淘宝搜索结果页中单击“销量排序”选项卡，即可查看按照成交人数排序的结果。

4. 信用排序

淘宝店铺的信用等级是由买家的好评率决定的，卖家每得到一个“好评”，就能够积累1分，中评不得分，差评扣1分，原则上信用等级越高，排名越靠前。如果对淘宝搜索结果使用信用排序，则多以店铺为单位进行显示。

5. 价格排序

价格排序主要看价格，但其他的综合因素也会有一定的参考，若宝贝属于正常情况显示，宝贝价格排序找不到，建议优化宝贝页面、确认价格是否过低、类目是否规范、是不是有广告商品、是不是详情页有过多的关联营销等。单击“价格排序”选项卡，在打开的列表中可选择排列价格的方式，在右侧的文本框中输入价格区间，可搜索价格区间的商品。下图所示为由低到高的排列100~180元之间的门帘宝贝列表。

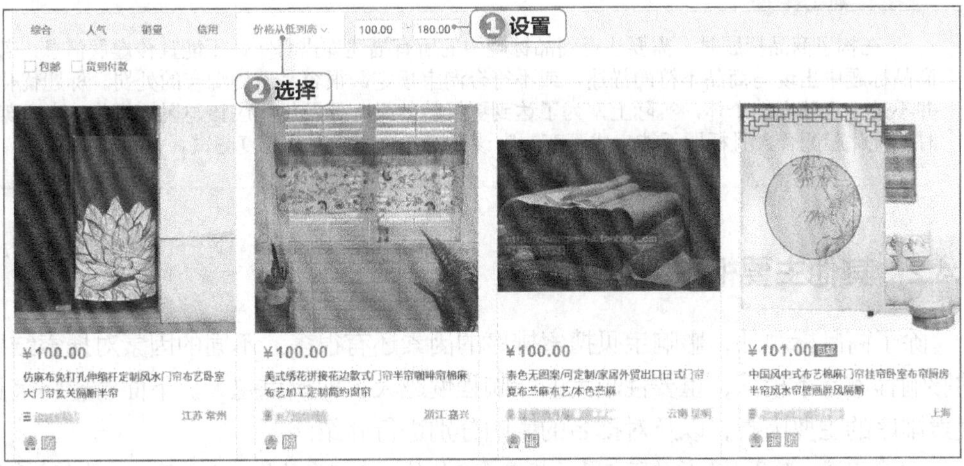

9.4 分析淘宝SEO搜索排名的影响因素

淘宝宝贝搜索排序是店铺自然流量的首要条件，排名越靠前的商品，获得的展示机会越多，得到的流量也就越多。下面将从商品标题结构、点击率、跳出率、转化率等方面分析淘宝SEO搜索排名的因素。

9.4.1 商品标题结构

商品标题是影响SEO搜索排名的决定性因素之一，关键词是否得当直接决定了你的宝贝是否会被买家搜索到，以及搜索结果的排名情况。因此对商品标题进行优化，其最基本的前提条件是符合用户的搜索习惯，同时为了增加被搜索到的概率，可以尽可能地组合各种与商品相符的热搜词。一般来说，商品标题结构主要包括核心关键词、属性关键词和热搜词3个部分。

- 核心关键词：核心关键词是指商品名称，其作用是可以使买家能通过标题快速明白商品是什么，是否是自己所需的商品。核心关键词是必须具备的，且描述一定要与商品相符，如商品是羽绒服，则标题中的关键搜索词就必须是羽绒服，不能是西装和卫衣等属性不同的商品名称。
- 属性关键词：属性关键词即是对商品属性的介绍，商品材质、颜色、风格等都属于商品属性，如“深蓝水晶真皮条纹女包”中，“女包”是核心关键词，“深蓝水晶真皮条纹”都是用于形容核心关键词的属性关键词。属性关键词和热搜词都是对商品标题的扩展，是增加搜索量和点击量的重要部分，建议尽量选择买家常用且适合商品的词语。
- 热搜词：热搜词是指与商品相关的、买家搜索量高的词，主要用于对商品标题进行优化，增加被搜索的概率。如“新款特价女包”中的“新款特价”即属于优化商品标题的热搜词。

提个醒

在构思商品标题时，需要注意商品标题中的所有描述均需真实，不能宣传虚假信息，若商品标题中出现与商品不符的描述，或不符合淘宝规定，很容易遭到淘宝的处罚。标题优化并不是一个独立的个体，实际上，为了达到更好的效果，标题优化应该与属性优化、上下架时间优化相配合，且标题不能一成不变，应该根据流量情况进行反复测试。

9.4.2 其他主要相关因素

除了商品标题外，影响宝贝搜索排序的因素还有很多，不同的因素对搜索结果的影响程度都不相同，重要性越大的影响程度越大，即权重越大。下面对影响宝贝搜索排序的主要因素，以及对排名的影响分别进行介绍。

- 点击率：新品上架后的随机展示概率是相似的，在固有的展示次数里，如果点击率过高，如100次展示机会中获得20次点击量，则表示该商品的标题和图片搭配比较合理，能够获得不错的点击率，淘宝则会继续增多该商品的展示机会。反之，点击率过低即可能降低排名。
- 跳出率：跳出率是商品描述质量的一种体现，淘宝根据买家在店铺的停留时间和跳出率，来判断商品描述页是否吸引买家，买家停留时间越长，在店铺中浏览的页面越多，跳出率越低，则有利于增加排名。
- 转化率：转化率是商品能否得到买家认同的一种体现，一般来说，转化率越高的商品页面，说明商品描述越求实，客户信任度越高，淘宝将对这类商品的排名进行提升。如果是转化率过高的商品，可能进入人工审核系统，审核合格则给予提升排名的处理，反之如果检测出有刷信誉、刷单等嫌疑，则会被降权。
- 宝贝相关性：主要包括类目、属性、标题3个要点，即店铺发布的宝贝必须与宝贝的标题、分类、属性等描述相符，如果信息涉嫌弄虚作假，宝贝将难以获得展示机会。

● 是否作弊：是指卖家是否存在投机取巧、欺骗消费者、刷单等行为，如果卖家违背了淘宝网络交易平台的公平性，淘宝将予以严厉打击。

● 综合评分：综合评分包含多种因素，如人气、销量、信誉、价格等都属于综合评分的范畴，根据综合评分可发现，不管是商品质量还是服务质量都需做好，赢得更多买家的好评和青睐才可能提高综合评分。综合评分值越高，则淘宝将提升其排名；综合评分值越低，则会给予降低排名和权重的处理。

● DSR评分：综合评分是店铺动态评分，即DSR评分，其内容包括宝贝与描述是否相符、卖家服务态度以及卖家发货速度等方面，宝贝的DSR评分是买家评分的一种体现，也是衡量宝贝价值和质量的重要因素。在卖家中心可查看店铺动态评分。

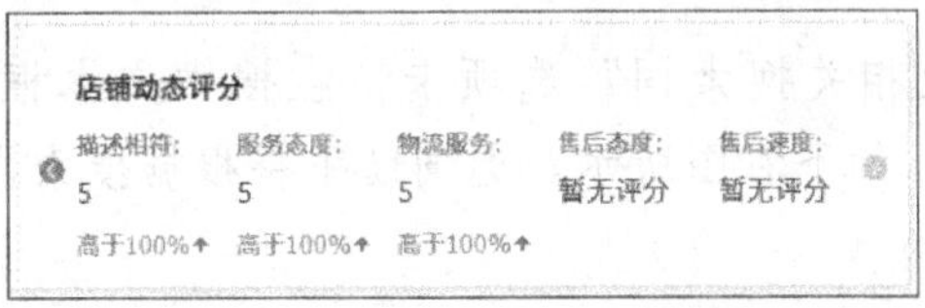

● 宝贝下架时间：是指宝贝上架到宝贝下架这个过程的最后一段时间，淘宝网宝贝的上下架一般以一周为周期，越临近下架时间，宝贝所获得的排名将越靠近，合理设置上下架时间，可以让宝贝获得更多自然流量。

● 橱窗推荐：橱窗推荐的商品排名一般更靠前，金牌卖家还可以获得精品橱窗，精品橱窗对商品权重的影响很大。

● 商品属性的完整度和准确度：淘宝卖家在填写商品的属性时，必须尽量完整且定位准确，尽量完整是指尽量按照淘宝网中列举的条目填写完成，定位准确则是指在描述商品的类目和属性时必须准确，如短靴的鞋子，必须填写短靴，不能填写成长靴，否则容易被淘宝进行降权处理。

● 消费者保障：参加消费者保障的商品，排名将更靠前。

● 退款率和纠纷率：退款率和纠纷率是判断商品质量和服务质量的重要指标，退款率比同行高的店铺，排名也会降低，而有纠纷或纠纷率高的店铺，会被淘宝作降权处理。

● 降权：当淘宝判断店铺出现违规行为时，会对店铺进行降权处理，因此卖家要熟知淘宝规则，避免出现违规行为。

● 动销率：动销率也是会影响搜索排名的一个因素，建议卖家将长时间未出售的商品进行重新编辑或下架，有利于提升店铺权重。

● 回头客：回头客是判断店铺品质的重要依据，也是淘宝判断店铺质量的因素之一，回头客越多的店铺，排名会更靠前。同理，商品的再购率高，排名也会更靠前。

● 关键词匹配：一般来说，淘宝商品的标题关键词细分要用该商品所在类目下的热门关键词，同时在商品的详细描述里，也最好包括商品的热搜关键词，这样更有利于提升排名。

9.5 宝贝标题优化

宝贝标题优化是淘宝SEO优化的重点内容，其目的是为了提高宝贝排名，让宝贝获得更多的展示机会和流量。为了符合买家的搜索习惯，增加宝贝被搜索到的概率，淘宝卖家一般都通过买家热搜词来组成宝贝标题。

9.5.1 使用生意参谋查找和下载关键词

淘宝商品标题的关键词多由买家热搜词组成。淘宝为此提供了选词助手工具帮助卖家查找和下载关键词，以便于从中挖掘搜索热词，其具体操作如下。

扫一扫

使用生意参谋查找和下载关键词

STEP 01 进入淘宝卖家中心，在“营销中心”栏中单击“生意参谋”超链接，打开“生意参谋”主页面，在顶部导航栏中单击“流量”选项卡，在打开的页面左侧单击“选词助手”选项卡，如下左图所示。

STEP 02 单击“行业相关搜索词”选项卡，在搜索文本框中输入关键词“连衣裙”，单击“Q查看”按钮，如下右图所示。选词助手将根据搜索内容显示相关关键词的搜索情况。

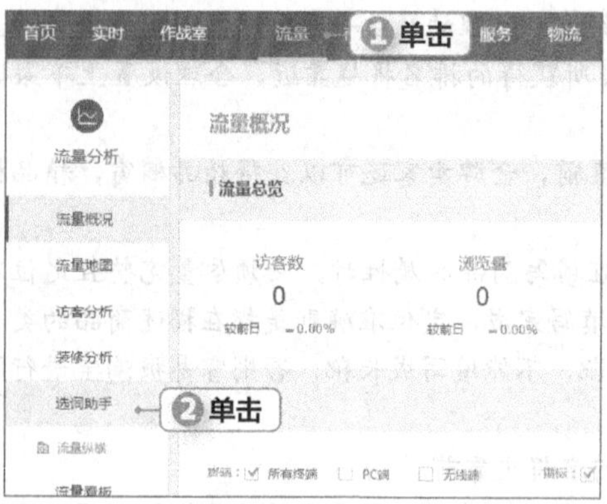

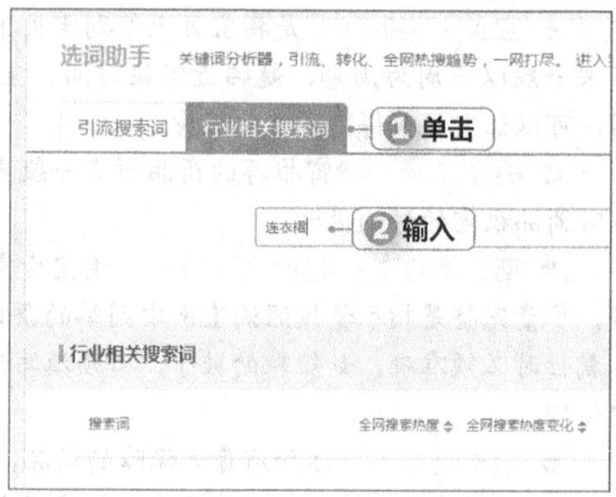

STEP 03 在搜索结果上方单击“指标”按钮，在打开的下拉列表中单击选中相应的复选框，可以设置需要显示的指标，设置完成后单击“确定”按钮即可，如下左图所示。

STEP 04 在搜索结果上方单击“日期”按钮，在打开的下拉列表中设置数据显示日期，查看搜索关键词，设置完成后单击“下载”按钮，在打开的下拉列表中单击“确定”按钮，可下载该搜索数据并将其保存为Excel文件供用户查看，在其中可发现搜索热度较高的关键词，如下右图所示。

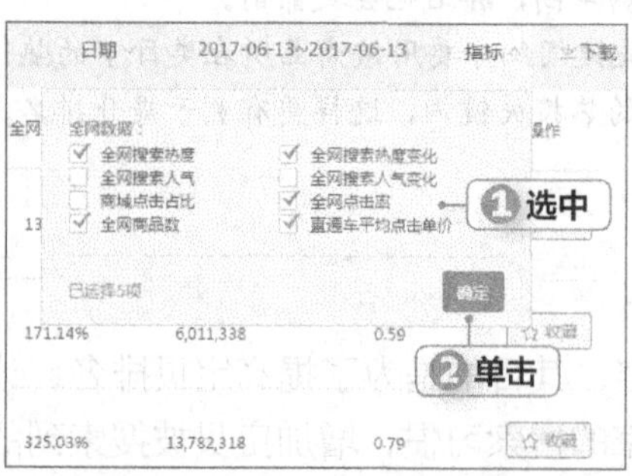

	A	B	C	D
1	数据说明：以下数据为您所选时间周期的相关指标，如需查看其他时间周期数据，请			
2	收藏网址：d.alibaba.com，让数据帮您生意参谋！点此进入>>			
3	关键词：连衣裙			
4	统计日期	关键词	全网搜索热度	搜索热度变化
5	2017-06-20 ~ 2017-06-26	原单 连衣裙	159	-4.22%
6	2017-06-20 ~ 2017-06-26	加厚连衣裙	9	-10.00%
7	2017-06-20 ~ 2017-06-26	专柜连衣裙	161	-17.01%
8	2017-06-20 ~ 2017-06-26	薄连衣裙	13	-13.33%
9	2017-06-20 ~ 2017-06-26	人气连衣裙	9	-10.00%
10	2017-06-20 ~ 2017-06-26	赫本风连衣裙	1217	2.87%
11	2017-06-20 ~ 2017-06-26	连衣裙夏	5274	-16.41%
12	2017-06-20 ~ 2017-06-26	厂家直销连衣裙	5	0.00%
13	2017-06-20 ~ 2017-06-26	热卖连衣裙	44	-22.81%
14	2017-06-20 ~ 2017-06-26	特价连衣裙	166	5.06%
15	2017-06-20 ~ 2017-06-26	日单 连衣裙	98	10.11%
16	2017-06-20 ~ 2017-06-26	连衣裙秋	190	9.83%
17	2017-06-20 ~ 2017-06-26	剪标 连衣裙	40	-16.67%
18	2017-06-20 ~ 2017-06-26	热销连衣裙	23	-30.30%
19	2017-06-20 ~ 2017-06-26	款连衣裙	22	22.22%
20	2017-06-20 ~ 2017-06-26	连衣裙	3017606	-1.55%
21	2017-06-20 ~ 2017-06-26	连衣裙包邮	60	0.00%
22	2017-06-20 ~ 2017-06-26	系列 连衣裙	7	-36.36%
23	2017-06-20 ~ 2017-06-26	外贸连衣裙	1482	-0.07%

高手支招

热搜词并不是一成不变的，淘宝卖家应该密切关注淘宝用户的搜索习惯，并根据用户习惯的变化对宝贝标题进行优化。数据分析工具是分析关键词非常有效的手段，建议淘宝卖家选择一款合适的数据分析工具，并掌握该工具中数据分析的方法。

9.5.2 如何查找淘宝中的关键词

做SEO，最重要的是关键词。如何选出有效的关键词，则成为标题优化的关键。在淘宝中除了通过生意参谋分析热搜词来确定关键词外，淘宝自身也提供了多种关键词查找途径。

1. 通过类目查找

为了方便买家查找所需商品，淘宝列举了非常详细的类目列表，而在该类目列表中，有些词语是主要关键词，有些词语则是当前热销词语，或搜索量比较大的词语。进入淘宝网首页后，将鼠标指针移动到左侧类目上，即可查看该类目中当前的相应关键词，如下左图所示。

2. 通过淘宝搜索框下拉关键词查找

在首页的搜索文本框中输入主要关键词后，在打开的下拉列表中将显示系统根据客户搜索频率推荐的词，这些关键词的搜索频率较高，是商品标题必备的关键词，如下右图所示。

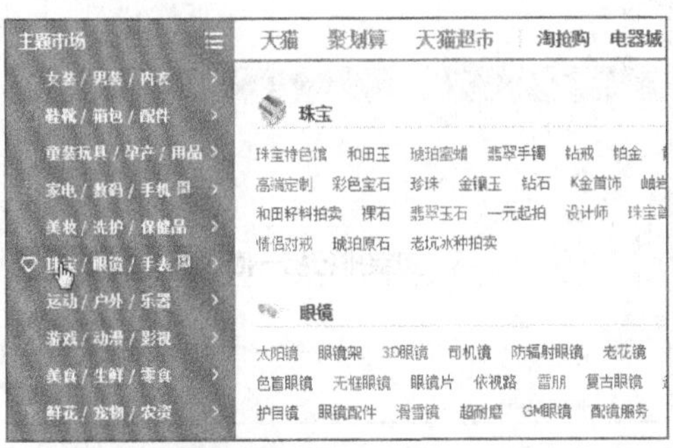

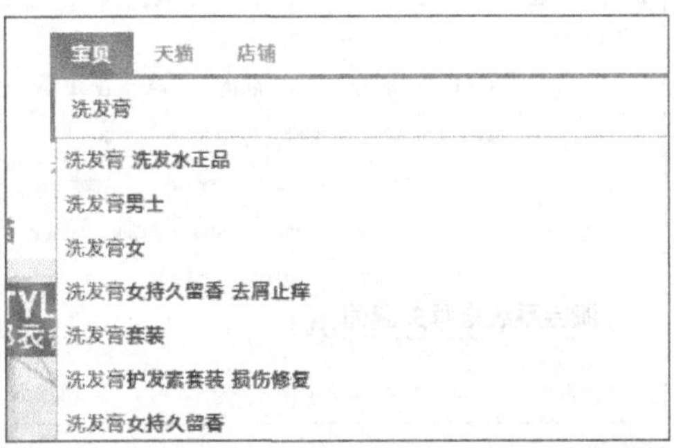

3. 在淘宝搜索结果页中查找

在淘宝搜索结果页面中，卖家也可以关注一下品牌词和属性词，以“连衣裙”为例，在淘宝首页搜索连衣裙之后，在打开的搜索页面上方的“品牌”“风格”“材质”栏中即可显示连衣裙的品牌词和属性词，如下左图所示。

4. 在淘宝“特色市场”板块中查找

在淘宝搜索页面在首页的“特色市场”板块中选择相应类目，在打开的页面中搜索宝贝，在搜索结果页面上方的“选购热点”栏中也可以查看当前类目下的热搜词语，如下右图所示。

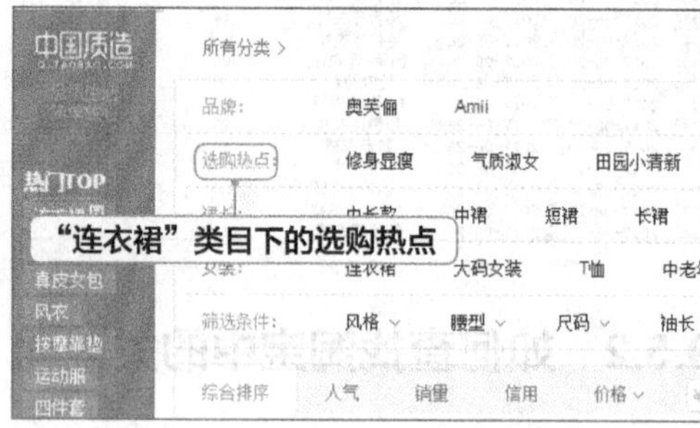

5. 通过淘宝系统推荐关键词查找

在淘宝搜索页面中会出现“您是不是想找：”栏，该栏中将罗列出系统推荐词，该推荐词反映了市场风向标，卖家如果把握并利用好这些关键词可以达到事半功倍的效果，如下左图所示为查看洗发膏的淘宝系统推荐关键词。

6. 通过淘宝TOP排行榜查找

可以在淘宝排行榜中搜索热度最高、搜索量上升最快的关键词数据，分析买家搜索习惯的变化趋势。其方法为：在地址栏中输入“top.etao.com”，进入“淘宝排行榜”首页，在其中选择需要查看的榜单即可，如下右图为查看淘宝一周关注人气排行榜。

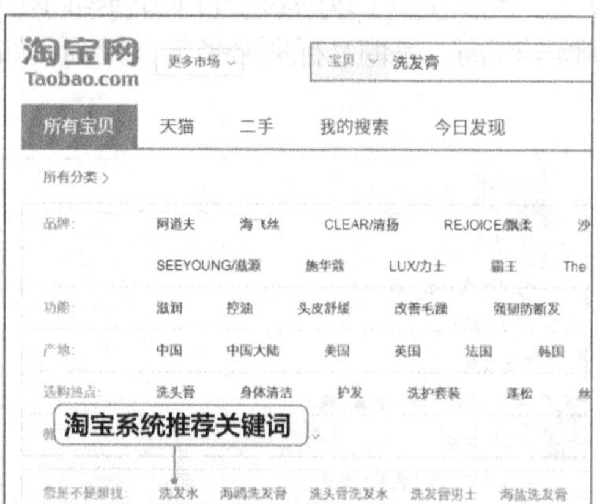

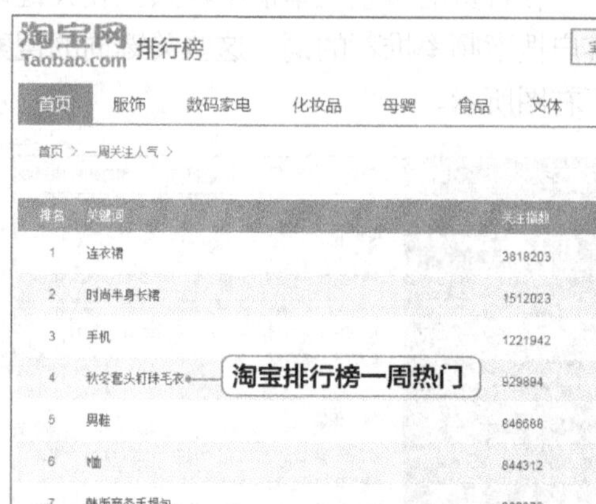

高手支招

淘宝宝贝的标题基本上是由多个关键词组合而成，用户在搜集到相关关键词后，可以将其整理成Excel表格，以便于建立关键词词库。一个全面且有效的词库可以帮助淘宝卖家更好地选择主要关键词、次要关键词、品牌词、高转化率的长尾关键词等。

9.5.3 排除无效关键词

淘宝宝贝标题要避免与他人宝贝标题重复，同时还应该对重复、违规、不相关等无效关键词进行删除。

1. 删除重复关键词

当我们通过各种途径和手段提取出行业关键词词库以后，首先必须删除重复的关键词。重复关键词十分影响宝贝标题的质量，影响其他有效关键词的输入。为了防止关键词词库中出现重复关键词，可使用Excel的“删除重复项”功能对重复数据进行删除。

2. 删除违规词

《中华人民共和国广告法》（以下简称《广告法》）中规定，极限用语不得出现在商品列表页、商品的标题、副标题、主图、详情页以及商品包装等位置。此外，淘宝网也对与宝贝无关的热词、不良渠道词、营销词等进行了限制。

- 极限用语：包括与“最”有关、与“一”有关、与“级/极”有关、与“首/家/国”有关、与品牌有关、与虚假有关、与欺诈有关、与时间有关等词语，如国家级、世界级、最高级、最佳、最低价、第一、首个、顶级、最新、第一品牌、全网销量第一、全球首发、全网首发、世界领先、销量冠军、领袖品牌、独一无二、史无前例、万能等。
- 功能性用语：《广告法》规定，不能为不具备该功能的商品描述该项功能，如商品批准文号为国妆备进字××××，并非特妆准字，不属于特殊化妆品，但却在商品描述页面宣传特殊化妆品功效，属于虚假宣传，违反广告法。育发、染发、烫发、脱毛、美乳、健美、除臭、祛斑、防晒、美白都属于特殊用途化妆品功能词。此外，将普通食品描述为具备养肝护胃、提升免疫力、化痰止咳、促进××、改善××等功能，也属于虚假宣传。宣传医疗用语，如治疗、治愈、医治、防癌抗癌、处方药、医疗、止咳、活血化瘀等也需慎重使用。
- 与宝贝无关热词：无关热词是指搜索量很大但与当前宝贝没有直接关系的词语，如当前宝贝是雪纺连衣裙，但标题中加入了“真丝连衣裙”热搜词。宝贝标题与宝贝不匹配，属于违规行为，不仅无法为宝贝带来流量，还可能导致宝贝下架降权。
- 品牌比较词：宝贝标题中不能出现与其他品牌相比较的词语，如“媲美香奈儿的香水”。
- 违禁词：涉及不良渠道的关键词以及未参加相关活动但标题中出现相关营销内容的词语，都属于违禁词。

9.5.4 关键词有效性分析

收集到关键词后，除了排除无效关键词外，还需要对剩余的关键词进行具体分析，以便于筛选出更为有效的关键词。分析关键词的重要数据包括关键词人群、关键词转化率、关键词点击率、全网商品数等，下面进行具体介绍。

1. 关键词人群分析

关键词人群分析是指对适合店铺的买家人群进行分析，通过分析判定关键词词库中部分关键词的优劣性。关键词人群分析主要包括人群筛选和人群定位两部分。

（1）人群筛选

人群筛选即市场定位，根据整个宝贝的市场行情判断自己店铺的宝贝的价格层次、目标人群的类型等。对于不符合当前宝贝层次和类型的关键词进行排除。

（2）人群定位

人群定位是指对目标人群的年龄、性别、消费层次、职业、爱好、地区等数据进行分析。不同职业、不同性别、不同地区、不同消费层次的用户，通常购物习惯也会有一定差异，如果卖家可以针对目标人群筛选出适合的关键词，对搜索优化、展示量、点击率、转化率等数据而言，都将十分有利。例如分析“气质长裙”关键词，通过数据分析工具分析出该关键词的搜索热度，分析喜欢搜索该词的买家的地域分布情况，分析喜欢搜索该词的买家的年龄分布，分析喜欢搜索该词的买家消费等级，分析喜欢搜索该词的买家的爱好定位。

当确定了目标消费人群的特点之后，就可以针对该类消费者的搜索习惯和要求等优化标题中的关键词，同时根据其消费层级有目的性地选择宝贝，优化价格。

2. 关键词转化率分析

关键词转化率分析是指通过分析转化率筛选掉转化率低的关键词。如果宝贝获得了一定的展示率，但却没有获得足够的转化率，淘宝会降低该宝贝的排名。一般来说，关键词的转化率为0，或者低于0.003，表示该关键词的有效性较低。

3. 关键词点击率分析

关键词点击率分析可以从全网点击率的角度进行分析，全网点击率越高的关键词，表示其定位更准确，通常搜索这类关键词的买家，都需要符合该关键词的宝贝。如果全网点击率比较低，说明淘宝搜索结果显示了很多宝贝，但被买家点击的宝贝却较少。原则上，选择全网点击率更高的关键词。

4. 全网商品数

全网商品数一般是指搜索某关键词得到的结果宝贝数的最大值。与该关键词有关的全网商品数越多，竞争越激烈，对店铺的排名要求越高。下图为使用生意经中的助手工具帮助卖家分析和选择“长裙”类热搜词的全网商品数。

搜索词	全网搜索热度	全网搜索热度变化	全网商品数
气质长裙	55	↑37.50%	424,293
学生长裙	42	↓31.15%	190,834

高手支招

卖家可以试着查找搜索热度比较低，但是点击率较高、全网商品数较少的关键词，这样的词语竞争比较低，且目标买家定位更准确。此外，还可以发掘一些长尾关键词。原则上，低销量多用长尾词，中销量多用中频词，高销量则为竞争热门词。

9.5.5 利用关键词确定宝贝标题

在分析关键词数据的基础上，选择合适的关键词，将其组合成商品的标题。

1. 宝贝标题中包含的关键词种类

宝贝标题一般由多种关键词组合而成，如核心关键词、属性词、品牌词、促销词、功能词等。

- 核心关键词：核心关键词即顶级关键词，是对商品本质的描述，如“连衣裙”“笔记本”即属于核心关键词。
- 属性词：描述商品的词语，如形状、尺码、材质、大小、颜色等。
- 品牌词：即商品的品牌，如李宁、迪奥等。
- 促销词：即对商品进行促销的词语，如买一赠一、包邮等。
- 功能词：描述商品功能的词语，如保暖、防滑、防水、便捷等。

2. 确定主要关键词

淘宝的宝贝标题不能超过30个汉字，卖家必须在30个汉字内对宝贝进行描述，这就意味着标题中的每一个关键词都必须有效，才能实现标题的最优化。主要关键词一般是宝贝标题中的主要引流词，对于大卖家而言，原则上是选择搜索量比较大、热度比较高的关键词。对淘宝卖家而言，可以通过以下几种方式来确认关键词的热度。

- 生意参谋：在数据分析工具中验证关键词热度，通常可以通过全网关键词查询功能来查看该关键词的搜索人气、搜索指数、搜索占比、点击指数、转化率等，然后通过这些数据分析该关键词的热度。
- 直通车：在直通车中，同样可以查看宝贝的搜索人气、搜索指数、占比、点击指数、在线宝贝数量、转化率等数据。
- 淘宝排行榜：通过当前主要关键词的关注指数、升降次序、升降幅度等数据来分析关键词的热度。

扫一扫

确定主要关键词

下面使用淘宝排行榜，帮助卖家确认“牛仔裤”类关键词的热度，其具体操作如下。

STEP 01 登录“淘宝排行榜”网站首页，单击“服饰”选项卡，单击“牛仔裤”标签。

STEP 02 在打开的结果页面中单击“搜索热门排行”选项卡，查看数据，可发现关键词“短裤”“阔腿裤”“短裤女夏”是当前搜索量比较大、热度比较高的关键词，卖家可将其确定为主要关键词。

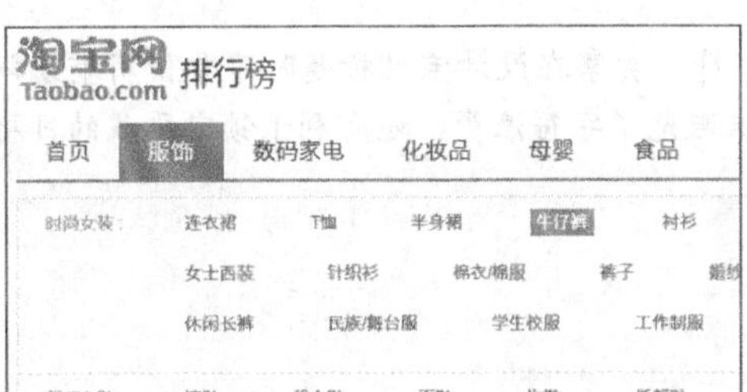

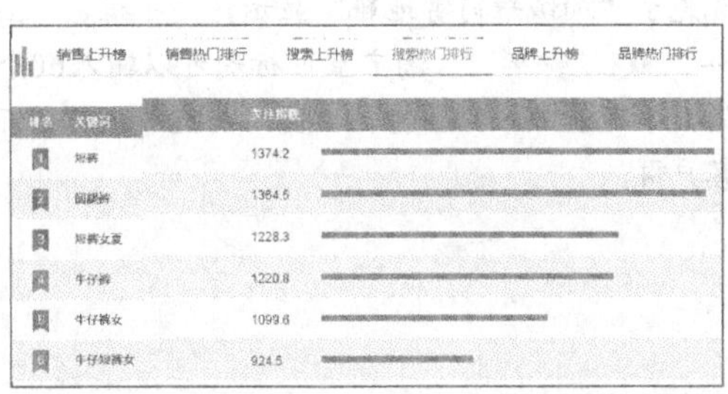

高手支招

单击“搜索上升榜”选项卡，可以查看当前牛仔裤搜索增幅较大的关键词。通过品牌热度和上升榜，可以查看当前搜索最多的品牌，以及搜索量增幅较大的品牌。

3. 组合关键词

在组合关键词之前，可以先对当前宝贝不同类型的关键词进行排序和选择。如搜索关于宝贝属性、特征、功能、材质的关键词，筛选排序靠前或搜索量大的词语，去除重复的关键词，然后对筛选出的词语进行组合。在通常情况下，宝贝标题中关键词的种类越多，被搜索到的概率会越大。下面以“雪地靴”的标题组合为例讲解组合关键词的思路。

- 首先确定核心关键词——雪地靴。
- 然后分析雪地靴的品牌、属性、材质、功能等。在分析这些关键词时，可以查看淘宝雪地靴搜索页上方的属性栏，或者通过发布商品页面的属性设置选项来确定。如该商品的属性为“圆头、平跟、二层牛皮、加绒加厚、短靴、软底”等，功能为“保暖、防滑”等。
- 其次确定商品的品牌，如“达芙妮”等。

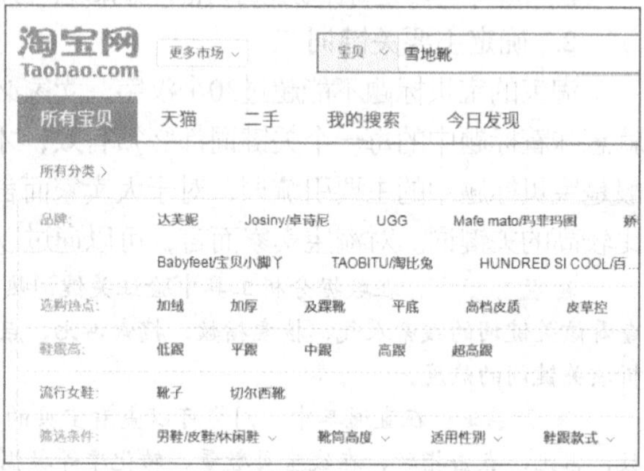

- 再次根据用户的搜索习惯加入一些比较有人气的词语，如“休闲、舒适”等。
- 最后对关键词进行组合，形成宝贝标题，如“达芙妮2017年新款加绒雪地靴防滑软底平跟短靴女舒适保暖”。

为了使宝贝标题更符合用户搜索习惯，增加宝贝被搜索到的概率，在组合宝贝标题的关键词时，可以遵循以下规则。

- **排序先后**：淘宝宝贝关键词的组合排序不分先后顺序，所以不需刻意调整关键词组的顺序。如在淘宝搜索页输入“加绒雪地靴”和“雪地靴加绒”，搜索结果一样。
- **排序紧凑**：所谓的关键词排序紧凑即关键词的紧密性。当用户搜索的关键词与宝贝标题中某个关键词越接近，其排序将越靠前。如用户搜索“加绒雪地靴”时，“加绒雪地靴”将优先于“加绒短筒雪地靴”显示。
- **节省字符**：淘宝宝贝标题可以输入60个字符，卖家在设计宝贝标题时不要使用重复词语，尽可能加入商品特性、商品功能等词语，不仅避免了字符浪费，还有利于锁定更多的目标客户群。

9.6 疑难破解

1. 商品标题是不是越长越好？

答：淘宝商品标题最长可以包含30个字，在结构合理的情况下，可以尽量多地组合热搜词，增加被买家搜索到的概率。在选择热搜词时，也可以尽量选择符合商品特性的词语，即优先选择既是热搜词，又与商品属性相符的词语。对于不属于热搜词范畴的词语，如果对商品描述有利，可以准确吸引对商品该属性感兴趣的目标消费人群，也可将其添加到标题中。

2. 新手卖家可以采用哪些宝贝标题优化策略？

在淘宝商品的营销推广方面，大卖家不管是资金还是资源，都远远高于小卖家。小卖家如果直接与大卖家竞争，无异于以卵击石，所以在资金和资源均不充足的情况，小卖家一定要学会抓住自然搜索流量。

在淘宝网搜索宝贝时，通常显示100页搜索结果，每一页大约40多个商品，买家在查看搜索结果时，一般只查看前10页的宝贝，也就是说，显示在10页以后的宝贝的展示量将非常少。小卖家要让自己的宝贝排名靠前，首先当然是宝贝标题优化。我们知道淘宝的一个热词，每天的搜索量都非常大，但竞争也异常激烈，小卖家在面对这些热词时几乎没有竞争力，甚至在竞争一些热度中等的词语时，也无法获得优势。此时，小卖家或新手卖家就需要另辟蹊径，在冷词中寻找机会。冷词并不是没有搜索量的词，而是搜索量非常低的词语，这些词通常不会被大卖家采用，竞争度低，是小卖家前期积累客户和人气的关键。

那么如何优化宝贝标题呢？

第一步，分析宝贝特质。这里的分析宝贝特质与确定宝贝标题时分析宝贝特质类似，但可以挖掘得更深入一些。如一个唐朝仕女的陶瓷摆件，分析该宝贝的特质可以得出唐朝、仕女、陶瓷、摆件、居家装饰品、人物、中式风格、复古等。

第二步，分析关键词数据。分析关键词数据即分析关键词的有效性、搜索人气、竞争情况、点击率等。如在淘宝搜索页输入“唐朝仕女摆件”进行搜索，搜索结果显示只有8页，说明在宝贝标题中植入该词，有很大概率使宝贝排名靠前。接下来验证该词是否有效，在生意参谋的选词助手中进行验证，输入搜索后发现该词在最近一天或最近一周都没有搜索量，说明该词是无效关键词，不能作为核心竞争关键词使用。其次，再分析其他关键词，在选词助手中验证“陶瓷摆件”“家居摆件”，发现这两个关键词搜索热度高，但是全网商品数非常多，竞争非常激烈。“仕女摆件”热度相对较低，全网商品也相对较少，竞争程度低，并且“仕女摆件”的点击率高于“陶瓷摆件”“家居摆件”，一定程度上说明该词对目标客户群的定位更准确。

搜索词	全网搜索热度	全网搜索热度变化	全网搜索人气	全网点击率	全网商品数
陶瓷摆件	2,546	↑12.26%	2,043	222.78%	1,276,812
家居摆件	1,346	↑4.83%	1,070	295.39%	2,528,278
仕女摆件	46	↑4.55%	37	334.78%	10,280

接着继续挖掘其他关键词。“陶瓷摆件”既然是热搜词，不适合小卖家参与竞争，此时就可以考虑稍微改变一下关键词，避开竞争。如分析“陶瓷人物”“陶瓷人物摆件”“陶瓷人物小摆件”等关键词，发现这些关键词都拥有一定的热度，同时竞争程度比较低。

按照相同的方法，继续分析“中式风格摆件”“中式复古摆件”等关键词，验证词语的有效性和竞争程度，最终挑选适合的词语组成商品标题。

此外，小卖家如果出售的宝贝并非比较知名的品牌商品，则标题中最好不要使用品牌词，不知名的品牌基本上没有搜索量，这样的关键词一般没有太大的意义。

最后总结一下小卖家寻找精确冷词的技巧，即避开热门词，抓准宝贝特质，突出材质款式功能等属性，避开品牌词。

9.7 边学边练

1. 在生意参谋首页的“行业行情”栏中对“女包”店铺的行情进行分析，了解该店铺的DSR评分、所处层级以及达到下一个层级需要达到的销量。

2. 进入生意参谋界面，通过流量地图监控店铺的流量来源，分析流量来源数据，试着对SEO进行优化。

3. 假设现在需要对一款夏季长裙的宝贝标题进行优化，该长裙的部分特质为雪纺、碎花、2017夏季新品、大摆、无袖，试着组合并优化该长裙的标题。

第10章 物流与客服管理

本章导读

在整个淘宝运营过程中，物流与客服是运营后期不可或缺的环节，虽然它们不像装修与推广、参加促销活动、爆款打造、优化淘宝SEO那样具有前期攻坚效应，但在后期提升交易转化、提升客户体验、提升客户回头率等方面有着至关重要的作用。本章将针对物流选择、包装策划、客服的工作、优秀客服的养成等方面进行详细介绍。

知识技能

※ 掌握物流选择与包装策划的方法

※ 掌握客服的工作以及如何成为优秀客服的方法

视频讲解

（视频讲解：12 分钟）

10.1 物流选择与包装策划

当客户点击下单后，卖家就需要进行发货，此时就要涉及物流。作为一个网店经营者，怎样选择成本最低、效率最高的物流是其必备的技能，此外，合理地包装宝贝不仅可以减少宝贝运输过程中的损坏，而且可以提高客户对服务的满意度。下面将从物流选择与包装策划的角度进行相关知识的介绍。

10.1.1 物流公司特点概述

发货的数量与销售的数量是成正比的，作为淘宝卖家如何在保证销量的同时提升物流发货的服务质量，是经营的关键。淘宝网中集合了各种物流类型的快递公司，卖家可以选择哪些快递公司发货呢？下面将对比淘宝比较常用的快递公司的特点、速度与价格等信息。

1. 顺丰速运

在快递品牌中，顺丰以最为快速和相对优质的服务排名成为最受欢迎的快递品牌榜之一。顺丰是由总部统一管理的企业，所以各地的服务水准都保持基本统一，是业内公认的服务好、 态度好、监督机制好、快递速度超高的快递公司。但其缺点是很多稍微偏远的地方还没有网点， 其次是费用稍高。

2. 邮政EMS

EMS快递即邮政的特快专递服务，在中国境内是由中国邮政提供的一种快递服务，同时提供国际邮件快递服务。EMS运营规范、快递网点多，运送范围遍布全球，具有速度较快、运送安全、支持送货上门、可跟踪物流信息等特点，广泛用于进出口商品运输。其缺点是费用偏高，国内起重500克及500克以下价格为20元，续重500克，分区域价格加收4~17元不等。

3. 圆通速递

圆通速递由于是加盟形式的，因此各地服务水准和快递员素质可能有差别。圆通速递在全国各地的网点比较齐备，并且价格相对低廉，江沪地区的网点较多，其价格较便宜。但其汽运件相对较慢，管理不统一。就发货速度而言，江沪浙很快，而东北、西北网点较少，通常只涵盖市级城市，很多县级城市可能没有网点，因此非常适合江沪浙的商品。

4. 天天快递

天天快递的客户群体遍及电子商务、纺织服装、医药化工等多个领域。其送货速度与地区和网点分布关系密切，一般省内城市2~3天到达，市级城市4~5天到达，西北东北可能5~7天到达。天天快递的收费合理，适合中小型物品。

5. 韵达快递

韵达快递是比较具有特色的快递品牌，其网点分布均匀、规模适中，服务质量尚可，韵达快递的送货速度一般为3~4天送达，同城当天或隔天到达，价格相对比较便宜。

6. 申通快递

申通快递的网点涵盖区域广泛，是一家以经营快递为主的国内合资（民营）企业。申通快递速度适中，同城当天或隔天到达，江沪浙一般2~3天（一般2天）到达，偏远地区5~7天到达。申通快递收费会根据各地承包商有所不同，价格适中，适合中小型物品、非急件。

7. 中通快递

中通快递是一家集快递、物流、电商业务于一体的国内物流快递企业，提供“门到门”服务和限时（当天件、次晨达、次日达等）服务，荣获“中国快递行业十大影响力品牌”和“中国快递行业客户满意安全放心十佳品牌”等荣誉称号，足见其服务态度优良。中通快递速度适中，价格适中，偏远地区价格更高些。

8. 中铁快运

中铁快运是大型铁路专业运输公司，国家5A级物流企业。中铁快运的限时达能够做到全国各城市间的当日达、次日达、3日达、4日达等不同时限等级的运输服务。中铁快运的网点依赖于铁路，没有铁路的地方的网点较少。一般短程路途的价格和中长途的运费相近，适合中长途大货件的货运。一般按物品的重量或体积进行收费。

9. 邮局平邮

平邮是邮政中寄送信与包裹业务的总称，寄送时间一般比较慢，资费视距离和重量而定，价格一般为：单价×重量+3元挂号费。邮局平邮适合非急件、偏远地区的商品，以及需要省钱的卖家。选择平邮的卖家，一般可以自己完成对商品的打包，针对商品的情况，也可选择一些保障服务，如保价、回执等。由于平邮需要的时间一般比较长，所以选择平邮的卖家不多，但是平邮的寄送范围非常广，针对一些其他快递没有提供物流服务的区域，则需要使用平邮。

10. 宅急送

宅急送速度和EMS差不多，一般3~4天到达，商品服务有急速达、捷惠达、普运达等。宅急送服务全面，网点较多，但不做文件快递，保价费用较低，计费较为合理，小件商品不建议选择宅急送。

11. 百世汇通

百世汇通的特点在于所有的快递系统都是自主开发。百世汇通发展迅猛，根据距离不同其收费有所不同，特别是一些偏远地区，收费稍贵。缺点是网点略少，但发展快，值得关注。百世汇通到货时间根据距离的远近来决定的，一般来说，快则2~3天，慢则6~7天。

高手支招

除了上面介绍的快递公司外，淘宝上的快递公司还有很多，如全峰、优速、国通等。此外，在计算运费时除了按重量计量，部分商品可能按体积计算。

10.1.2 如何选择靠谱的物流公司

了解物流的种类后，卖家需要选择一家靠谱的物流，便于长期合作。一家靠谱的物流可以让卖家商品的安全性、送货时间得到保障，并且很大程度决定了店铺在客户中的口碑。

1. 选择物流公司应考虑的因素

电子商务的快速发展带动了物流行业的发展，现在的物流服务，不仅服务范围越来越广，加入这个行业的企业也越来越多，难免出现良莠不齐的情况。在这个鱼龙混杂的物流环境中，网店经营者在初期选择快递公司一定要十分慎重，快递安全、服务质量、发货速度和价格等因素都需优先考虑。

- **快递安全：**物流安全是网店经营者必须考虑的问题，丢件、物品破损等情况会严重损害店铺的服务质量，引起买家的强烈不满。为了保证商品的安全，对于贵重物品可以选择EMS，并进行保价，从而保障货主的利益。在选择其他快递服务时，要有购买保险的意识，同时需要了解理赔服务。此外，还可对物品进行保护安装，在包装箱上标注易碎、轻放等字样，叮嘱快递公司注意保护等。此外，若选择的快递公司不靠谱，卖家以及买家的个人信息也容易泄露，被不法分子利用。

高手支招

保价是快递的一项增值服务，若快递丢失、损坏将得到保价范围内的赔偿，若没有保价，赔偿的费用较低，往往只赔偿几倍的快递费用。因此贵重货品建议保价。

- **快递价格：**快递价格与经营成本息息相关，为了降低成本，很多卖家都愿意优先选择价格更低的快递服务，这当然无可厚非，但也绝不能一味盲目地以低价为标准，如果低价的物流服务是以物流质量低为代价，那么卖家将得不偿失，因此需对快递公司进行详细对比。快递费用一般按千克计算，超过1千克按2千克算，超过2千克就按3千克算，以此类推。下图为在快递比价网中查询主流快递公司将1千克的货物从成都青羊区发往上海浦东区的收费标准。

高手支招

快递价格并不是一成不变的，会根据市场发展需求进行变动。卖家也可选择负责自己所在地的各个快递公司的网点，与负责该区域的快递员沟通价格，可以对比多家之后再做决定。如果合作愉快，可以适当地进行沟通，尽量拿到友情价格，以降低自己的成本。

- 发货速度：在网上进行购物的顾客，通常对物流的速度快慢非常在意，物流速度快，会非常容易赢得买家的好感，留住客户，将新客户培养成老客户。反之，则容易引起买家的不满甚至投诉。作为网店经营者，一定要注意快递的发货速度，首先自己发货的速度要快，其次快递揽件并发货的速度也要快。由于快递公司在不同地区的网点一般都采用独立核算的方式，因此不同地区的快递网点，其服务质量、速度等可能不一样，卖家最好亲自考察并对比发货速度，选择比较优秀的网点。如果卖家延迟发货将会承担相应的损失。淘宝上买家付款后要求卖家在72小时内完成发货，特殊情况下，如双十一期间，卖家需要告知客户延时发货，否则淘宝会认为卖家妨碍买家高效购物的权益，买家发起投诉后，卖家在淘宝网人工介入且判定投诉成立前主动支付违约金达第3次及第3次的倍数时扣3分（3天内累计扣分不超过12分），并向买家赔偿商品实际交易金额的5%（最高不超过30元）。
- 服务质量：服务质量也是网店经营者挑选快递服务的标准之一。快递行业作为服务行业之一，应该具备服务行业的精神，遵守服务行业的准则。质量好的快递服务，会给买家带来舒适的服务体验，从而增加买家对网店的好感度。

2. 选择物流公司的建议

如何快速有效地选择物流公司，才能让淘宝卖家少走弯路，避免损失呢？下面给出一些建议。

- 尽量选择分公司拓展方式的快递公司：一般来说，分公司拓展方式的快递公司的管理经营方式比较规范，货物安全保障性高，如北京的宅急送以及广东的顺丰等。而通过加盟的方式成立的快递公司由于加盟条件的放松、自身的经营管理不善，很容易产生一些管理不好、信誉较差的站点，甚至出现寄件人的货物不安全的问题。
- 尽量使用本地经过正规注册的规模较大的快递公司：一般而言，本地的公司为了打造本公司在本地的良好口碑，对索赔的案件会很快解决。同时，卖家比较容易对公司进行实地考察，并且取件的效率也比较高。
- 尽量选择网点多的快递公司：在淘宝上购物的客户遍布大江南北，如果买家购买了自己的商品而无法送法就比较麻烦，因此选择网点遍布多的快递公司很有必要。为了保证发货的速度、实惠，商家也可选择多家快递公司进行合作。
- 尽量选择使用靠谱工具取件的快递公司：快递公司的业务员取件主要是通过3种交通工具，如电瓶车、小三轮和货车。卖家一般可选择货车取货的公司，因为此类公司实力较强。若店铺出货量较小，快递人员用电瓶车取货也属正常。目前流行的取货方式为电动三轮车。
- 尽量选择快递单上条形码清晰明确的快递公司：选择快递单上条形码清晰的快递公司可以避免条码难以扫描，或扫描出来的数字和印刷出来的数字不符合，这样有可能会造成这一单的货物因为对不上号而丢失，还有可能造成重码，即两套单甚至几套单的条形码是同一个号码，这样极有可能会造成货物发错地方或者弄丢。

> 9. 赔偿标准：是否保价由寄件人自愿选择，贵重物品建议选择保价，保价费最低为1元。
>
> 1. 未保价的快件，丢失、毁坏、损少，物品最高赔偿不超过300元/票，另有约定的按照约定办理；
>
> 2. 文件最高不超过100元/票，如核销单、提单等重要文件按（3）条规定保价付费和赔偿；
>
> 3. 寄件人确认交寄的快件单票价值不超过3万元人民币。价值在1000元（含）以内，保价费为1元；价值1000元至2000元（含），保价费为2元；价值在2000元至1万元（含），保价费为保价金额的3‰；价值在1万元至3万元（含），保价费为保价金额的53‰。如快件丢失、损毁、短少的，按实际损失价值赔偿，但最高不超过快件的保价金额；
>
> 4. 寄件人应选择足额保价方式，防范保价快件在运输过程中产生的风险：a.寄件人未足额投保，按货物实际损失比例（声明价值/实际价值*实际损失）赔偿，最高不超过保价金额；b.寄件人超额投保，按货物实际损失价值赔偿。

- 尽量选择赔偿金额或倍数高而且保价率低的快递公司：虽然丢件或货物损坏的情况比较少，对于一些利润薄的卖家而言，一旦丢件，就会导致利润降低，如10件丢失一件，可能另外9件的利润都没有了，因此需要慎选快递公司，尽量选择赔偿金额或倍数高而且保价率低的快递公司。保价率低的快递公司一般信誉较好。如右图为圆通快递的赔付标准，赔偿标准与是否保价，以及保价的金额息息相关，若卖家没有保价，最高赔偿不超过300元/票。

3. 如何与快递员沟通

与快递员沟通是发货工作的最后环节，对于卖家而言，与快递员打好交道的益处是很多的，一般表现在以下 3 个方面。

- 获得价格的优惠：许多快递公司在和卖家合作一段时间后都会给予卖家会员价或一定的优惠，其实快递员自己也有控制价格的权利，如何能够从快递员手中获得更加优惠的快递价格，对卖家而言也是一件重要的事情。与快递员打好交道可以减少商品的成本，特别是销量较大的店铺，常年累积下来可以节约一笔可观的费用。
- 优先发货：此外，有些快递员的客户很多，因此很忙，很可能出现误点的情况，此时与快递员打好关系，可以让快递员优先将自己的货物发出去，更容易获得客户的物流好评。
- 便于商品包装：在包装商品时，快递员的经验比较多，对于易碎、已损坏的物品更有打包的经验，可给予卖家专业的建议，使用更为适合的包装来包装商品，甚至帮忙打包，为卖家省去了不少的麻烦。

10.1.3 如何对商品进行包装

商品包装不仅方便物流运输，同时也是对商品在物流运输过程中的一种保护。商品包装一般需要根据实际情况而定，不同类型的商品，其包装要求也不一样，当然，卖家也可以对商品包装进行美化，提高物流质量，增加买家好感度。

1. 包装的几种形式

商品包装是商品的一部分，反映着商品的综合品质，商品包装一般分为内包装、中层包装、外包装3个层次。

- **内包装：** 内包装即直接包装商品的包装材料，主要有OPP自封袋、PE自封袋和热收缩膜等。一般商品厂家已经进行了商品的内包装。
- **中层包装：** 中层包装通常指商品与外包装盒之间的填充材料，主要用于保护商品，防止运输过程中的商品损坏，报纸、纸板、气泡膜、珍珠棉、海绵等都可以用作中层包装。卖家在选择中层包装材料时，可根据实际情况进行选择，灵活使用各种填充材料，如包装水果的网格棉也可用于其他小件商品的包装或作为填充材料使用。

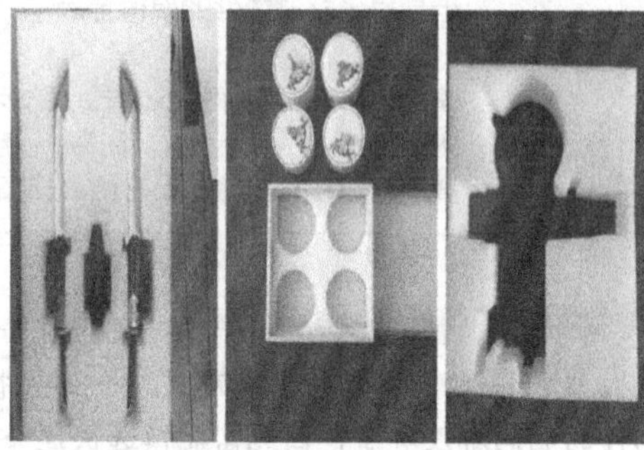

- **外包装：** 即商品最外层的包装，通常以包装袋、编织袋、复合气泡袋、包装盒、包装箱、包装纸等为主。

> **高手支招**
>
> 在包装商品时，有心的卖家可使用个性包装，或在包装箱上做一些贴心小提示，不仅可以迎合目标消费群，还可以提醒快递员注意寄送，趁机宣传一下自己的店铺。

2. 不同类型商品的包装技巧

下面分别对常用类型的商品包装技巧进行简单介绍。

- **服饰类商品：** 服饰类的商品在包装时一般需要折叠，多用包装袋进行包装。为了防止商品起皱，可用一些小别针来固定服饰，或使用硬纸板来进行支撑；为了防水，还可在服饰外包装一层塑料膜。
- **首饰类商品：** 首饰类商品一般直接用大小合适的首饰盒进行包装，如果是易碎、易刮花的首饰，还应可以使用一些保护材料对首饰单独进行包裹。
- **液体类商品：** 化妆品、酒水等液体类商品都属于易碎品，必须非常注意防震和防漏，必须严格检查商品的包装质量。在包装这类商品时，可使用塑料袋或胶带封住瓶口防止液体泄漏，用气泡膜包裹液体瓶子或在瓶子与原包装之间进行填充，在外包装纸与商品的间隙中也需填充泡沫等材料。

● 数码类商品：数码商品一般价格比较昂贵，因此一定要注意包装安全，一般需要使用气泡膜、珍珠棉、海绵等对商品进行包裹，同时还需使用抗压性较好的包装盒进行包装，避免运输过程中被挤压损坏，建议对数码商品进行保价，提醒买家验货后再确认签收。

● 食品类商品：食品类包装必须注意包装材料的安全，即包装袋和包装盒必须清洁、干净、无毒。部分食品保质期时间较短，对温度要求也较高，包装这类商品时要注意包装的密封性等，收到订单后应尽快发货，尽量减少物流时间。

● 书籍类商品：书籍类商品的防震防压性都比较好，主要需注意防水防潮的处理，一般可使用包装袋或气泡袋进行封装，再使用牛皮纸或纸箱进行打包。

10.1.4 订单发货流程

对物流和包装进行了解后，卖家即可对已经卖出的商品进行打包，并联系选择的物流公司进行发货。其具体流程如下图所示。

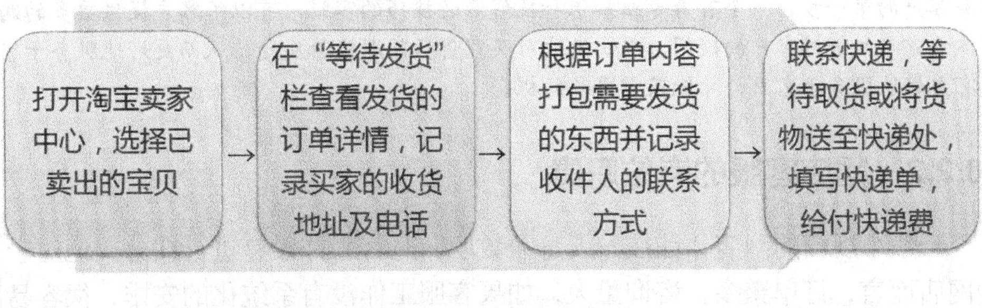

10.2 客服决定着商品销量

客服服务是营销中非常重要的环节，不管是线下实体店还是网上商店，都对客服的质量要求非常严格。客服的质量好坏直接影响着消费者的消费体验和消费行为，与商店的营销业绩和长远发展息息相关。

10.2.1 网店客服的含义与作用

网店客服是通过网店的一种服务形式，利用网络提供给客户解答和售后等的服务。客服工作在电商企业中发挥的作用不可小觑，尤其是在店铺销售额上，淘宝客服在一定程度上起着决定性的作用。

- 塑造店铺形象：对于网店而言，客户看到的商品都是一张张的图片，既看不到商品的本身，也看不到商家本人来了解商品的各种实际情况，因此往往会产生怀疑和距离感。这个时候，客服就显得尤为重要了。通过与客服在网上的交流，可以逐步了解商家的服务态度以及其他信息。客服的一个旺旺表情笑脸或者一个亲切的问候，都能让客户真实地感受到与一个善解人意的人沟通。这样会帮助客户放弃开始的戒备，从而在客户心目中逐步树立起店铺的良好形象。
- 提高成交率：很多客户都会在购买之前针对不太清楚的内容询问商家，或者询问优惠措施等。客户如果能及时地回复客户的疑问，可以让客户及时了解需要的内容，从而立即达成交易。针对不同的客户，网店客服需要采取不同的沟通方式，这就要求客服人员具备良好的沟通技巧，如及时回复，礼貌热情；热心引导，认真倾听；议价时，以退为进，促成交易；及时核实，买家确认；热情道谢，欢迎再来。
- 提高客户回头率：当买家在客服的良好服务下，完成了一次交易后，买家不仅了解到卖家的服务态度，也对卖家的商品、物流等有切身的体会。当买家需要再次购买物品的时候，就会倾向于选择他所熟悉和了解的卖家，从而提高了客户再次购买概率。
- 宣传店铺平台：一个买家通过页面往往还不能百分百了解到一个店铺的品牌，这时候客服就是店铺品牌宣传的桥梁。通过客服介绍，买家进一步掌握与熟知其品牌价值，会给买家心理留下一定的印象，如果商品用得好、性价比高，那以后买家有相关方面的需求就会第一时间想起该店铺，这就是品牌价值所在，客服的关键自然而然就显现出来了。
- 更好服务客户：如果把网店客服仅仅定位于和客户的网上交流，那么我们说这仅仅是服务客户的第一步。一个有着专业知识和良好沟通技巧的客服，可以给客户提供更多的购物建议，更完善的解答客户的疑问，更快速地对买家售后问题给予反馈，从而更好地服务于客户。只有更好地服务于客户，才能获得更多的机会。

10.2.2 网店客服的岗位职责

一般小规模的网店，往往一人身兼数职，对客服并没有进行细分，但对于大中型网店而言，订单繁多，咨询量大，如果客服工作没有系统化的安排，很容易出现丢单、误单等情况。因此，店销将其划分为售前客服、售后客服、投诉客服和物流客服4种，让客服各司其职，有条不紊地工作。

1. 售前客服

作为网店的售前客服，首先要熟悉店铺、熟悉商品、熟悉千牛操作和后台操作、熟悉淘宝规则；其次，要对顾客提出的疑问，做出耐心、仔细且专业的回答。

2. 售后客服

售后客服主要是对交易完成后的订单的售后问题进行跟进和处理。同样要求客服人员热情、耐心、细心、专心，并且要熟悉店铺、熟悉商品、熟悉规则、熟悉售后流程。售后客服岗位职责的内容如下。

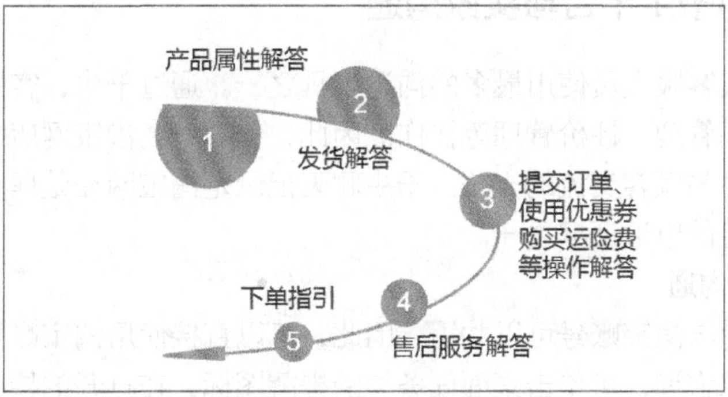

- 跟踪信息：跟踪商品售后信息。
- 回访客户：定期或不定期进行客户回访，以检查客户关系维护的情况。
- 收集客户信息：负责收集回头客的客户信息，即添加线上购物的所有客户的旺旺为好友，了解并分析客户需求，规划回头客服务方案。
- 订单操作：主要是繁琐的购买流程的指引操作。
- 售后问题：商品质量问题、使用问题、退换货问题等。

3. 投诉客服

投诉客服，主要职责就是专职处理中差评、投诉举报。要求客服人员要熟悉店铺、熟悉商品、熟悉规则、熟悉售后流程，而且还要具备良好的语言表达能力。投诉客服岗位职责的内容分为右图所示的3个部分。

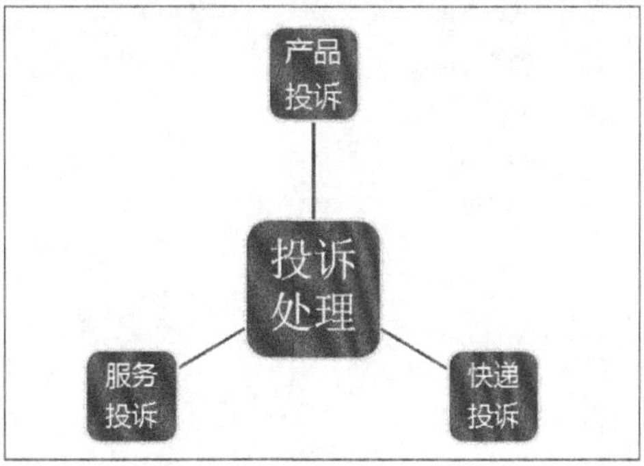

4. 物流客服

物流客服主要负责打单和快递工作，其主要岗位职责如下。

- 处理打单：打印物流单，其中包含了修改订单资料、开具发票、提供收据、多个订单合并、选择合适快递等。
- 跟进物流：包裹发出无记录、包裹长期停滞不前，物流信息不更新、快递错发、分拣出错、包裹不到、快递超区不到等情况。

10.3 客服售前、售中和售后服务

通过网店客服的岗位职责可以了解客服的大致工作内容，但许多卖家可能还是对此一头雾水，不知如何下手。下面将针对客服售前、售中和售后服务过程中的基本工作内容进行讲解。

10.3.1 使用千牛平台与买家沟通

千牛是淘宝客服人员使用最多的沟通工具之一。通过千牛，客服人员可以进行交易管理、商品管理、评价管理等操作。因此，作为一名淘宝网店的客服人员，必须熟悉使用千牛与顾客交流的方法。千牛聊天记录是淘宝网在处理买卖双方纠纷投诉时，官方认可的申诉证据之一。

1. 与买家沟通

千牛工作台与淘宝账号可以共用，因此，可以直接使用淘宝账号登录千牛工作台后。若有买家咨询，可单击桌面任务栏的提醒图标，在打开的接待中心直接回复买家的咨询，单击左侧的相应图标可切换到其他联系人的接待窗口中。

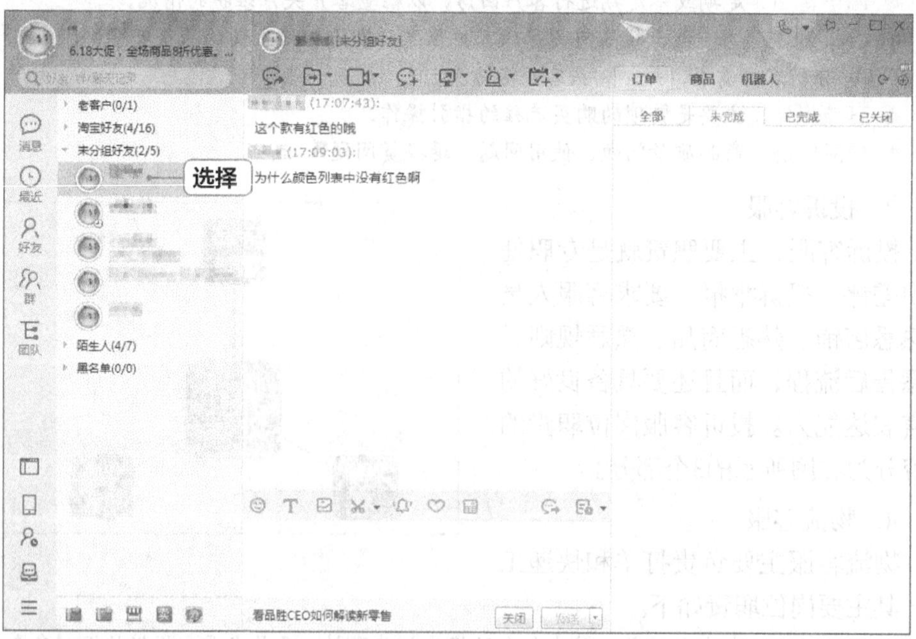

2. 设置自动回复与快捷回复

使用千牛沟通软件的时候，当在线客户较多或者是无法第一时间回应客户咨询时，可以通过设置自动回复功能，让对方知道自己目前的状态，也可以提前写好回复的内容，然后通过快捷回复方式进行应答，具体的操作如下。

扫一扫

设置自动回复与快捷回复

STEP 01 登录千牛工作台，在右上角显示了一个浮动窗口，这里单击浮动窗口中的“接待中心”按钮，在打开的“接待中心”界面的左下角单击“更多”按钮≡，在弹出的列表中选择“系统设置”选项。

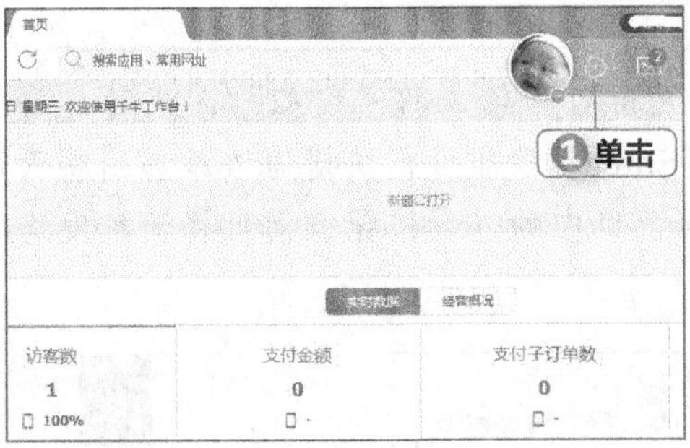

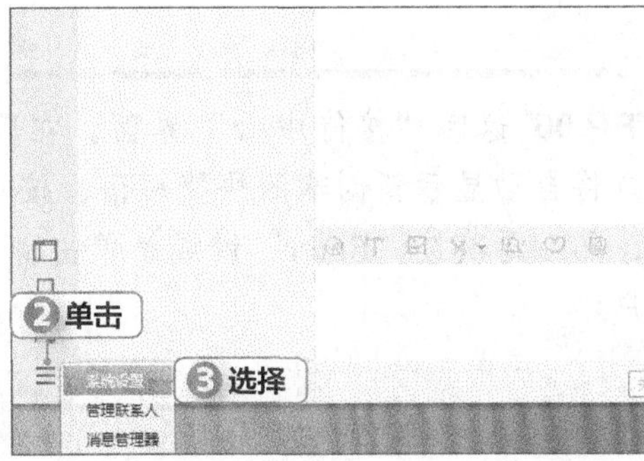

STEP 02 打开“系统设置”对话框，单击左侧列表中的“客服设置”选项卡，在展开的列表中选择“自动回复设置”选项，单击“设置自动回复”选项卡，在其中显示了不同状态下的回复设置，这里单击选中“当天第一次收到买家消息时自动回复”复选框，然后单击右侧的新增按钮，如下左图所示。

STEP 03 打开“新增自动回复”对话框，在其中输入需要回复的内容，如下右图所示，然后单击保存按钮。返回“系统设置”对话框，单击确定按钮，完成设置。当买家当天第一次咨询时将自动弹出回复信息。

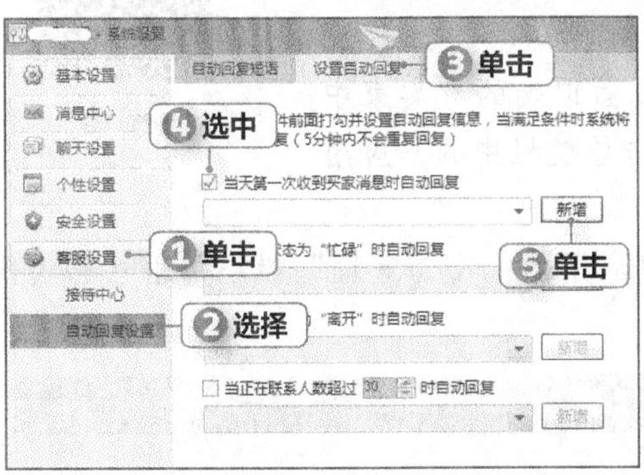

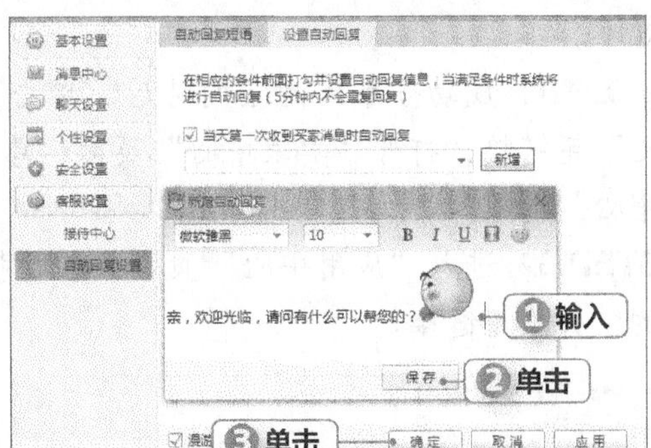

STEP 04 在“接待中心”界面的客户交流区中单击“快捷短语”按钮，右侧列表框中将显示系统自带的快捷短语，这里单击新建按钮，如下左图所示。

STEP 05 打开“新增快捷短语”对话框，在中间文本框中输入所需的快捷短语的内容。在“快捷编码”文本框中输入数字“2”，在“选择分组”下拉列表框中新增名为“常用话术”的分组，单击保存按钮，如下右图所示。

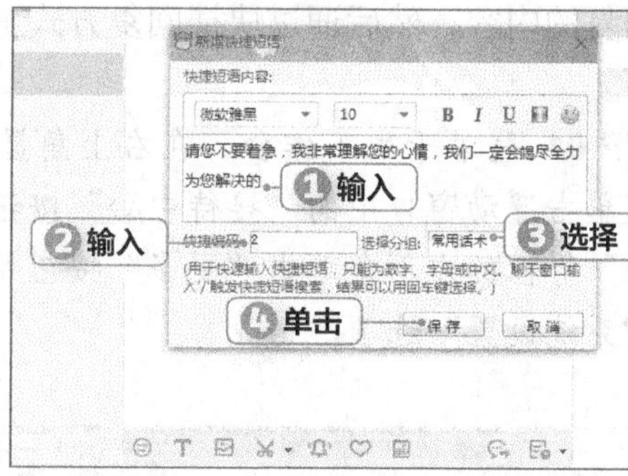

STEP 06 返回“接待中心”界面，在聊天窗口中输入符号“/2”，此时，聊天窗口将自动显示新创建的快捷短语，按“Enter”键即可将快捷短语添加到聊天窗口，然后再次按“Enter”键或是单击聊天窗口中的发送按钮，便可将消息发送给客户。

10.3.2 查询订单

查询订单是客服人员最基本的日常工作。查询订单的方法很简单，可通过宝贝名称、买家昵称、订单编号等查询条件进行查询。最常用的方法是利用订单编号进行查询，其具体操作如下。

扫一扫

查询订单

STEP 01 成功登录到淘宝网站后，单击页面顶端的“卖家中心”超链接，打开“卖家中心”页面，单击导航栏中的“应用中心”选项卡。

STEP 02 进入“应用中心”页面，在快捷应用的“交易管理”栏中单击“已卖出的宝贝”超链接。

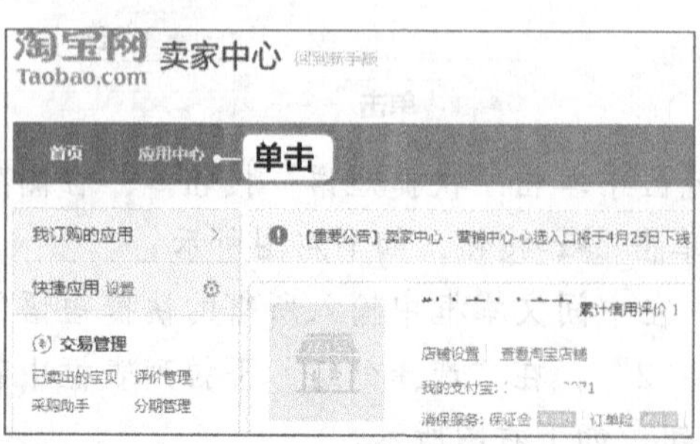

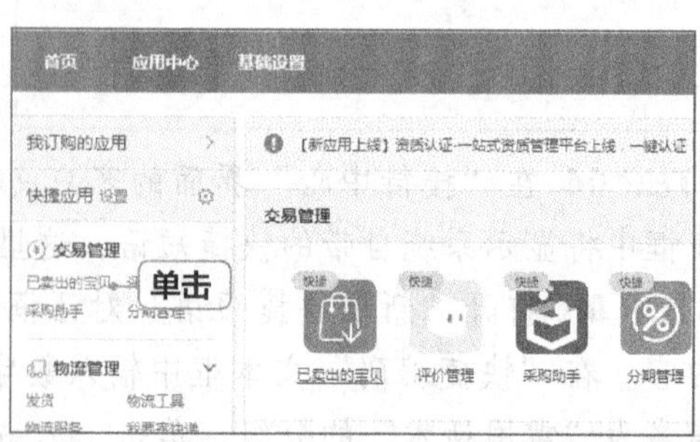

STEP 03 打开“已卖出的宝贝”页面，在其中可以输入宝贝名称、买家昵称、订单编号、订单状态等查询条件，这里在“订单编号”文本框中输入要查询的订单号，然后单击 搜索订单 按钮，稍后便可在“近三个月订单”选项卡中看到搜索结果。

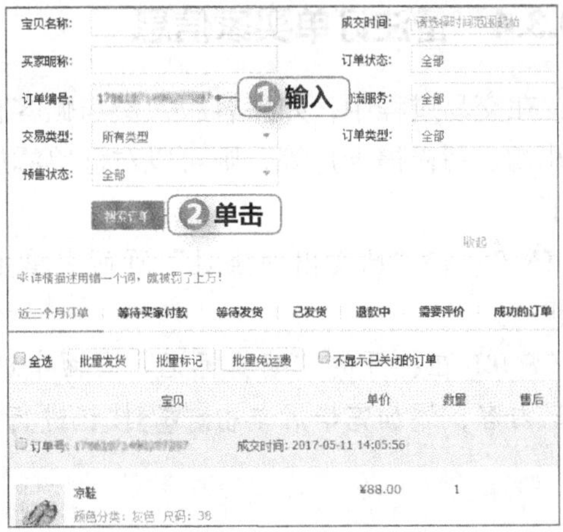

10.3.3 订单改价

订单改价只针对交易状态为“等待买家付款”的订单，如果买家是已付款的状态，则卖家是无法修改交易价格的。作为客服人员一定要清楚这一细节。订单改价的具体操作如下。

扫一扫

订单改价

STEP 01 打开“已卖出的宝贝”页面，在其中找到需要修改价格的订单后，单击该订单中的“修改价格”超链接。

STEP 02 在弹出的窗口中可进行修改价格和运费的操作。其中，修改价格可以通过打折和直接输入增加或减少金额来设置；邮费可以通过直接输入邮费价格或单击“免运费”超链接来设置。这里将折扣设置为“6”；邮费设置为“10”，然后单击 确定 按钮。

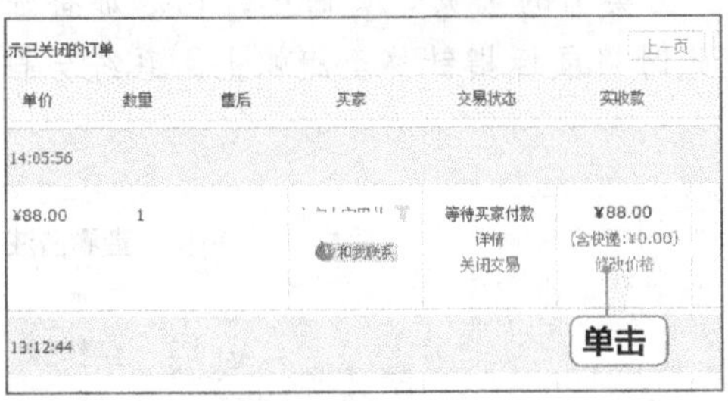

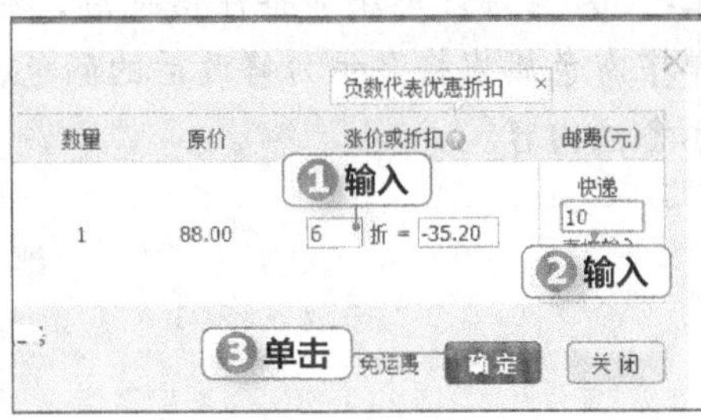

STEP 03 返回“已卖出的宝贝”页面，在其中自动显示了订单修改后的价格。

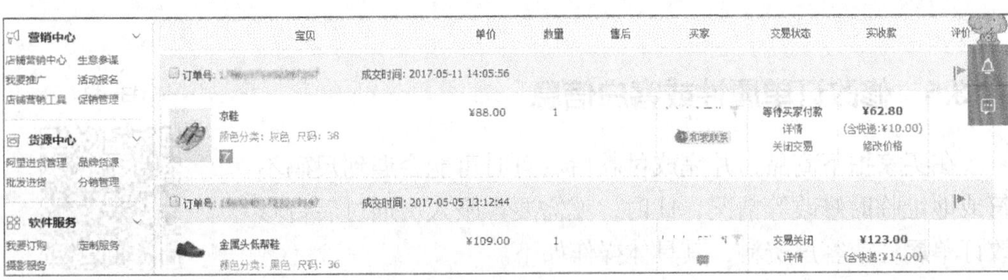

10.3.4 备注订单买家信息

扫一扫

备注订单买家信息

在交易过程中，如果客服人员与顾客有特殊约定，如赠送小礼物、写祝福卡片等，则可以对订单添加备注，其具体操作如下。

STEP 01 在“已卖出的宝贝”页面中单击订单右上角的灰色旗帜▶。

STEP 02 在打开的“编辑标记”页面中进行添加备注操作，选择标记颜色，输入标记内容，添加完毕后单击确定按钮进行保存。

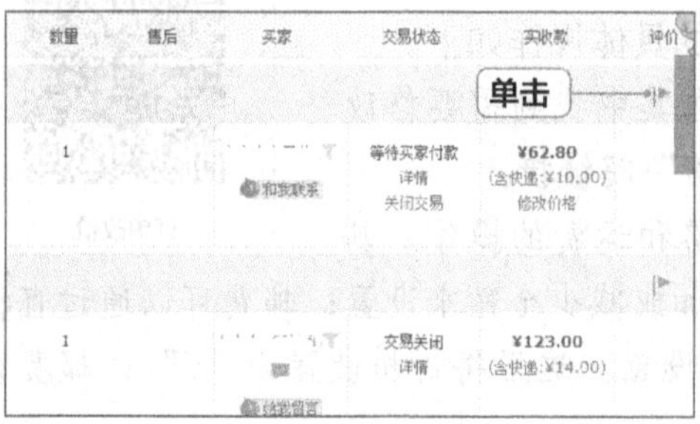

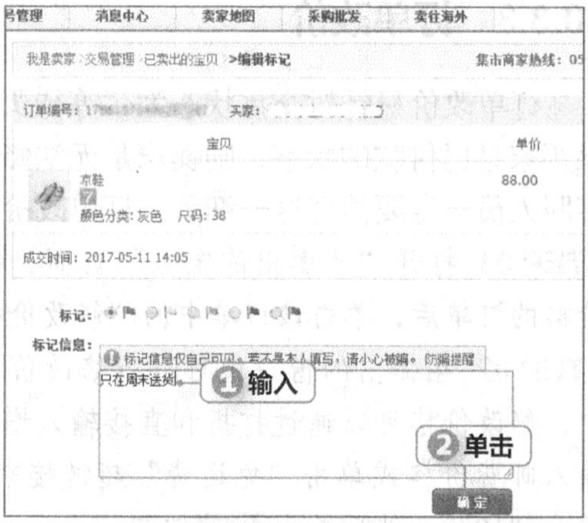

STEP 03 当为订单添加备注信息后，在“已卖出的宝贝”页面中，已添加备注的订单中灰色旗帜将显示为修改后的颜色，此时将鼠标指针移至旗帜上，系统会自动显示备注内容。

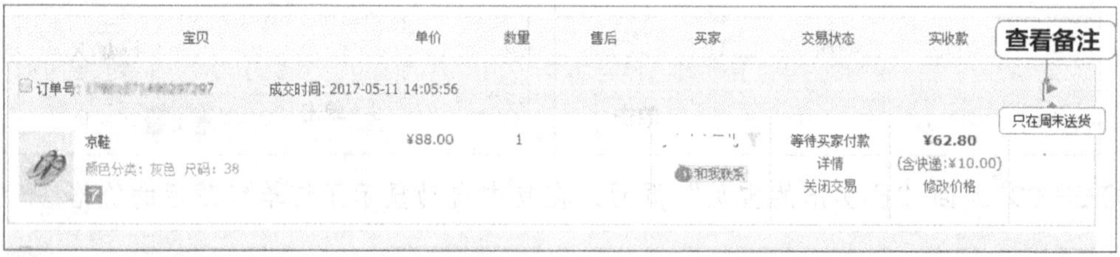

10.3.5 修改订单属性或客户信息

扫一扫

修改订单属性或客户信息

在买家拍下商品，并完成付款后。有时可能会遇到尺码不符或地址临时修改等情况，此时，就需要客服人员通过后台修改订单属性或客户资料，其具体操作如下。

STEP 01 进入卖家中心，打开“已卖出的宝贝”页面，在其中找到需要修改的订单，然后单击该订单对应的“详情”超链接。

STEP 02 打开“交易详情”页面，在页面底部的“订单信息”选项卡中单击“修改订单属性”超链接，在打开的页面中便可对商品的颜色和尺码进行修改。

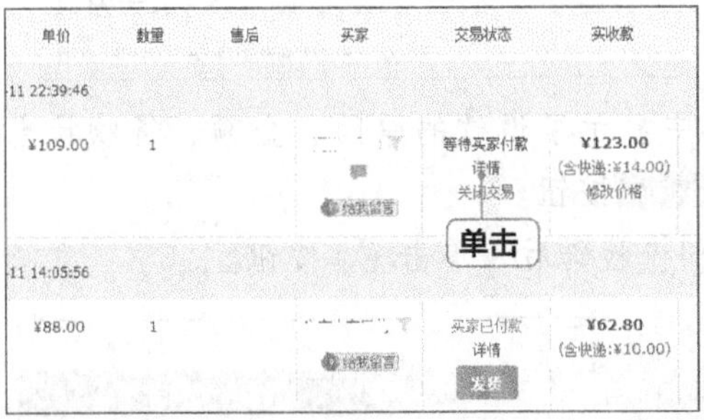

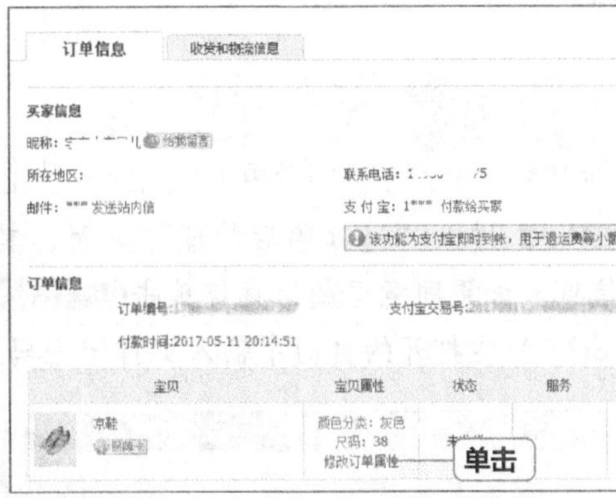

STEP 03 成功修改完订单属性后，返回“交易详情”页面，单击“修改收货地址”按钮。

STEP 04 在打开的页面中可以对买家的收货地址、收货人姓名、联系电话进行重新设置，最后单击“确定”按钮完成修改。

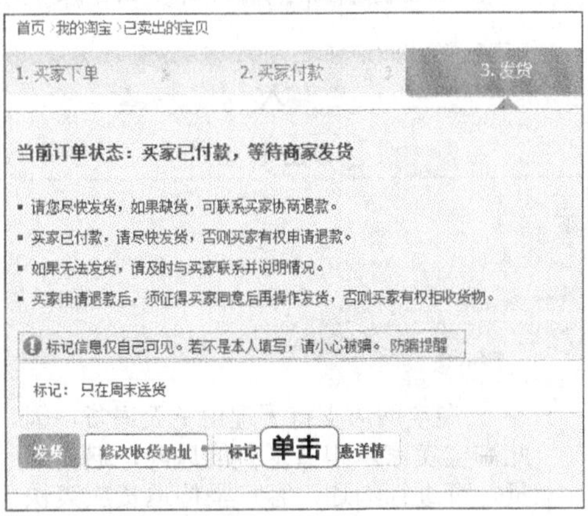

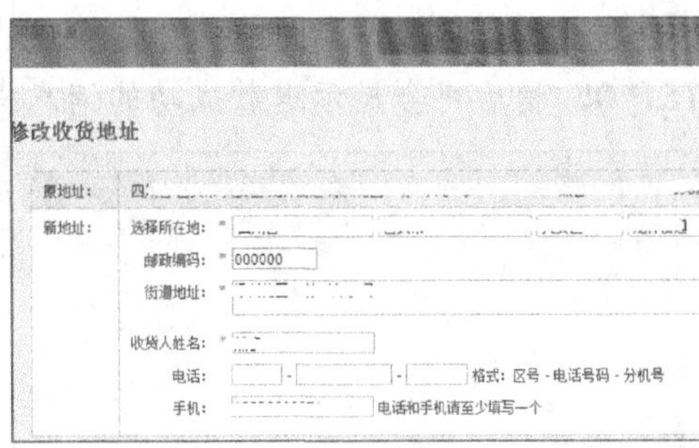

10.3.6 用良好的心态处理退款

当顾客收到商品后不满意要求退货，或者是因为商品有瑕疵等原因要求退款时，顾客会发起退货或退款申请。此时，客服人员就需要在卖家中心的“客户服务”模块中进行退款管理，其具体操作如下。

扫一扫

用良好的心态处理退款

STEP 01 进入卖家中心，打开“应用中心”页面，在“客户服务”模块中单击“退款管理”超链接。

STEP 02 打开“退款管理”页面，在其中可以查看“我收到的退款申请”和“我申请的退款”的详细信息，这里在“我收到的退款申请”选项卡中单击“查看”超链接。

STEP 03 进入“退款售后管理”页面，其中显示了退款的原因、金额、货物状态等信息，如果同意退款，直接单击 同意退款 按钮。

STEP 04 在打开的页面中输入支付宝密码和校验码后，单击 确定 按钮。

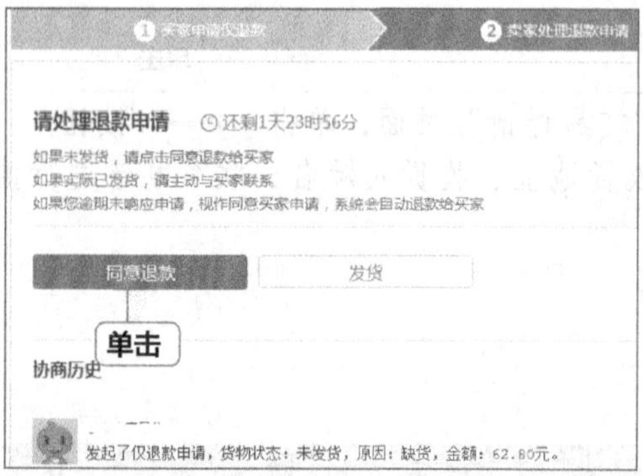

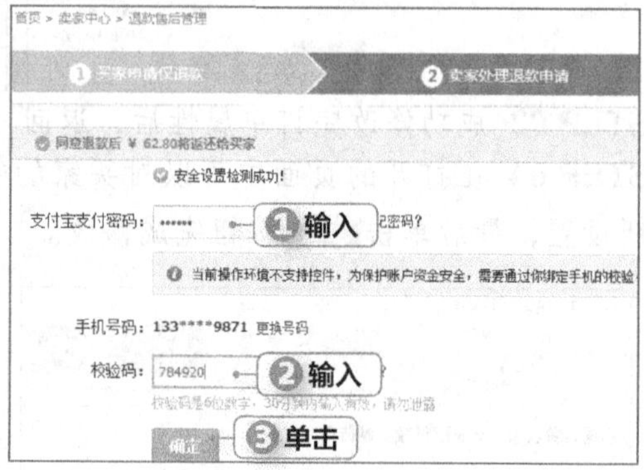

STEP 05 稍后将会显示退款成功的消息提示。

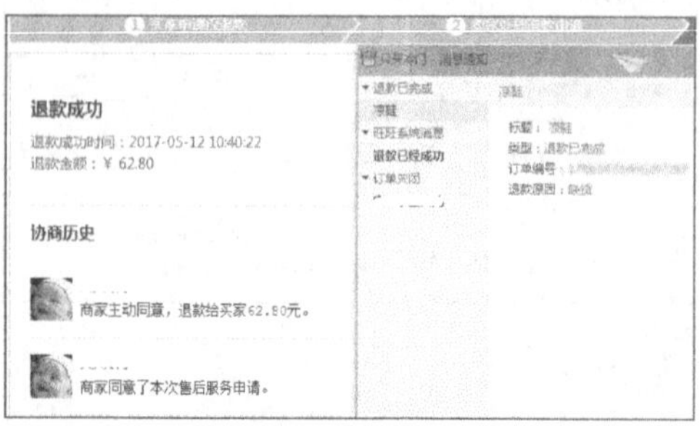

高手支招

淘宝网店支持无理由7天退货，因此淘宝卖家承担着退货的风险，遇见退货，可进行沟通，客户坚持退货应爽快地答应，对于一些无理取闹的客户，卖家也不要步步退让，应该据理力争。

10.3.7 妥善处理中差评

在实际交易中，有些客户即使对购买的商品的客服服务、质量或快递不满意，也不会选择退货退款，而是直接给店铺中差评。中差评会对店铺的好评率产生影响，好评率不达标，店铺将无法参加一些淘宝活动，从而错过更多的营销机会。此外，好评率很大程度上影响了买家对商品的判断，若好评率太低，买家会对商品产生质疑，从而造成卖家丢单，降低店铺转化率和销量。如果商家对评价管理没有足够的重视或者对中差评置之不理，其商品的转化率定会一落千丈。处理中差评的关键在于沟通。如何沟通才更有效？卖家可从以下几个方面入手。

- **处理评价要有良好心态**：面对差评，良好的处理心态是与买家沟通的前提。出现影响不好的评价，不要急于发表解释，甚至重伤买家，影响店铺形象，应耐心询问差评缘由，给出合理的处理方案并诚恳致歉。
- **选择最佳沟通时间点**：若没有在产生差评的第一时间与客户进行沟通，那么应另择最佳沟通时间点。该时间点应尽量避开客户工作等不喜被打扰的时间，以此减少拒接电话、挂断电话甚至被骂的概率。
- **选择合适的沟通工具**：在进行中差评售后处理时，语音沟通有文字沟通所无法企及的优势，因此电话是最有效的沟通工具之一。选择电话沟通往往可以获得理想的处理结果。
- **选择合适的沟通时机**：可通过对方手机旺旺是否在线，判断买家是否登录了淘宝账号。在买家登录淘宝时打电话沟通最好。若买家未登录账号，那么此时打电话进行沟通，买家可能答应修改差评，但过一段时间有可能忘记这回事。
- **沟通判断及补偿**：在与客户沟通过程中，当诚恳的道歉并不能达到理想的处理效果时，可通过沟通判断买家的性格、脾气，对不同的买家用不同的沟通方式进行交流。通过试探，在不损害商家利益的情况下给买家切实利益的补偿，来提高差评处理效率。
- **中差评数据统计分析**：淘宝提供了一个评价的平台，即为后来者提供一个多角度展示商品和服务的窗口，其目的就是通过买家购买后的使用反馈来使商家做得更好。通过中差评数据统计分析，可以发现产生中差评的原因，如客服态度问题、商品质量问题、快递问题等，买家可针对这些问题进行服务改进。

高手支招

很多买家同意修改中差评后，可能并不知道如何进行修改操作，此时就需要客服进行指引。修改评价的方法为：进入我的淘宝平台，做左侧选择“评价管理”选项，选择需要更改的评价进行修改即可。

在处理中差评价时，如果是卖家自己的问题，要想办法弥补，即使是运输途中出了问题，也不要买家完全承担责任。但是也不排除一些职业差评师抓住卖家的这一心理，利用差评要挟卖家金钱补偿，遇到此类情况，卖家一定不能妥协，需要据理力争，维护自己的权益。

10.3.8 有效管理客户资料

扫一扫

导出客户档案

对于每个店铺而言，无论是生意冷清还是生意火爆，老客户的管理是十分重要的。维护一个老客户比吸引一个新客户的成本低，那么如何才能维护好老客户呢？

1. 导出客户档案

整理客户档案前，可以先将客户资料批量导出到表格中，其具体操作如下。

STEP 01 进入卖家中心，打开“已卖出的宝贝”页面，设置成交的时间、订单状态，然后单击 搜索订单 按钮即可搜索符合要求的订单，单击 批量导出 按钮，在打开的黄色提示框中单击 生成报表 按钮。

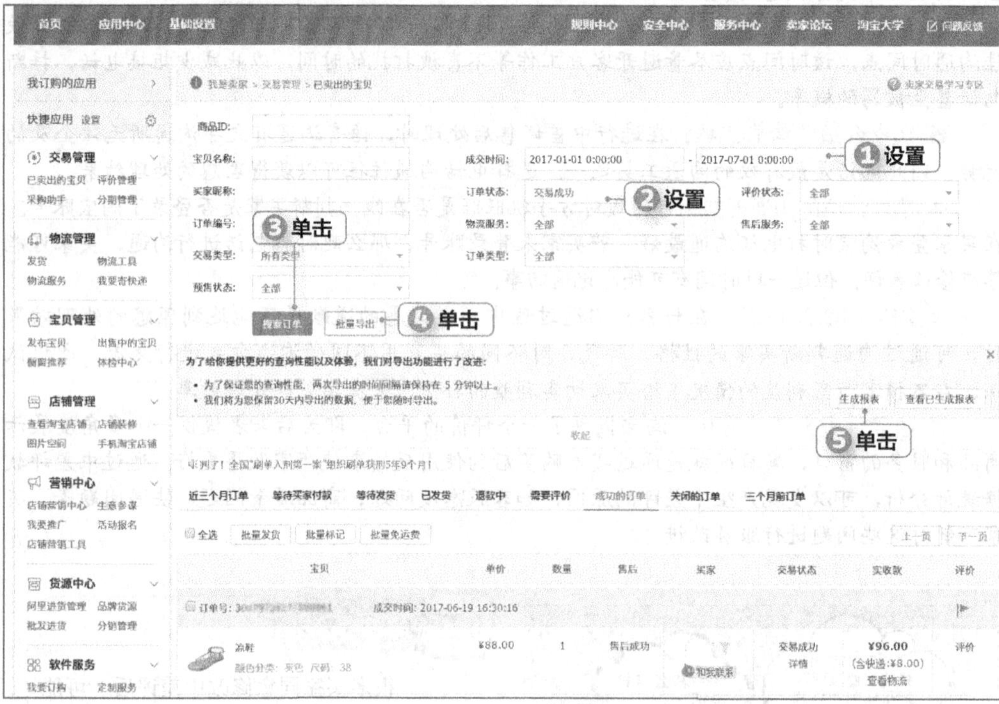

STEP 02 在打开的页面中单击报表申请时间下的 下载订单报表 按钮，如下左图所示。选择保存的位置保存下载的报表即可。

STEP 03 打开保存的报表，即可查看订单编号、买家会员名、买家支付宝账号、支付货款等信息，如下右图所示。分析表格中的数据，如同一个买家多次购买商品的情况，此时可将其划分为“老客户”，将其加为好友；若发现购买量比较大的客户，可将其归纳为“高级会员”，给予一定的优惠。

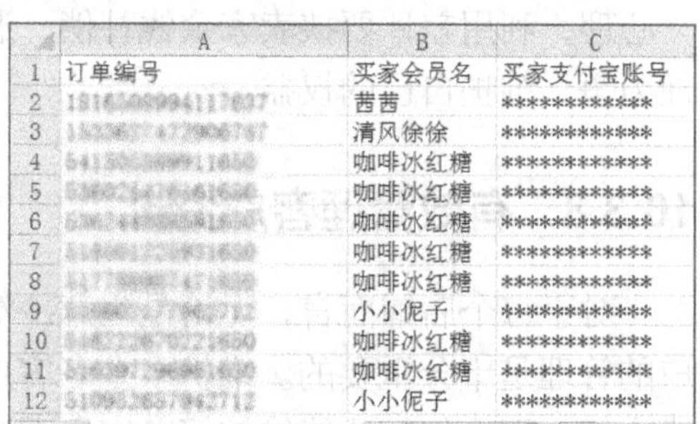

2. 客户挖掘与培养

淘宝客户关系的好坏直接影响着店铺的经营发展，在提升回头客的同时，还能给网店增加新的客源。

- 筛选有价值的客户：俗言好钢用在锋刃上，许多行业的利润都来自于20%的老顾客，此时就要求卖家具有一双火眼金睛，将主要精力集中在有价值的客户上。例如店家经营电脑，如果是家庭买家，需求量往往只有一台，而且使用周期长，若是企业买家，在需求量和使用时间上都具有优势，此时就需要卖家分析买家的地址，积极与买家沟通，如多问一句“您是单位购买还是自己用啊？”，以此多挖掘企业买家，提高店铺的利润。
- 及时回访，个性化服务，培养老顾客：若要将新顾客变为老顾客，良好的服务、及时回访是至关重要的。如经营化妆品，可选择合适的时间回访客户“您上次购买的××商品用起来怎么样呢”，这样不仅能对商品的效果进行跟踪反馈，还能体现店家的贴心。如果买家对自己的商品非常满意，可提醒其再次光临店铺，也可实时推荐一些买家可能用到的其他商品，进行关联销售。
- 分级管理客户：以购买数量、购买次数、利润的丰厚程度为依据，对客户划分等级，并制定不同的优惠方案，将主要精力集中在高级客户身上。此外，购买潜力也是卖家需要重点关注的信息。买家的购买潜力越大，卖家越要重点关注。客户的级别并不是不变的，需要随着时间的变化和客户的购买情况进行适时调整。
- 巧用客户管理软件：通过客户管理软件管理客户可以达到事半功倍的效果。目前淘宝网上的客户管理软件有很多，如旺牛CRM、集客CRM、云贝客户等，但基本上都需要付费。

10.4 优秀客服如何养成

实现流量价值最大化的方法是提高转化率和客单价，而在这个方面，客户起着不可替代的作用。如何让客服的工作实现最大价值化呢？良好的服务、高效的沟通话术，以及抓住新顾客、留住老顾客的销售能力都是必不可少的。

10.4.1 善用话术，客户第一

掌握一些沟通话术及沟通技巧，可以减少店铺的顾客流失率，提高顾客回头率，进而增加网店销量。下面将结合实例，针对一些常见的沟通情景，总结几个话术沟通技巧，供读者参考。

1. 应对“商品过时”话语

买家在购买商品时，特别是生活用品时，经常会将款式作为重要的参考标准，因此客服人员在与买家沟通的过程中，常常会被问到商品是否过时的问题。对于这类买家，客服人员可以从回馈客户和当下流行元素进行解说，以打消买家的心理顾虑。

（1）从回馈客户角度解说

促销优惠是店铺喜迎顾客、提升流量的常用手段，但很多买家并不买账，怀疑

商品之所以会以促销价出售，可能是由于质量不过关、商品过时等原因造成的。对商品质量的疑虑，客服可以从商品的原料、做工、技术等方面进行介绍，这就要求客服人员熟悉并掌握商品的相关属性信息，并能准确把商品的卖点传递给客户。对于客户“商品过时”的疑虑，要及时告诉客户这是店铺为回馈客户而进行的优惠活动，与商品款式无关。客服回复话术案例如下。

买家：这款电视优惠力度挺大啊！是不是已经过时了，才会这么便宜？

客服：亲，您放心，这款是今年刚上市的新品，不论性能还是外观都是目前的最新款！

买家：那另外几款咋也这么便宜？

客服：亲，来得早不如来得巧！今天是本店3周年店庆。为了回馈新老顾客，本店特别拿出3款商品来做特价活动。先到先得哦，买到就是实惠！

买家：哈哈，是这样啊，那我可不能错过。

（2）用当下流行的元素做例证

并不是所有买家都能相信店铺出售的商品是不过时的，若客户以前已经看到过类似的款式，也会产生“商品过时”的疑虑。此时就需要客服人员根据销售商品的属性的不同，告诉买家商品为何不过时，可将当下流行的元素、花纹、设计、新技术应用等融入商品介绍中来，以此打消买家对商品是否过时的疑虑，最终促使买家下单。客服回复话术案例如下。

买家：这个包包是2017款的吧？

客服：亲，您真有心，一看就知道您经常关注咱家宝贝。这款包包的确跟2017年的那款很像，但是今年这款加入了柳钉、花纹等当下国际流行元素，而且做工更加考究，颜色除了标准色红色外，还增加了黄色、粉色、白色和黑色。。

买家：哦，哦，仔细一看确实是不一样！

再如右图所示的露背裙，客服可以从波光粼粼的亮片设计、恰当好处的漏背性感设计，以及袖边唯美波浪褶皱的处理，向客户证明其款式不过时。

2. 应对“商品不上档次”的话术

在购物时，一些买家会根据自己的身份、商品的应用场合等来审视自己想要入手的商品是否上档次。当买家产生“商品不上档次”的质疑时，客服人员就要采取相应的话术来打消买家的心理顾虑。

（1）从面料、质感、品牌、工艺等方面阐述商品够档次

当卖家产生“商品不够档次”的顾虑时，客服人员可以从商品的面料、质感、品牌、工艺等方面阐述商品的特点，证明商品上档次。客服回复话术案例如下。

买家：这款西装卖得怎么样？

客服：亲，你品味真高，这款西装的颜色属于高级灰，样式简约时尚，是我家最受欢迎的商务西装。而且现在店铺做老顾客回顾活动，现在入手只需要1700元哦！

买家：看表面不够笔挺，而且面料没有光泽，感觉很没档次，不值这个价呢！

客服：亲，图片可能让您产生了错觉。这款西装采用的是咱家高级西装专有的工艺——半麻衬工艺，就连辅料也是经过严格挑选的，不像以往西装那样生硬，而是更加饱满和自然挺括，穿上后特显大气。亲可以放心入手哦！收到后若不满意，7日内无条件退换。

买家：哦，那我看看，感觉是挺不错的！可以考虑入手一件。

客服：感谢亲对小店的支持，祝您事业攀升，魅力无限！

（2）便宜商品委婉说

客服人员常常会遇到这样的买家，他们既要商品便宜实惠，又要商品显得的高档。面对这样的买家，客服人员切忌冷嘲热讽，与买家发生冲突，影响买家对店铺的印象，而是要拿出真诚的态度，委婉地告诉买家这个商品在同价位商品中是比较物超所值的，值得买家购买。客服回复话术案例如下。

买家：你家的这件衣服看着挺没档次的。

客服：这件衣服虽然才50元，但衣服面料与做工都是非常讲究的，并且款式新颖，穿出来绝对是商场中大牌的效果。

买家：好的，我看看！

3. 应对“商品太贵”话术

店家希望以最高的价格成交，赚取最多的利润；而买家则是希望以最少的支出购买到最好的商品。因此，淘宝客服在旺旺上难免会遇到一些讲价的买家，置之不理或是严词拒绝很可能会丢单，此时淘宝客服该怎么回答呢？

（1）证明价格合理的原因

以最高的价格成交可以赢得最大的利润，因此说服买家商品值这个价是应对“商品太贵”问题的首选说法。此外，大幅度降价往往容易使买家对商品品质产生怀疑，认为它是有缺陷的，或是滞销品。此时说明定价的理由，会让买家更容易相信以这个价格购买是值得的。例如，将店铺宝贝与其他宝贝对比，或把商品的价格与日常支付的费用进行比较，说明价格的合理性。如为了向买家证明吸尘器的价格合理，可以说“该吸尘器的价格是1699元，但它的使用期是8年，也就是说，您每年约花212元，每月约花17.6元，每天不到6毛钱，但它可以吸走您家的灰尘，给您一个干净舒适、环保的生活环境，何乐而不为呢？”

（2）小惠上要慷慨

有些客户的目的不是在于讲价，而是在于渴望被尊重。想通过讨价还价的方式来证明自己是个聪明的消费者，享受讲价的成就感等。此时，客服适时地给予一点优惠，就可以促成一单交易。例如：

买家：请问这条裙子的价格可以少一点吗？

客服：亲，本店在活动期间的宝贝价格都是最低价了。今天下单，今天就可以发货，还包邮哦！

买家：再少一点点嘛。

客服：亲，本店是不议价的，但看您这么喜欢，给您一张20元的优惠券！立减后198到手。

买家：好的，我马上去下单。

客服：好的，我准备给您发货。

（3）把握讨价的力度

有些买家喜欢对卖家进行“死缠烂打”，不断要求降价。此时，客服就要注意降价的幅度，一次性不能降太多。降价后要夸赞买家很厉害，同时诉说店铺利润薄、生意难做等苦衷。若最后给了买家最低价格，他仍要求降价，说明买家很钟意这款宝贝，此时不宜与买家花太多的时间在讨价还价上，应将买家的注意点转移到这个宝贝值得购买上。

4. 客服的其他相关话术

除了上述问题外，淘宝客服还会遇到客户提出的各式各样的问题。客服在回答客户的问题时，一定要及时准确，且简单易懂。在此期间，若客户犹豫不决，客户要主动和客户交谈，尽量使用亲切的语气，让客户感觉到客服的贴心。下面介绍一些常见问题的回复话术。

- **回复缺货话术**：如果客户想要的商品我们暂时缺货或是没有，一定要先表达歉意，然后推荐其他宝贝。例如，“亲，非常抱歉这款宝贝已经没有现货了呢！您可以看一下这款哦，两款宝贝的质量都是非常不错的，款式和价格也相差不多。”
- **回复发货与到货时间话术**：当客户问发货时间时，可回复“亲，因为我们的发货量很大，但是只要您是在下午五点之前拍下的，我们一定会当天发出的。请耐心等待哦！很快就能收到心爱的宝贝了。”当客户问到货时间时，可回复“亲，一般××快递是发货后3天左右到货，您收到货以后要请仔细检查一下，如有任何质量问题，7天内可以无条件退换货的。”

● 回复发什么快递话术：“亲，咱家默认是发韵达快递。若韵达不到的地方，我们可以为您安排发其他快递，部分快递可能不包邮，如EMS等。”

● 回复邮费话术：为了避免浪费时间，一次性把邮费说清楚。例如，“亲，一次性购买商品一千克之内是10元，每超出一千克加收5元。”如果店铺不包邮，客户要求包邮，可回复“亲，非常抱歉呢！邮费是由快递公司这边收取的，我们只是代收，不能为您包邮的哦。”

● 回复改价话术：确认改价金额并表达谢意，如“亲，已经为您修改好了价格，一共是××元，您方便时付款就可以了，感谢您购买我们的宝贝。”

● 回复实物和图片有差异话术：可回复“亲，我们店铺的图片都是实物拍摄，没有经过特别的PS处理。但是在拍摄过程中，由于光照等原因的影响，图片可能会与实物有所差别，但是请您放心，差异肯定是非常小的，基本都是一样的。”

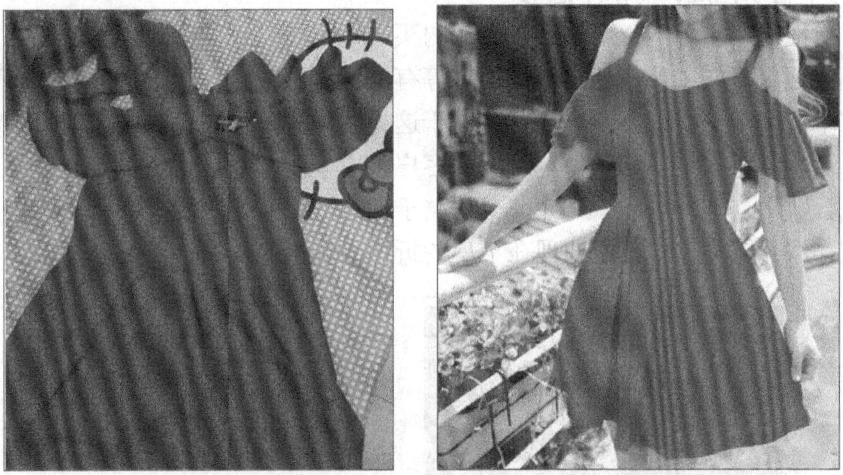

● 回复材质话术：根据宝贝的材质如实回答，同时说明商品特点，对于不清楚的特点不要说得太绝对，以免后期发生纠纷，可避开该特点讲解其他特点。

● 回复褪色、清洗是否方便话术：很多商品都会有轻微褪色现象，此时不宜直接回答会褪色，可回复“亲，是非常好清洗的。您第一次清洗的时候可能会有轻微的浮色，但以后褪色现象会越来越少，而且洗过以后宝贝的色泽都不会有任何变化的。”此时还可以告知客户洗涤的方法，如羽绒被只能干洗等。

● 结束话术：客户下单后，可以回复：“亲，非常感谢您的惠顾。我们会在第一时间为您安排发货，请您耐心等待收货。如果有任何问题请您及时联系客服为您处理！祝您购物愉快。”

● 回复买家抱怨或者不满话术：首先了解原因，再给出处理方案，最后表达歉意。例如，“您好，是什么问题让您感到不满意呢？如果是我们店铺或快递公司的原因给您造成了不便，我们很抱歉！可以把您遇到的状况叙述一下吗？”如果确认是物流问题，可回复“亲，非常抱歉，最近物流比较繁忙，发货比较慢，您这边先不要着急，我马上联系快递公司询问一下具体情况好吗？”然后根据具体情况再具体解决。

● 回复退换货话术：首先表明诚恳的态度，如“亲，请您放心，我们一定会给您一个满意的解决方式。”如果是尺码等问题可爽快地为客户换货；如果是质量、破损等问题，可再次通过图片了解退换货的原因，也可坦言客户可自己选择退货或者是换货，并对其表达歉意。

10.4.2 抓住时机的销售技巧

千牛是淘宝客服人员使用最频繁的沟通工具。千牛不仅具有聊天功能，还具有强大的接单功能。

1. 抓住影响成交的客户心理

客户在逛淘宝时，可能对某商品感觉不错，也有购买的欲望，但还是会找一些影响成交的各种理由。下面总结了一些典型的影响成交的客户心理和应对技巧，供读者参考。

（1）喜欢拖延，需求不急切

喜欢拖延，需求不急切的买家虽然购买欲望比较强，但会找一大堆不愿意现在就下单的理由，如“现在还用不着”“等有活动再买”“不急，慢慢看……”“让××过来后，帮忙看看好不好”等。对于这类客户，除了在商品推广时，主动让客户相互竞争外，如“前60名下单成功的客户可以享受单品7折优惠价”“前550名送方向盘套”“立即下单即减50元”等都属于让客户相互竞争的促销手段。客服人员也要主动联系买家，向其说明现在下单的折扣、优惠等信息，催促其下单。

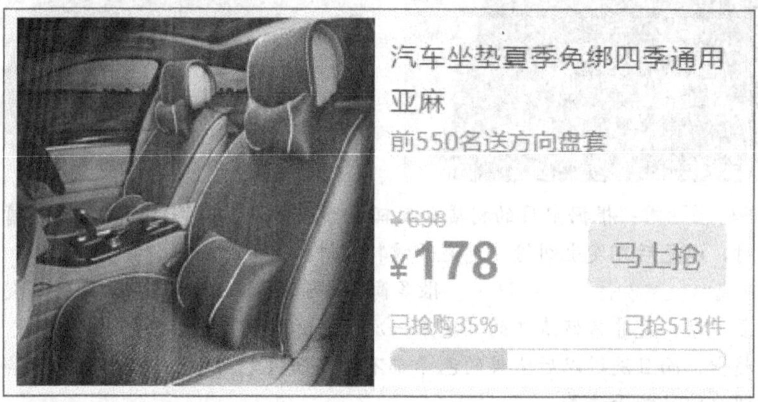

（2）觉得商品会降价

这类心理的产生主要是针对一些刚上架的新品，客户会认为过一段时间就会降价，特别是一些电子类的商品，如手机、照相机等，新品的时候价格是比较高的，后期降价是肯定的。一般喜欢买新品的客户具有追求时尚和新颖的个性，此时客服可以说该类商品都有一个流行的周期，过段时间后虽然商品降价，但使用的人也多了，商品的独特性就难以展现出来。此外，还可说明该类商品的技术升级换代快，过段时间可能会被其他新技术所取代，以后购买可能并没有太多意义。

（3）还可以找到更好的

某些客户在逛淘宝时会花很长的时间进行选择对比，但当发现一款自己喜欢，并且各个方面都不错的商品时还是会犹豫，认为自己会找到性价比更好的同类商品，进而继续进行浏览，从而导致迟迟不能下决定购买。此时，客服人员需要主动联系买家进行沟通，如“这款××是畅销款，而且性价比非常高，××号已经断货，喜欢的亲赶紧下手哦。”并以其他买家或身边朋友的好评作为案例，让买家觉得这件商品是值得购买的，促进其下单。

高手支招

随着市场行情的变化或促销活动的开展，一些商品降价后，客服往往会遇到一些认为自己“买贵了”的客户，此时应分析客户对店铺的价值。对于老客户，不妨给一些下次购物使用的优惠券；对于下次购买的概率基本为0的客户，可直接坦言，价格的波动属于正常范围，根据具体情况可能下降，也可能上涨。

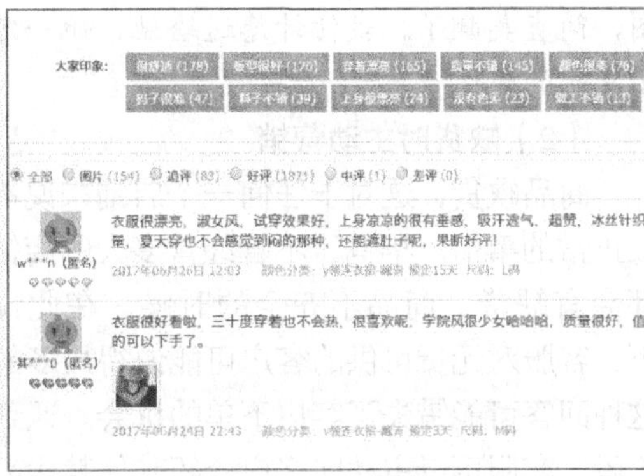

2. 客户咨询时主动推荐商品技巧

在与客户聊天的过程中，客服人员总会想方设法地寻找合适的时机来销售商品，可面对理性消费而又百般挑剔的客户，如何才能营销成功呢？此时就需要客服人员在促销时，掌握一定的商品主动推荐技巧，并把握合适的时机进行商品推荐。下面分客户咨询时主动推荐和所售商品缺货时主动推荐两种情况，介绍商品主动推荐的技巧。

（1）咨询时主动推荐

客服人员在与客户沟通的过程中，会遇到各种类型的客户。当遇到一些客户购物时不紧不慢，或者说他们本身就是漫无目的客户时，客服人员一定要充分理解客户的需求，服务要认真、专业、热情，并主动推荐符合客户需求的商品。就服饰类而言，可根据穿着风格和年龄给出建议，例如：

买家：我喜欢你们店铺的风格，你可以为我推荐一款连衣裙吗？

客服：您好，很乐意为您效劳，请问您是给谁选连衣裙呢？

买家：我是给我的朋友选的。

客服：那她多大年龄呢？身高、体重大约多少呢？

买家：25岁、168cm、58kg。

客服：她平时喜欢穿什么风格的衣服呢？甜美、公主、淑女、文艺、森系、韩版、简约？

买家：文艺、森林的多些。

客服：她平时喜欢亮色的还是暗色的？暖色的还是冷色的？

买家：应该是浅色或是暖色的。

客服：那您看看这款怎么样？（发送商品链接），这款连衣裙是雪纺材质，配上浅浅的粉色，以及樱桃的图案，尽显少女的清纯可爱，正好符合她对颜色与风格的喜好，并且这款连衣裙的销量也是非常好的，有很多的晒图，简直美翻了。我估计您送给她，她一定会很喜欢的呢！

（2）缺货时主动营销

商品缺货，这对于任何一个店铺来说都是很正常的事情。毕竟，不管经营多大的店铺，都会有缺货、商品不齐全的时候。在此情况下，客服对无货可供的客户可能说得最多的一句话就是："抱歉！货已售罄。"但这种回答可能错失了客户下单的机会。遇到这种情况，如果客户仍处于犹豫或考虑阶段，客服可以主动向客户介绍其他替代品，甚至还可以通过减少利润的方式，如商品打折来增加一个潜在的客户。下面来看一下一款包包缺货时主动推荐的案例。

买家：请问这款包包的白色还有货吗？

客服：您好，白色的现在已经没有货了呢！亲，可以看下同款的粉色哦！这款粉色的口碑也不错的！

买家：我就喜欢白色的。

客服：这款粉色是现在同系列当中销量最好的一款，粉色和白色一样百搭，但相比白色而言，粉色更耐脏，不像白色有一点脏都清晰可见，需要时刻留意。目前我们暂时没有对白色进行补货的计划，您可以试试看粉色哟！

买家：那我如果收到不喜欢怎么办？

客服：这个您请放心，咱家是支持7天无理由退换货的，建议您收到货后先把包包背在身上试下效果，然后再考虑是否要退换货。

（3）商品关联搭配技巧

为了提高店铺的访问量和提升客单价，许多卖家都在店铺里设置了商品的关联销售活动。那么客服人员应该如何做好关联营销呢？可通过与客户的交流，即时发现客户的喜好和需求。同时，还要解决客户的疑惑和担心，最终要站在客户的角度，让客户感觉到利益或益处。下面看一款登山杖关联推荐的案例，看客服是如何通过"说"来促成客户购买的。

客服：我家××新款登山鞋卖得也特别好，客户评价也很好，与您刚刚购买的这款冲锋衣很搭，您要看看吗？

买家：不用了，我有登山鞋。

客服：您是要户外旅行吧？我家还有一款可折叠的登山杖，不用时可直接放进包里，需要时可随时拿出来使用，非常方便。登山杖可减轻腿部的负担，缓冲运动中对手腕、手臂和肩膀的震动。这款是采用××材质，结实耐用，还很轻便，底端采用三脚架结构，稳定性也是超赞的哟！我发您宝贝的链接地址，您可以点击看看哟！

买家：感觉还挺实用的，我正好没有，我看看。

客服：好的，亲，有问题随时找我，我一直在。

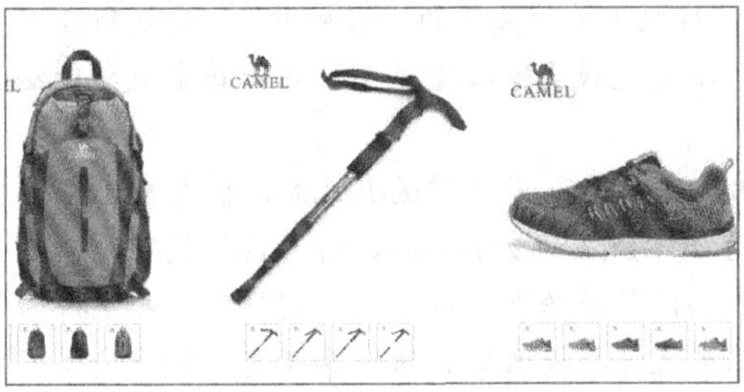

高手支招

除了直接推荐商品外，还可以采用“问”的方式站在客户角度对商品进行推荐，如“亲，喜欢吃辣的呀，我们店有款川辣味的猪肉脯，要不要试一下呀？买两包可以包邮哟！”，若客户回答怕一次吃不完，可回复“不会的呢，这两款量都不算太多，每包25克，两袋一起吃才过瘾，并且买一袋的邮费都够买半袋肉脯啦！”

10.4.3 如何提高客户回头率

卖家经营网店，最重要的是客源。客源中最宝贵的就是回头客，因为一些店铺的大部分销售额都是来自于回头客。什么是回头客？即买了店铺的东西后再次购买的客户即为回头客。那么如何把客人变成回头客呢？下面总结了几个提高客户回头率的技巧。

- **热情的服务态度：** 当客户咨询时，一定要回复快，而且回复的语句尽量有人情味，有温度。例如，客户问“在吗？”，不要就一个字“在”，这样会让客户觉得自己不重要，客服人员不够热情，甚至觉得客服冷漠。此外，客服人员也要把握好热情的尺度，如当客户说“我再看看”时，尽量不要打断他的思考，若此时极力推销反而会让客户产生反感。

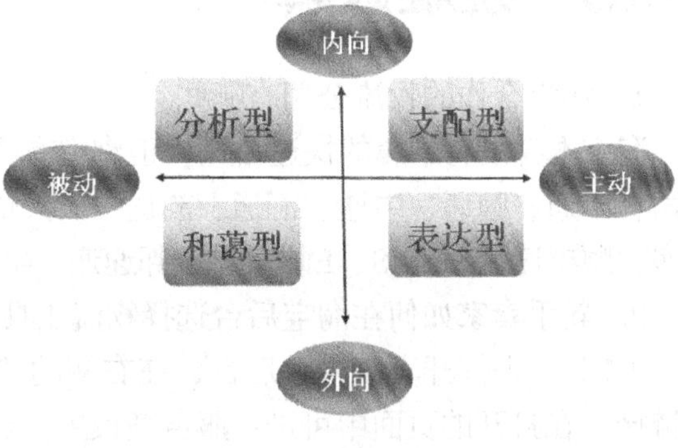

- **真诚服务：** 所谓真诚即诚心与耐心，也是客服人员应该具备的品质。由于网店每天会迎来大量的各种各样的客户，不同的客户会提出相同或不同的问题，反复回答很容易让人丧失耐心，但这是万万不行的。客服人员应珍惜与买家交流的机会。此外也不要为了获得利润，极力向买家推荐他不需要的东西，应站在买家的角度思考，让买家感觉到你是在为他着想，用真诚的态度赢得每一个买家的信任。

● 巧妙应对不同顾客：不同类型的客户对商品的要求也有所不同。因此卖家在销售商品时，应先了解买家的性格，针对不同的性格采取不同的销售策略。如挑剔型的买家比较难以沟通，因为他们对任何事都抱着怀疑的态度，此时只能凭借耐心取胜。

● 要把客人当朋友：在沟通的过程中，若一味地使用敬语，反而会拉开跟客户的距离。一般沟通开始时，多用“请问”“您”“亲”“抱歉”此类的敬语，会显现出对买家的尊敬。当气氛活跃开后，可像朋友一样交谈，如直接使用“你”，这样的交流更显人情味。当然，对一些喜欢高高在上的客户需谨慎使用该技巧。

● 打消买家疑虑：在决定购买某件商品之前，买家的心中对商品都有着诸多的疑虑，如质量好不好、售后服务是否完善等。当买家犹豫不决时，卖家应主动询问买家有哪些顾虑，并逐一进行解答。在解答买家关于商品质量的疑问时，语言应尽量通俗易懂。

● 客观介绍商品：在买家选购商品时，卖家应适当询问买家的喜好和用途，并进行合理的推荐。注意，不要一味地夸大自家宝贝的好处，以免造成买家期望过高，在交易完成之后发现实物不符，从而产生抱怨或投诉。

● 让客户收到的商品大于期望值：客户购买商品后，可以赠送小礼品，但之前不主动告诉客户，让客户收到以后感到惊喜。当然，有的客户会主动要小礼品，对于这样的客户，可以说没有礼物或者说礼物少一点，然后发过去的礼物比答应给客户的要多，这样客户会觉得你们店铺很大方。这个方法对女性的客户很管用。因为大多数女性客户都非常享受拆开快递那一刻的惊喜。客户也会由此给你很好的评价。

● 优惠：可以在交易结束之后传达给客户一些优惠信息，如商品不定时上新、收藏有礼，老客户再次光临有××优惠或××小礼品，以此赢得客户的归属感。

● 及时联系与回访：即使交易已经结束，也不要认为东西卖出去就了事了，卖家要主动联系买家，询问是否已经收到商品，对商品是否满意。若不满意，了解不满意的原因，合理解决问题，为客户留下良好售后的印象。在商品上新、店铺活动时，不要忘记通知客户，并发送相应的链接。

● 投诉与退换货处理得当：投诉与退换货处理得当，不仅不会丢失顾客，还可证明卖家服务的专业与诚信，甚至可以维护与顾客之间的关系，促使买家成为网店的忠实客户。

10.5 疑难破解

1. 淘宝合作的物流公司有哪些？

淘宝本身没有下属的快递公司，但淘宝有物流平台。目前与淘宝有合作的物流公司有申通、圆通、中通、汇通、韵达、天天快递、中铁快运、德邦、佳吉、联邦快递、顺丰速运、EMS、E邮宝、一邦速递、宅急送、星晨急便等。

2. 新手卖家如何在淘宝后台选择物流工具？

（1）首先打开卖家中心后台，在右侧的“物流管理”栏中单击“物流工具”超链接，在打开的页面中可进行服务商设置、运费模板设置、物流跟踪信息、地址库以及运费模板设置，选择一个或多个物流公司与物流服务，单击对应的物流公司后面的 开通服务商 按钮，即可开通物流服务商。

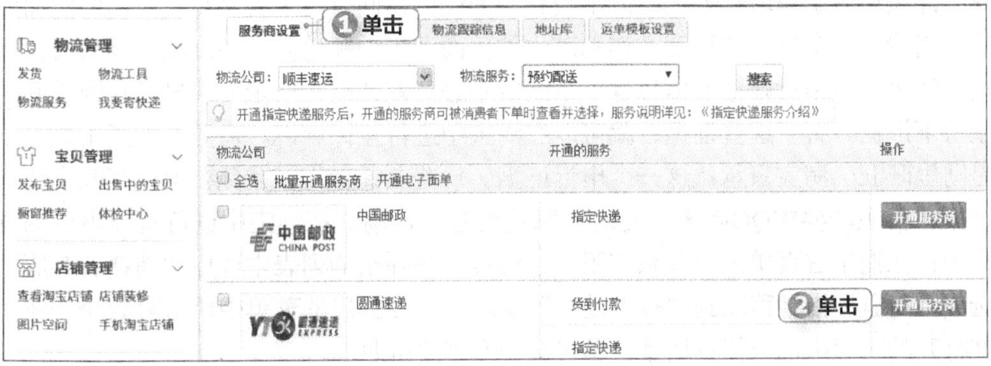

（2）单击“运费模板设置”选项卡，查看通用模板，单击 新增运费模板 按钮可新建包括宝贝的地址、不同地方的物流费用、发货时间、计价单位等物流信息的物流模板。

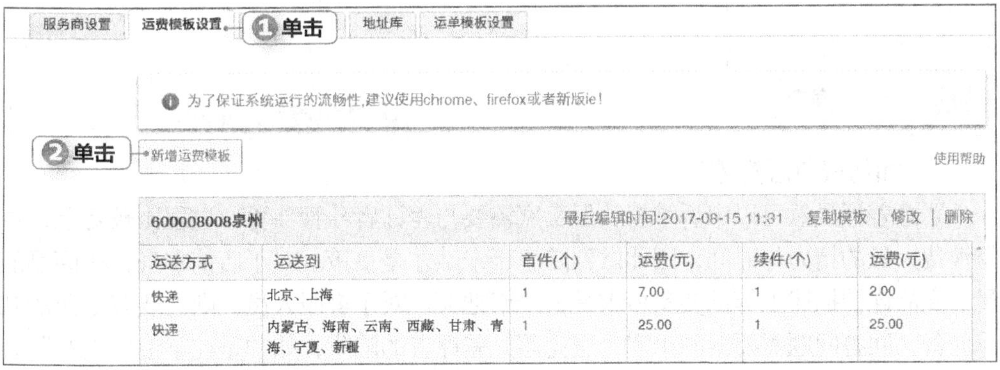

（3）单击“物流跟踪信息”选项卡，把已卖出宝贝的订单编号输入搜索框中，可跟踪宝贝的物流状态。

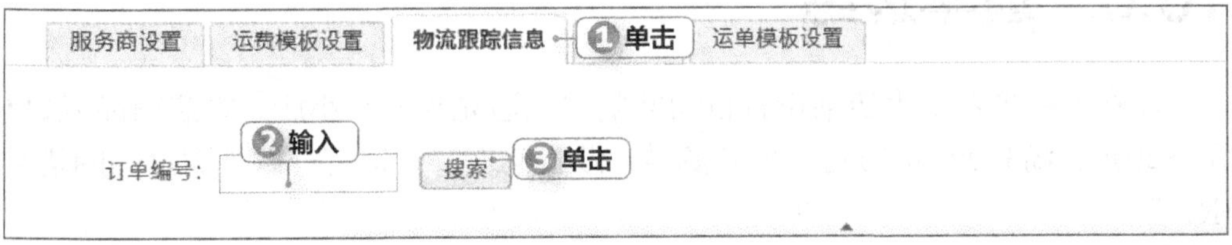

（4）单击“地址库”选项卡，从中可对卖家和买家的地址进行编辑。地址一定要根据实际情况填写，以方便发货时调用。单击“运单模板设置”按钮，可设置订单编号、发件人姓名、电话等信息。

3. **如何识别恶意差评？**

恶意差评让很多淘宝小卖家苦不堪言，那么怎样才能识别恶意差评呢？一般恶意差评是指为了牟取额外钱财或不当利益的评价，同行竞争者交易后给出的负面评价，消费者在交易中被第三方诈骗产生的负面评价，评论内容中出现辱骂或污言秽语，评论内容中泄露他人信息等。当断定是恶意差评时，一定要诱导其在阿里旺旺上留下证据。有了这些证据，就可以在淘宝中进行差评申诉。需要的沟通工具必须是阿里旺旺，淘宝只承认这一个申诉证据。一些差评者为了避免在阿里旺旺上留下证据，会主动要求QQ聊天，此时卖家就要心存警惕。在淘宝中进行差评申诉的方法为：在淘宝首页单击“联系客服”超链接，在弹出的列表中选择“消费者客服”选项，将鼠标指针移动到“投诉处理”文本上，在弹出的菜单中单击 不合理评价 按钮，在打开的页面中选择投诉场景，单击 提交投诉 按钮即可。

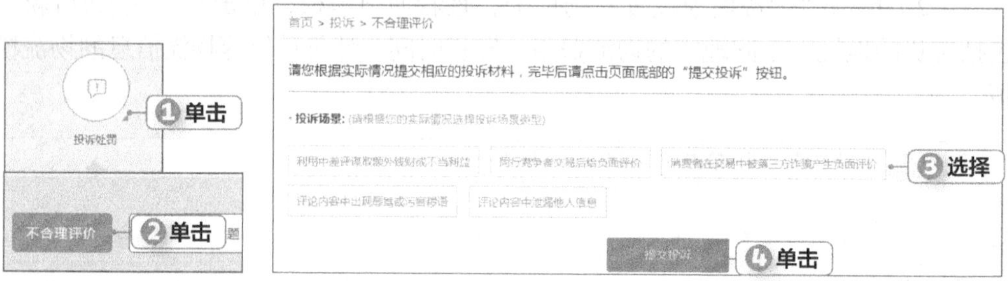

4. **如何避免恶意差评？**

恶意差评虽然可以申诉维权，但卖家需要与差评者斗智斗勇，过程比较复杂，也将浪费大量的精力与时间，因此做到防患于未然才是良策。对于店铺本身，在商品质量、商品详情描述上等都要实事求是，严格把关。对于客服人员，则需要有专业的知识储备，回答问题需要斟酌用字，避免落入差评者的陷阱，如“是纯羊毛的吗？”客服人员要如实回答，如果是“99%羊毛，1%是腈纶”，那就不要回答是纯羊毛。

10.6 边学边练

1. 在千牛平台上为店铺设置自动回复“欢迎光临××小店，本店商品满200元减20元，满300元减50元，风格多样、做工精良，一定有一件是满足亲的需要哦！”

2. 在千牛平台上为店铺设置羽绒服的洗涤方法的快捷短语。

3. 在淘宝后台中下载店铺的客户资料，并对客户进行筛选归类。